20
25

SEGUNDA EDIÇÃO

GUILHERME
MAGALHÃES
MARTINS

O **DIREITO** AO **ESQUECIMENTO** NA **SOCIEDADE** DA **INFORMAÇÃO**

Dados Internacionais de Catalogação na Publicação (CIP) de acordo com ISBD

M386d Martins, Guilherme Magalhães
O direito ao esquecimento na sociedade da informação / Guilherme Magalhães Martins. - 2. ed. - Indaiatuba, SP : Editora Foco, 2025.

200 p. ; 16cm x 23cm.

Inclui bibliografia e índice.

ISBN: 978-65-6120-425-5

1. Direito digital. 2. Direito ao esquecimento. 3. Sociedade da informação. I. Título.

2025-1260   CDD 340.0285   CDU 34:004

Elaborado por Vagner Rodolfo da Silva - CRB-8/9410

Índices para Catálogo Sistemático:

1. Direito digital 340.0285

2. Direito digital 34:004

SEGUNDA EDIÇÃO

GUILHERME
MAGALHÃES
MARTINS

O **DIREITO** AO **ESQUECIMENTO** NA **SOCIEDADE** DA **INFORMAÇÃO**

2025 © Editora Foco

Autor: Guilherme Magalhães Martins
Diretor Acadêmico: Leonardo Pereira
Editor: Roberta Densa
Coordenadora Editorial: Paula Morishita
Revisora Sênior: Georgia Renata Dias
Capa Criação: Leonardo Hermano
Diagramação: Ladislau Lima e Aparecida Lima
Impressão miolo e capa: META BRASIL

DIREITOS AUTORAIS: É proibida a reprodução parcial ou total desta publicação, por qualquer forma ou meio, sem a prévia autorização da Editora FOCO, com exceção do teor das questões de concursos públicos que, por serem atos oficiais, não são protegidas como Direitos Autorais, na forma do Artigo 8º, IV, da Lei 9.610/1998. Referida vedação se estende às características gráficas da obra e sua editoração. A punição para a violação dos Direitos Autorais é crime previsto no Artigo 184 do Código Penal e as sanções civis às violações dos Direitos Autorais estão previstas nos Artigos 101 a 110 da Lei 9.610/1998. Os comentários das questões são de responsabilidade dos autores.

NOTAS DA EDITORA:

Atualizações e erratas: A presente obra é vendida como está, atualizada até a data do seu fechamento, informação que consta na página II do livro. Havendo a publicação de legislação de suma relevância, a editora, de forma discricionária, se empenhará em disponibilizar atualização futura.

Erratas: A Editora se compromete a disponibilizar no site www.editorafoco.com.br, na seção Atualizações, eventuais erratas por razões de erros técnicos ou de conteúdo. Solicitamos, outrossim, que o leitor faça a gentileza de colaborar com a perfeição da obra, comunicando eventual erro encontrado por meio de mensagem para contato@editorafoco.com.br. O acesso será disponibilizado durante a vigência da edição da obra.

Impresso no Brasil (4.2025) – Data de Fechamento (4.2025)

2025
Todos os direitos reservados à
Editora Foco Jurídico Ltda.
Rua Antonio Brunetti, 593 – Jd. Morada do Sol
CEP 13348-533 – Indaiatuba – SP

E-mail: contato@editorafoco.com.br
www.editorafoco.com.br

AGRADECIMENTOS

À Faculdade de Direito da USP, na pessoa do meu querido orientador, professor Newton De Lucca, que acreditou sempre neste trabalho e abriu diversas portas, e cuja figura paterna sempre transmitiu tranquilidade, mesmo nos momentos mais difíceis.

Ao professor Roberto Pfeiffer, do Departamento de Direito Comercial da Faculdade de Direito da USP, pela valiosa parceria, no grupo de pesquisas GEESIPPDP – Grupo de Estudos Estratégicos em Segurança da Informação e Proteção de Dados Pessoais, que certamente ainda renderá belíssimos frutos.

Ao professor Eduardo Tomasevicius Filho, do Departamento de Direito Civil da Faculdade de Direito da USP, pela troca de ideias e diálogo, e por tão bem me receber no prestigiado Largo de São Francisco.

À professora Cintia Rosa Pereira de Lima, da Faculdade de Direito da USP-Ribeirão Preto, pelo frutífero debate e troca de ideias no estágio pós-doutoral que deu origem a este trabalho.

Ao professor Fernando Rodrigues Martins, da Universidade Federal de Uberlândia, pelo apoio e escuta constantes.

Ao amigo, ex-aluno e agora pós-doutor Pedro Marcos Nunes Barbosa, pela amizade e torcida recíproca que pautaram este período de intensa pesquisa.

Ao doutorando José Faleiros Júnior, da Faculdade de Direito da USP, por fazer parte da intensa produção acadêmica que marcou este período, sempre dialogando com o novo, de forma corajosa e intensa, agradeço a confiança.

Ao irmão socioafetivo João Victor Rozatti Longhi, que se tornou mais do que um ex-aluno e orientando, pela escuta e fraternidade recíprocas.

À Faculdade Nacional de Direito da UFRJ.

Ao Ministério Público do Estado do Rio de Janeiro.

DEDICATÓRIA

Dedico esta obra aos meus queridos pais, maiores responsáveis por quem sou, que não chegaram a vê-la concluída. Maria José Magalhães Martins, que faleceu no início desta jornada, e José Airton Farias Martins, vitimado pela chaga da Covid-19 na reta final desta pesquisa. Obrigado pelos valores e ensinamentos que ficarão para sempre presentes.

Dedico este trabalho, ainda, à minha querida esposa, Adriana, e à minha filha, Maria Luiza, que se viram privadas da minha presença por longos períodos, mas cuja companhia e amor só conforta e sustenta. Sem vocês não seria possível completar esta longa jornada.

PREFÁCIO

Já dissera Machado de Assis que esquecer chega a ser uma necessidade. Escreveu esse nosso gigante das letras que *"a vida é uma lousa, em que o destino, para escrever um novo caso, precisa de apagar o caso escrito."* Com efeito, parece mesmo que o ato de esquecer é tão ou mais indispensável ao ser humano que o ato de lembrar, pois somente com o esquecimento – seja parcial ou gradual – do conhecimento retido pelo indivíduo e pela sociedade é que se permitirá estabilizar a vida presente em relação ao seu passado. O esquecer, portanto, é uma virtude, tanto individual quanto coletiva.[1]

Também Rubem Alves[2] assevera que *"o esquecimento, frequentemente, é uma graça. Muito mais difícil que lembrar é esquecer! Fala-se de 'boa memória'. Não se fala de 'bom esquecimento', como se esquecimento fosse apenas memória fraca. Não é não. Esquecimento é perdão, o alisamento do passado, igual ao que as ondas do mar fazem com a areia da praia durante a noite"*.

O esquecimento, para François Ost, significa desligar o passado, sendo tão necessário como o repouso do corpo e a respiração do espírito; ele responde à natureza descontínua do tempo, cujo prosseguimento é entrecortado de pausas e intervalos, atravessado de rupturas e surpresas.[3]

A despeito de tão pertinentes e respeitáveis considerações sobre o esquecimento, ao falar-se em direito ao esquecimento há de se perquirir algo que vá além da reflexão puramente etimológica, ainda que tal tipo de investigação constitua uma opção metodológica de há muito reconhecida pela *communis opinio doctorum*, sendo designada por Hannah Arendt como fenomenologia conceitual ou terminológica.[4]

Como bem acentuou Júlia Costa de Oliveira Coelho, "é importante impulsionar a compreensão do direito ao esquecimento para além da semântica. Ao refletir sobre a função do direito ao esquecimento, ou seja, para que ele serve, nota-se claramente que ele não pretende fazer com que se esqueça uma informação,

---

1. SARLET, Ingo Wolfgang; FERREIRA NETO, Arthur M. *O direito ao "esquecimento" na sociedade da informação*. Porto Alegre: Livraria do Advogado, 2019.
2. V. *O amor que acende a lua*, O cemitério.
3. OST, François. *O tempo do direito*. Tradução de Élcio Fernandes. Bauru: EDUSC, 2005. p. 153.
4. Cf. João Maurício Adeodato, *in* Ética e Retórica para uma teoria da dogmática jurídica, 2. ed. revista e ampliada, São Paulo: Saraiva, 2006, p. 41.

apenas que, em certas situações, ela não seja divulgada ou se mantenha acessível. Trata-se de um direito que, na realidade, se identifica mais com a pretensão de contextualização e esclarecimento do que de esquecimento propriamente dito."[5]

A obra do professor Guilherme Magalhães Martins penetra argutamente nos vários aspectos em que se desdobra o direito ao esquecimento, sejam eles de caráter eminentemente filosófico, sejam de feições estritamente jurídicas. Surge, em sentido largo, na busca de aprofundada reflexão sobre os novos problemas trazidos pelo espaço virtual, em relação a como conviver com o passado, e como estabelecer os limites e a harmonia entre memória e esquecimento no âmbito da internet.

Já no primeiro capítulo, o autor desenvolve, com clareza deveras invulgar, o tema dos direitos da personalidade no meio virtual e da proteção de dados como direito fundamental, ora reforçado, no Brasil, com a aprovação da Emenda Constitucional 115/2022, em face dos riscos trazidos pela assim chamada "Sociedade da Informação"[6], igualmente alcunhada de "Sociedade da Comunicação"[7] ou, ainda, "Sociedade do Conhecimento"[8], em especial quanto à possibilidade de que a história seja reduzida ao perene aqui e agora, estando o conhecimento aprisionado nas mãos de uma memória sem esquecimento, levando a um perpétuo presente.

Os limites da liberdade de expressão em face dos aspectos existenciais ligados ao livre desenvolvimento da pessoa humana no meio virtual devem ser levados em conta, sobretudo de modo a evitar possíveis abusos, do que se extrai o "núcleo duro", por assim dizer, do direito ao esquecimento.

No segundo capítulo, a obra trata das modalidades de exercício do direito ao esquecimento, evitando-se o "efeito de eternidade" da memória eletrônica,

---

5. Cf. Direito ao esquecimento e o STF: vale a pena ver de novo? In Direitos Fundamentais e Sociedade Tecnológica, coordenado por Anderson Schreiber, Guilherme Magalhães Martins e Heloisa Carpena – Indaiatuba, SP: Editora Foco, 2022, p. 131.

6. Tal expressão, como assinalado pelo autor no capítulo 1 desta sua obra, "*surgiu oficialmente na Europa, na conferência internacional de 1980, onde a Comunidade Econômica Europeia reuniu estudiosos para avaliar o futuro de uma nova sociedade assim denominada, tendo em vista a regulamentação da liberdade de circulação de serviços e medidas para a implementação de acesso aos bens e serviços por parte dos Estados membros. Foi então utilizada pela primeira vez a expressão TIC – tecnologias da informação e comunicação.*"

7. Para José de Oliveira Ascensão (*Direito da Internet e da sociedade da informação*. Rio de Janeiro: Forense, 2001. p. 67) "Sociedade da Informação" não seria, propriamente, um conceito técnico, mas, sim, um mero *slogan*. Nas suas palavras, "melhor até se falaria em sociedade da comunicação, e só num sentido muito lato se pode qualificar toda mensagem como informação", conforme bem esclarecido pelo autor no capítulo 1 deste seu livro.

8. Numa entrevista levada ao ar pelo Programa Roda Viva, da TV Cultura, no ano 2000, o filósofo Pierre Lévy, autor de numerosas obras sobre o ciberespaço, com clareza de ideias e fluência verbal impressionantes, expôs, em linhas gerais, a perspectiva desse seu pensamento, já anteriormente delineado na obra *Cibercultura*, tradução de Carlos Irineu da Costa, São Paulo, Ed. 34, 1999.

podendo o instituto ser designado como um direito a se reinventar ou ao recomeço, de modo a reconstruir a trajetória existencial individual e social, situando-se na interseção entre os direitos à identidade pessoal e à privacidade.

São ainda expostas, de maneira didática e serena, as principais críticas da doutrina ao direito ao esquecimento, entre as quais podem ser destacadas a violação à liberdade de expressão, a possibilidade de perda da história, a prática de censura, o privilégio da memória individual em detrimento daquela da sociedade, a ausência de registros sobre crimes, além da proteção da saúde e da moral, a inexistência da ilicitude do ato, a preservação do interesse coletivo, o prejuízo a programas policiais e à própria neutralidade da internet.

Para os críticos dessa doutrina ao direito ao esquecimento, a possibilidade de apagamento ou cancelamento permite que o desejo de um único indivíduo sobressaia sobre o interesse da coletividade, posição essa que terminaria acolhida pelo Supremo Tribunal Federal no Tema de Repercussão Geral 786. Mas não pode ser negado o interesse coletivo em ambas as hipóteses, sobretudo considerando a cláusula geral de promoção da pessoa humana, eleita como valor fundamental pela Constituição da República, em torno da sua dignidade (artigo 1º, III).

A solução de deixar que os danos ocorram para a mera oferta de indenização posterior, acolhida pelo Supremo Tribunal Federal, desatende ao princípio da precaução, do ponto de vista do "direito de não ser vítima de danos".

No terceiro capítulo, a obra trata, com o devido esmero, dos principais precedentes que conduziram à formação do direito ao esquecimento na jurisprudência estrangeira, como os casos *Melvin vs. Reid, Sidis vs. F-R Publishing Corporation, Briscoe vs. Reader´s Digest Assoc.*, os casos Lebach 1 e 2, o caso Seldmeyer, as hipóteses envolvendo celebridades como Marlene Dietrich e Charles de Gaulle, assim como os casos Landru (*Delle Secret vs. Soc.Rome Filme*), *Madame M. vs. Filipechi et Societé Cogedipresse* (1983) e *Mamère* . Por fim, aborda o mais emblemático de todos os recentes casos, que na verdade envolve uma hipótese de desindexação, que vem a ser o caso *Google Spain,* julgado pela Grande Seção do Tribunal de Justiça da União Europeia.

No quarto e último capítulo, o autor enfrenta a aplicação do direito ao esquecimento nos tribunais brasileiros, desde o caso *Xuxa vs. Google*, julgado em 1992, passando pelo caso da Chacina da Candelária, e chegando até o caso Aída Curi, que chegaria ao Supremo Tribunal Federal, tendo prevalecido, por maioria, o voto do Ministro Dias Toffoli, no julgamento do Recurso Extraordinário 1.010.606/RJ, julgado nos dias 4, 5, 11 e 12 de fevereiro de 2021, dando origem ao Tema 786 de Repercussão Geral: "É incompatível com a Constituição a ideia de um direito ao esquecimento, assim entendido como o poder de obstar, em razão da passagem do tempo, a divulgação de fatos ou dados verídicos e licitamente obtidos e publicados em meios de comunicação social analógicos ou digitais. Eventuais excessos ou abusos no exercício da liberdade de expressão e de informação devem ser analisados caso a caso, a partir dos parâmetros constitucionais – especialmente os relativos à proteção da honra, da imagem, da privacidade e da personalidade em geral – e as expressas e específicas previsões legais nos âmbitos penal e cível".

Conclui o autor – acertadamente, a meu ver – que a Tese 786 vincula todo o Judiciário brasileiro, embora o artigo 926, § 2º, do Código de Processo Civil, do ponto de vista da adequação aos casos concretos que eventualmente surjam, poderá vir a modular sua efetividade, de modo que o precedente não nasce precedente, mas se torna precedente ao longo do tempo, e sua vinculação se dará pela *ratio decidendi*.

A presente obra é a expressão da "tese" apresentada pelo autor na conclusão do Pós-Doutorado em Direito Comercial da Faculdade de Direito da USP, sob minha supervisão, tendo obtido aprovação após longa jornada de pesquisa, por vezes tornada penosa pela empedernida burocracia de plantão, que tenta institucionalizar entre nós um pretenso cientificismo, que tantos malefícios, visíveis e invisíveis, causam à vida acadêmica.

São Paulo, 19 de junho de 2022.

Newton De Lucca

Mestre, Doutor, Livre-Docente, Adjunto e Titular da Faculdade de Direito da Universidade de São Paulo, onde leciona nos Cursos de Graduação e Pós-Graduação. Professor Emérito do Corpo Permanente da Pós-Graduação *Stricto Sensu* da UNINOVE. Desembargador Federal do TRF da 3ª Região (Presidente no biênio 2012/2014). Membro da Academia Paulista de Magistrados. Membro da Academia Paulista de Direito. Membro da Academia Paulista de Letras Jurídicas. Vice-Presidente do Instituto Latino-Americano de Direito Privado. Vice-Presidente do Instituto Avançado de Proteção de Dados (IAPD).

SUMÁRIO

AGRADECIMENTOS V

DEDICATÓRIA VII

PREFÁCIO IX

INTRODUÇÃO 1

CAPÍTULO 1 – O DIREITO AO ESQUECIMENTO COMO DIREITO FUNDA-
MENTAL NA SOCIEDADE DA INFORMAÇÃO 17

CAPÍTULO 2 – MODALIDADES DE EXERCÍCIO DO DIREITO AO ESQUECI-
MENTO. CRÍTICAS AO DIREITO AO ESQUECIMENTO 67

CAPÍTULO 3 – A FORMAÇÃO DO DIREITO AO ESQUECIMENTO NA JURIS-
PRUDÊNCIA ESTRANGEIRA 109

    3.1   O caso "Google Spain" 120

CAPÍTULO 4 – O DIREITO AO ESQUECIMENTO E SUA APLICAÇÃO NA JU-
RISPRUDÊNCIA DOS TRIBUNAIS SUPERIORES BRASILEIROS 127

CAPÍTULO 5 – CONCLUSÃO 157

CAPÍTULO 6 – BIBLIOGRAFIA 159

INTRODUÇÃO

"Atiramos o passado ao abismo, mas não nos inclinamos para ver se está bem morto."
(atribuída a William Shakespeare)

A razão de ser da ciência é a permanente busca do novo, o que em nada se assemelha à repetição doutrinária de axiomas, considerados como verdades intocáveis. Se a ciência não procura, rapidamente se esclerosa no campo da dogmática. Buscar o novo, diga-se, significa pesquisar, elaborando-se soluções para os problemas por meio de uma busca que, por sua vez, obedece a determinados mecanismos.[1]

A presente obra, intitulada "O direito ao esquecimento na sociedade da informação "busca delimitar as matizes deste novo direito fundamental, no contexto de uma sociedade da hiperinformação e daquilo que se designa como uma era digital."[2]

Jorge Luiz Borges, no conto "Funes, o memorioso"[3], relata a história de um rapaz conhecido como Irineu Funes, que ficou paralítico após sofrer uma queda

---

1. MONTEIRO, Geraldo Tadeu; SAVEDRA, Mônica Maria. *Metodologia da pesquisa jurídica*. Rio de Janeiro: Renovar, 2001. p. 12 Sobre a importância do método, elucida Décio Salomon: "Acredito que a organização do material se justifica por si mesma perante aqueles que têm a visão do problema ou a prática do ensino da metodologia. Retrata parte duma concepção a respeito do ensino superior e dos objetivos da metodologia como disciplina curricular. A formação da mentalidade científica, como finalidade precípua da Universidade, demanda a aquisição de método para pensar e para trabalhar. A própria inteligência, que tantos concebem como o valor máximo a ser cultivado e desenvolvido, necessita de método para melhor atingir sua finalidade. Justamente porque é um processo. Um processo alcança mais rápido seu fim se conduzido pelo caminho mais curto ou mais adequado. E isso é genuinamente (até etimologicamente) método. Sob o ponto de vista do conhecimento que se deseja ter acerca de alguma coisa, método é o caminho a percorrer para se chegar à verdade. O método é uma exigência, uma necessidade, um fator de segurança e economia nas operações de toda ordem, inclusive de ordem intelectual. A ciência não é outra coisa que não o método. Pelo método se excluem o capricho, o acaso nas investigações e se determinam os meios e a organização da pesquisa". SALOMON, Décio. *Como fazer uma monografia*. São Paulo: Martins Fontes, 2001. p. 28.
2. SARLET, Ingo Wolfgang; FERREIRA NETO, Arthur. *O direito ao "esquecimento" na sociedade da informação*. Porto Alegre: Livraria do Advogado, 2019. p. 133.
3. BORGES, Jorge Luis. *Ficções*. Tradução de Davi Arriguicci Jr. São Paulo: Companhia das Letras, 2013. pos. 1021(*e-book*): "eu sozinho tenho mais lembranças que terão tido todos os homens desde que o mundo é mundo (...) Minha memória, senhor, é como um monte de lixo".

do cavalo, passando a perceber não apenas o presente de forma intoleravelmente rica e nítida, como também as memórias mais antigas e triviais.

Irineu Funes era capaz de enumerar, em latim e espanhol, os casos de memória prodigiosa registrados pela *Naturalis Historia*, de Plínio; da mesma maneira, sabia das formas das nuvens austrais da manhã do dia 30 de abril de 1882 e podia compará-las na lembrança com os veios de um livro em papel espanhol que havia visto uma única vez e com as linhas de espuma que um remo levantou no rio Negro na véspera da Batalha de Quebracho. No entanto, esse excesso de detalhes lhe impedia qualquer tipo de generalização, o que o tornava incapaz de pensar, já que pensar pressupõe esquecer diferenças.

Há ainda uma famosa citação do escritor Milan Kundera, na obra *O livro do riso e do esquecimento*, acerca de Klement Gottwald, dirigente do partido comunista tcheco, que, em 1948, da sacada de um palácio na Cidade Velha de Praga proferiu um discurso para milhares de pessoas. Nevava e ao seu lado estava Clementis, seu colega de partido. Gottwald estava com a cabeça descoberta e Clementis, num gesto de solicitude, tirou seu gorro de pele e o colocou na cabeça de Gottwald. A cena foi registrada em fotografia, que o departamento de propaganda estatal divulgou. Quatro anos mais tarde, Clementis caiu em desgraça no partido e foi acusado de traição e posteriormente enforcado. O Estado providenciou então o completo desaparecimento de Clementis da História, e até das fotografias. Desde então, Gottwald aparece registrado sozinho na sacada do palácio barroco. De Clementis, só restou o gorro de pele que fora colocado na cabeça de Gottwald.[4]

Da mesma forma, é de João Baptista Figueiredo (1918-1999), último presidente da República no regime militar, a seguinte frase: "*Peço ao povo que me esqueça*".[5] Desgostoso pela situação política vigente ao término do seu mandato, o general teria solicitado eu fosse apagado da memória de todos a partir da entrega do poder a Tancredo Neves, eleito para substitui-lo.[6]

Contrariando tal desejo, Figueiredo permanece vivo nas páginas dos livros, nas aulas de história dedicadas aos *anos de chumbo* e até mesmo nas rodas de conversa, nas quais várias de suas falas são até hoje constantemente citadas: "*Quem*

---

4. KUNDERA, Milan. *O livro do riso e do esquecimento*. Tradução de Teresa Bulhões Carvalho da Fonseca. São Paulo: Companhia das Letras, 2008. p. 09-10.

5. DOTTI, René Ariel. O direito ao esquecimento e a proteção do *habeas data*. In: ARRUDA ALVIM WAMBIER, Teresa. *Habeas data*. São Paulo: Revista dos Tribunais, 1998. p. 290.

6. SILVA, Roberto Baptista Dias da; PASSOS, Ana Beatriz Guimarães. Entre lembrança e olvido: uma análise das decisões do STJ sobre direito ao esquecimento. *Revista Jurídica da Presidência*. Brasília, v. 16, n. 109, jun./set. 2014, p. 400.

for contra a abertura eu prendo e arrebento"; "Me envaideço de ser grosso"; "Prefiro cheiro de cavalo do que cheiro de povo (sic)", são alguns exemplos.[7]

Os gregos acreditavam que o titã Cronos, responsável pelo tempo e pelo esquecimento, trabalhava em favor da humanidade para que fatos irrelevantes fossem esquecidos com o decurso natural do tempo. Assim, com o passar dos dias, os seres humanos se esqueceriam de fatos irrelevantes para dar lugar a aspectos novos do dia a dia.[8]

As situações acima narradas representam uma excelente metáfora da sociedade atual, na qual o armazenamento de informações cresce em proporções geométricas. O humano, na medida em que um pequeno erro do passado pode se tornar um grave obstáculo para o livre desenvolvimento da personalidade. Embora a construção da identidade não dependa apenas do próprio indivíduo, mas do verdadeiro espelho que é a sociedade, sua autonomia é um forte componente nesse processo de construção.[9]

A (re)divulgação de fatos pretéritos concernentes a determinado indivíduo pode impedir a autoconstrução da sua identidade, na medida em que imobiliza o ser humano, negando sua habilidade de evoluir ao acorrentá-lo ao seu próprio passado.[10]

O tema do direito ao esquecimento foi apreciado com repercussão geral no Supremo Tribunal Federal, no caso Aida Curi.[11]

---

7. SILVA, Roberto Baptista Dias da; PASSOS, Ana Beatriz Guimarães. Entre lembrança e olvido, op. cit., p. 400.
8. OLIVEIRA, Caio César de. *Eliminação, desindexação e esquecimento na Internet*. São Paulo: Revista dos Tribunais, 2020. p. 35.
9. CASTRO, Júlia Ribeiro de. *O direito ao esquecimento na sociedade da informação*. Dissertação de Mestrado apresentada ao Programa de Pós-Graduação em Direito da Universidade do Estado do Rio de Janeiro, 2015 (*mimeo*), p. 09.
10. MARTINS, Guilherme Magalhães. O direito ao esquecimento como direito fundamental. *Civilística. com.* v. 10, n. 3 (2021). p. 02. Disponível em: https://pt.scribd.com/document/575630466/O-Direito-ao-esquecimento-como-direito-fundamental https://civilistica.emnuvens.com.br/redc/article/download/527/585. Acesso em: 30.08.2022.
11. O mesmo caso já foi objeto de apreciação pelo Superior Tribunal de Justiça (REsp 1.335.153), ocasião em que a 4ª Turma negou direito de indenização aos familiares de Aída Curi, que foi abusada sexualmente e morta em 1958 no Rio de Janeiro. A história desse crime, um dos mais famosos do noticiário policial brasileiro, foi apresentada no programa Linha Direta com a divulgação do nome da vítima e de fotos reais, o que, segundo seus familiares, trouxe a lembrança do crime e todo sofrimento que o envolve.

    Os irmãos da vítima moveram ação contra a emissora com o objetivo de receber indenização por danos morais, materiais e à imagem. Por maioria de votos, o STJ entendeu que, nesse caso, o crime era indissociável do nome da vítima. Isto é, não era possível que a emissora retratasse essa história omitindo o nome da vítima, a exemplo do que ocorre com os crimes envolvendo Dorothy Stang e Vladimir Herzog.

O caso, julgado nos dias 04, 05 e 11 de fevereiro de 2021, deu origem à Tese de Repercussão Geral 786[12], tendo demandado a realização de uma audiência pública, no dia 12 de junho de 2017, sob a coordenação do relator do Recurso Extraordinário 1.010.606, Ministro Dias Tofoli, ouvindo-se diversos estudiosos do tema, de modo a enfrentar todos os aspectos polêmicos e multifacetados envolvendo o instituto, que, na visão prevalente, consistiria numa espécie de *censura* ou atentado à liberdade de expressão.

Três principais posições se destacaram no encontro[13]:

1-Pró-informação: defendida por entidades ligadas à comunicação, para as quais inexiste um direito ao esquecimento, por ser tal figura contrária à memória de um povo e à história da sociedade. Como base para tal entendimento, invoca-se o julgamento do Supremo Tribunal Federal na Ação Direta de Inconstitucionalidade sobre as biografias não autorizadas – ADI 4.815;

2-Pró-esquecimento: identificam-se com essa corrente os especialistas que defendem a existência do direito ao esquecimento, afirmando que esse sempre deve preponderar, como expressão do direito da pessoa humana à reserva, à intimidade e à privacidade, direitos esses que prevaleceriam sobre a liberdade de informação envolvendo fatos pretéritos, evitando-se, com isso, a aplicação de penas entendidas como perpétuas, levando à rotulação da pessoa humana pela mídia e pela Internet. Seus defensores se amparam sobretudo no julgamento, pelo Superior Tribunal de Justiça, do Recurso Especial 1.334.097-RJ, envolvendo a

---

Segundo os autos, a reportagem só mostrou imagens originais de Aída uma vez, usando sempre de dramatizações, uma vez que o foco da reportagem foi no crime e não na vítima. Assim, a Turma decidiu que a divulgação da foto da vítima, mesmo sem consentimento da família, não configurou abalo moral indenizável. Nesse caso, mesmo reconhecendo que a reportagem trouxe de volta antigos sentimentos de angústia, revolta e dor diante do crime, que aconteceu quase 60 anos atrás, a Turma entendeu que o tempo, que se encarregou de tirar o caso da memória do povo, também fez o trabalho de abrandar seus efeitos sobre a honra e a dignidade dos familiares. O voto condutor também destacou que um crime, como qualquer fato social, pode entrar para os arquivos da história de uma sociedade para futuras análises sobre como ela – e o próprio ser humano – evolui ou regride, especialmente no que diz respeito aos valores éticos e humanitários.

12. "Tema 786 – É incompatível com a Constituição a ideia de um direito ao esquecimento, assim entendido como o poder de obstar, em razão da passagem do tempo, a divulgação de fatos ou dados verídicos e licitamente obtidos e publicados em meios de comunicação social analógicos ou digitais. Eventuais excessos ou abusos no exercício da liberdade de expressão e de informação devem ser analisados caso a caso, a partir dos parâmetros constitucionais – especialmente os relativos à proteção da honra, da imagem, da privacidade e da personalidade em geral – e as expressas e específicas previsões legais nos âmbitos penal e cível".

13. SCHREIBER, Anderson. As três correntes do direito ao esquecimento. Disponível em: <https://www.jota.info/paywall?redirect_to=//www.jota.info/opiniao-e-analise/artigos/as-tres-correntes-do-direi-to-ao-esquecimento-18062017>. Acesso em: 15.11.2019.

Chacina da Candelária, em que foi aplicado o direito ao esquecimento, definido como o "direito de não ser lembrado contra a própria vontade"[14];

3-Intermediária: fundada na ideia de que a Constituição brasileira não permite a hierarquização entre direitos fundamentais, como a liberdade de informação e o direito ao esquecimento, cabendo, em cada caso concreto, a ponderação de interesses[15], para obtenção do menor sacrifício possível. Defensores dessa última corrente, como o Instituto Brasileiro de Direito Civil (IBDCivil) propuseram que, diante da hipótese de veiculação de programas de TV com relatos ou encenação de crimes reais, envolvendo pessoas ainda vivas, deveriam ser adotados parâmetros como o da fama prévia, para distinção entre vítimas que possuem outras projeções sobre a esfera pública, de um lado, e, do outro, aquelas que somente têm projeções públicas na qualidade de vítimas do delito praticado.

O direito ao esquecimento foi contemplado no artigo 17 do Regulamento EU 2016/79, do Parlamento Europeu e do Conselho, relativo à proteção das pessoas físicas no que diz respeito ao tratamento de dados pessoais e à livre circulação desses dados.

No Brasil, deve ser ainda considerada a edição da Lei 13.709, de 14 de agosto de 2018 (Lei Geral de Proteção de Dados Pessoais), cujo artigo 18, IV, prevê como direito do titular à "anonimização, bloqueio ou eliminação de dados desnecessários, excessivos ou tratados em desconformidade com o disposto nesta Lei".[16]

O objetivo desta pesquisa é, por meio da reunião de todas as fontes bibliográficas, legislativas e jurisprudenciais disponíveis, buscar soluções para o estudo crítico do direito ao esquecimento, a partir da situação-problema da sua afirmação como direito fundamental.

Surge, então, um novo direito fundamental: o direito ao esquecimento[17], lado a lado com o direito à proteção de dados pessoais e o direito à portabilidade de

---

14. MARTINS, Guilherme Magalhães. O direito ao esquecimento como direito fundamental. *Civilística. com.* op. cit., p. 03.
15. MARTINS, Guilherme Magalhães. O direito ao esquecimento como direito fundamental. *Civilística. com.* op. cit., p. 03.
16. A anonimização é definida no artigo 5º, XI como "utilização de meios técnicos razoáveis e disponíveis no momento do tratamento, por meio dos quais um dado perde a possibilidade de associação, direta ou indireta, a um indivíduo". Acerca do tema, MARTINS, Guilherme Magalhães; FALEIROS JÚNIOR, José Luiz de Moura. A anonimização de dados pessoais: consequências jurídicas do processo de reversão, a importância da entropia e sua tutela à luz da Lei Geral de Proteção de Dados. In: DE LUCCA, Newton; SIMÃO FILHO, Adalberto; LIMA, Cintia Rosa Pereira de; MACIEL, Renata Mota. *Direito & Internet.* volume IV. São Paulo: Quartier Latin, 2019. Como referência na matéria, destaca-se OHM, Paul. Broken promises of privacy: responding to the surprising failure of anonymization. 57 *UCLA Law Review* 1701, 2010.
17. O direito ao esquecimento foi inicialmente mencionado como parte de nova proposta de Diretiva para a proteção de dados pessoais pela Comissária Europeia para a Justiça, Direitos Fundamentais

dados. Será verificada ao longo da pesquisa a adequação ou não da terminologia "direito ao esquecimento"[18] ser utilizada em sentido amplo, para tratar dos mais diversos casos, como um gênero, abrangendo as hipóteses em que um sujeito pleiteia a retirada, a desindexação ou a não divulgação de fato ou informação descontextualizada ou inverídica sobre si.

Segundo Stefano Rodotà, em artigo publicado no periódico *La Repubblica*, trata-se do "direito de governar a própria memória, para devolver a cada um a possibilidade de se reinventar, de construir personalidade e identidade, libertando-se da tirania das jaulas em que uma memória onipresente e total pretende aprisionar tudo (...) A Internet deve aprender a esquecer, através do caminho de uma memória social seletiva, ligada ao respeito aos direitos fundamentais da pessoa" (tradução livre).[19]

Na imagem do Purgatório da *Divina Comédia*, de Dante Alighieri, aquele que desejasse migrar ao céu deveria tomar as águas do Rio Lete a fim de purificar-se de seus pecados. Trata-se de afluente mítico presente na epopeia *Eneida*, de Virgílio, e nomeada em favor da náiade homônima, filha da deusa da discórdia Eris. Na mitologia greco-romana, as águas desse rio, provavelmente localizado nos Campos Elíseos, ostentariam o poder do completo esquecimento de vidas passadas. A memória digital seria compatível com o seu autogoverno pelo titular?[20]

---

e Cidadania, Viviane Reding, em janeiro de 2012. Segundo Jeffrey Rosen, "embora Reding retrate o novo direito como uma modesta expansão dos direitos existentes de privacidade dos dados, na verdade representa uma grande ameaça à liberdade de expressão na internet na próxima década. O direito ao esquecimento pode fazer com que o Facebook e o Google, por exemplo, comprometam cerca de 20% do seu rendimento se falharem na remoção de postagem dos usuários que postam suas próprias fotos e depois se arrependem, mesmo se essas fotos já tenham sido largamente distribuídas". ROSEN, Jeffrey. Symposium issue; the right to be forgotten. *Stanford Law Review Online*. V. 64:88, p. , fev. 2012. Viviane Nóbrega Maldonado define o direito ao esquecimento como "a possibilidade de alijar-se do conhecimento de terceiros uma específica informação que, muito embora seja verdadeira e que, preteritamente, fosse considerada relevante, não mais ostenta interesse público em razão do anacronismo". MALDONADO, Viviane Nóbrega. *Direito ao esquecimento*. Barueri: Novo Século, 2017.

18. Parte da doutrina afirma que a terminologia "direito ao esquecimento" não seria a mais exata, pois, embora consagrada pelo uso doutrinário e jurisprudencial, termina por induzir em erro o jurista, sugerindo que haveria um direito de fazer esquecer, um direito de apagar os dados do passado ou suprimir referências a acontecimentos pretéritos. No entanto, "o direito ao esquecimento consiste apenas no direito da pessoa humana de se defender contra uma *recordação opressiva* de fatos pretéritos, que se mostre apta a minar a construção e reconstrução da sua identidade pessoal, apresentando-a à sociedade sob falsas luzes (*sotto false luce*), de modo a fornecer ao público uma projeção do ser humano que não corresponde à sua realidade atual". SCHREIBER, Anderson. Direito ao esquecimento. In: SALOMÃO, Luis Felipe; TARTUCE, Flávio. *Direito Civil; Diálogos entre a doutrina e a jurisprudência*. São Paulo: Atlas, 2018. p. 69-70.

19. RODOTÀ, Stefano. Daí ricordi ai dati l'oblio è un diritto? *La Repubblica.it*. In: http://ricerca.repubblica/archivio/repubblica/2012/01/30/dai-ricordi-ai-dati-oblio. Acesso em: 21.11.2012.

20. FACHIN, Luiz Edson. Prefácio; o interrogante autogoverno da própria memória. In: SARLET, Ingo Wolfgang; FERREIRA NETO, Arthur. *O direito ao "esquecimento" na sociedade da informação*. Porto Alegre: Livraria do Advogado, 2019. p. 09-10. Acrescenta Leonardo Parentoni que *oblivion* deriva do

O direito fundamental em questão aparece, na língua estrangeira, representado por múltiplas expressões: *right to forget* (direito de esquecer), *right to be forgotten* (direito de ser esquecido),[21] *right to be let alone* (direito de ser deixado em paz), *right to erasure* (direito ao apagamento), *right to delete* (direito de apagar). Mas a expressão estrangeira que melhor o define é *right to oblivion* (direito ao esquecimento). Essa expressão igualmente predomina em outros países: na Itália, onde se fala em *diritto all'oblio;* nos países de língua espanhola, onde é mencionado o *derecho al olvido;* na França, *le droit à l'oublie.* Não se trata do esquecimento fortuito, natural da espécie humana, mas da perda forçada da memória.[22]

O debate reaparece ciclicamente: é justo permitir que os usuários apaguem para sempre seus rastros espalhados na rede? A Internet, em outras palavras, deve esquecer?[23]

---

grego *Lethe,* que designa uma deusa, filha da discórdia, que fluía como um rio no submundo infernal. Acreditava-se que quando uma pessoa morria e era então conduzida ao inferno, se via forçada a beber a água de *Lethe,* para que lhe fossem apagadas quaisquer memórias da vida pregressa. Ou seja, *oblivion* é a extração forçada da memória. PARENTONI, Leonardo. O direito ao esquecimento (*right to oblivion*). In: DE LUCCA, Newton; SIMÃO FILHO, Adalberto; LIMA, Cíntia Rosa Pereira de. *Direito & Internet.* v. III. Tomo I. São Paulo: Quartier Latin, 2015. p. 546.

21. O termo é usualmente empregado para expressar pretensão individual de se libertar das informações já pertencentes ao domínio público, mas que com o passar do tempo se tornam descontextualizadas, distorcidas, ultrapassadas, ou não mais verdadeiras (mas não necessariamente falsas). KORENHOF, Paulan; AUSLOOS, Jef; SZEKELY, Ivan; AMBROSE, Meg; SARTOR, Giovanni; LEENES, Ronald. Timing the right to be forgotten: a study into 'time' as a factor in deciding about retention or erasure of data. In: GUTWIRTH, Serge; LEENES, Ronald; DE HERT, Paul. *Reforming European Data Protection Law.* Heildelberg: Springer, 2015. p. 172.

22. PARENTONI, Leonardo, op. cit., p. 546. Na visão do autor, se justifica a discussão entre a nomenclatura *right to forget* ou *right to be forgotten,* de um lado, e, do outro, *right to oblivion*: "os dois primeiros designariam qualquer remoção de conteúdo que de alguma forma afronte a privacidade, independentemente do meio em que tenha sido publicado (reportagem impressa, *outdoor* em via pública, fachadas comerciais, Internet etc.). Por sua vez, *right to oblivion* seria uma subespécie do gênero anterior, cujo objeto restringir-se-ia, exclusivamente, ao tratamento informatizado de dados pessoais. Ou seja, o *right to oblivion* seria a modalidade contemporânea desse direito, surgida em virtude do desenvolvimento tecnológico, estando contido na modalidade clássica, existente há mais de um século e conhecida como *right to forget, right to be forgotten* ou *right to be let alone*".

23. MORAES, Maria Celina Bodin; KONDER, Carlos Nelson. *Dilemas de direito civil-constitucional; casos e decisões.* Rio de Janeiro: Renovar, 2012. p. 293. Os autores fazem referência ao Caso Lebach, ocorrido em um pequeno vilarejo a oeste da República Federal da Alemanha onde houve "o assassinato brutal de quatro soldados que guardavam um depósito de munição, tendo um quinto soldado ficado gravemente ferido. Foram roubadas do depósito armas e munições. No ano seguinte, os dois principais acusados foram condenados à prisão perpétua. Um terceiro acusado foi condenado a seis anos de reclusão, por ter ajudado na preparação da ação criminosa. Quatro anos após o ocorrido, a ZDF (*Zweites Deutsches Fernsehen* – Segundo Canal Alemão), atenta ao grande interesse da opinião pública no caso, produziu um documentário sobre todo o ocorrido. No documentário, seriam apresentados o nome e a foto de todos os acusados. Além disso, haveria uma representação do crime por atores, com detalhes da relação dos condenados entre si, incluindo suas relações homossexuais. O documentário deveria ser transmitido em uma sexta-feira à noite, pouco antes da soltura do terceiro acusado, que já

Na teoria, o direito ao esquecimento se direciona a um problema urgente na era digital: é muito difícil escapar do seu passado na Internet, pois cada foto, atualização de *status* e *tweet* vive para sempre na nuvem.[24]

A memória, com o advento da Internet, adquiriu características peculiares: imersa, universal, densa, volátil, persistente e desorganizada, exige fundamental habilidade no seu acesso e organização e traz, ao mesmo tempo, uma ampla reflexão por parte dos arquivistas, dos biblioteconomistas, dos historiadores, dos especialistas em informática e também dos juristas, a fim de compreender as suas transformações, individuando os meios mais adequados à sua análise, conservação e regulamentação.[25]

Paul Recoeur considera que "não é mais o esquecimento que a materialidade põe em nós, o esquecimento por apagamento dos rastros, mas o esquecimento por assim dizer de reserva ou de recurso. O esquecimento designa então o caráter despercebido da perseverança da lembrança, sua subtração à vigilância da consciência".[26] O autor associa ainda o esquecimento a um horizonte de perda definitiva da memória, da morte anunciada das lembranças.

O grande dilema consiste no fato de os registros do passado – capazes de serem armazenados eternamente – poderem gerar consequências posteriormente à data em que o evento foi esquecido pela mente humana.[27]

A Internet, como não se pode deixar de observar, é uma rede aberta, cuja arquitetura foi feita mais para mostrar do que para esconder, característica essa

---

havia cumprido boa parte da sua pena. Este terceiro acusado buscou, em juízo, uma medida liminar para impedir a transmissão do programa, pois o documentário dificultaria o seu processo de ressocialização. A medida liminar não foi deferida nas instâncias ordinárias. Em razão disso, ele apresentou uma reclamação constitucional para o Tribunal Constitucional Federal, invocando a proteção ao seu direito de desenvolvimento da personalidade, previsto na Constituição alemã. No caso, o TCF, tentando harmonizar os direitos em conflito (direito à informação *versus* direitos da personalidade), decidiu que a rede de televisão não poderia transmitir o documentário caso a imagem do reclamante fosse apresentada ou seu nome fosse mencionado".

24. ROSEN, Jeffrey, op. cit., p. 88.

25. MARTINELLI, Silvia. *Diritto all´oblio e motori di ricerca;* memoria e privacy nell´era digitale. Milano: Giuffrè, 2017. p. IX-X.

26. RICOEUR, Paul. *A memória, a história, o esquecimento.* Tradução de Alain François. Campinas: Editora da UNICAMP, 2018. p. 448.

27. COSTA, André Brandão Nery. Direito ao esquecimento na Internet: a scarlet letter digital. In: SCHREIBER, Anderson(coord.). *Direito e mídia.* São Paulo: Atlas, 2013. p. 185. Segundo o mesmo autor, "a popularização da Internet permitiu que ela deixasse de ser uma rede capaz apenas de receber informações, para se revelar poderoso instrumento de compartilhamento dos dados. Produzem-se, incessantemente, informações pessoais na rede, seja diretamente, por meio do fornecimento pelo próprio usuário, seja indiretamente, por meio de terceiros, através de postagens de fotos, de indicações de amizades, de aposição de *tags* em fotos que identificam outro usuário e de fornecimento de dados geográficos de onde se está. Sem mencionar as informações produzidas sem que se saiba, o que torna ainda mais grave e acentua a dificuldade muitas vezes enfrentada de apagar dados produzidos na rede".

ainda mais acentuada a partir do uso de dispositivos móveis, em especial da telefonia celular.

Vale perceber, ainda, que a Internet permitiu que dados fossem armazenados de forma jamais antes vista, não só de modo disperso, com servidores espalhados em todo o mundo, o que obstaria um controle sobre tudo o que existe e é disponibilizado *on-line*, destacando-se esse armazenamento pela sua capacidade, praticamente inesgotável, permitindo a reunião quase infinita de informações.[28]

Frequentemente não sabemos quem tem a informação, de que forma ela foi obtida, quais são os propósitos ou os objetivos das entidades que a controlam ou o que poderá ser feito com a informação no futuro.[29]

Tal fato é agravado pela circunstância de os usuários da Internet, cujos passos são sempre reconstruídos pelas técnicas de rastreamento, serem frequentemente privados da escolha quanto à técnica de obtenção de dados e quanto às informações que serão colhidas a seu respeito.[30]

Isso decorre da ideia de uma Internet cada vez mais personalizada ou, numa linguagem mais enfática, mais vigiada pelas principais empresas que operam no setor, que disso extraem seus lucros bilionários.[31]

É fato que, com a passagem dos diários do passado para a Internet, deixamos a era do arquivamento de si individual para o arquivamento de si coletivo.

---

28. LIMA, Henrique Cunha Souza. *Direito ao esquecimento na Internet*. Fórum: Belo Horizonte, 2020. p. 32.
29. NISSENBAUM, Helen. *Privacy in context;* technology, policy and the integrity in social life. Stanford: Stanford Law Books, 2010. p. 79.
30. ROUTIER, Richard. Traçabilité ou anonymat des conexions? In: PEDROT, Philippe (org.). *Traçabilité et responsabilité*. Paris: Economica, 2003. p. 154.
31. Segundo Eli Parisier, presidente do conselho da MoveOn.org, um portal de ativismo *on-line*, "a tentativa de saber o máximo possível sobre seus usuários tornou-se a batalha fundamental da nossa era entre gigantes da Internet como Google, Facebook, Apple e Microsoft(...) Ainda que o Google tenha(até agora) prometido guardar nossos dados pessoais só para si, outras páginas e aplicativos populares da Internet – do site de passagens aéreas Kayak.com ao programa de compartilhamento AddThis – não dão essa garantia. Por trás das páginas que visitamos, está crescendo um enorme mercado de informações sobre o que fazemos na rede, movido por empresas de dados pessoais pouco conhecidas, mas altamente lucrativas, como a BlueKai e a Acxiom. A Acxiom, por si só, já acumulou em média 1.500 informações sobre cada pessoa em sua base de dados – que inclui 96% da população americana – com dados sobre todo tipo de coisa, desde a classificação de crédito de um usuário até o fato de ter comprado remédios sobre incontinência. Usando protocolos ultravelozes, qualquer site – não só os Googles e Facebooks – pode agora participar da brincadeira. Para os comerciantes do 'mercado do comportamento', cada 'indicador de clique' que enviamos é uma mercadoria, e cada movimento que fazemos com o mouse pode ser leiloado em microssegundos a quem fizer a melhor oferta.
A fórmula dos gigantes da Internet para essa estratégia de negócios é simples: quanto mais personalizadas forem suas ofertas de informação, mais anúncios eles conseguirão vender e maior será a chance de que você compre os produtos oferecidos" (g.n.). PARISIER, Eli. *O filtro invisível;* o que a Internet está escondendo de você. Tradução de Diego Alfaro. Rio de Janeiro: Zahar, 2012. p. 12-13.

Diários e autobiografias, como os conhecemos, sempre existirão, mas como uma das muitas manifestações do mundo das memórias integradas e interativas, criadas coletivamente a partir de postagens próprias, comentários em postagens alheias, compartilhamentos, intervenções, críticas, imagens, vídeos, citações. São tantas as possibilidades de registro, por si ou por terceiro, que por mais que um indivíduo tente passar despercebido, invisível, sem perfil, dificilmente conseguirá fazê-lo.

Para Sérgio Branco, temos também por característica desta era um arquivamento forçado, ainda que mínimo, ainda que involuntário, ainda que à revelia do indivíduo que se percebe objeto desse arquivo. Para o autor, não haveria lugar para satisfazer o desejo do poeta Manuel Bandeira, de desaparecer tão completamente a ponto de não deixar sequer seu nome.[32]Citar-se-ia ainda o libreto da

---

32. BRANCO, Sérgio. *Memória e esquecimento na Internet*. Porto Alegre: Arquipélago, 2017. p. 61. Segundo os versos de Manuel Bandeira, no poema A Morte Absoluta:

"Morrer.
Morrer de corpo e de alma.
Completamente.

Morrer sem deixar o triste despojo da carne,
A exangue máscara de cera,
Cercada de flores,
Que apodrecerão - felizes! - num dia,
Banhada de lágrimas
Nascidas menos da saudade do que do espanto da morte.
Morrer sem deixar porventura uma alma errante...
A caminho do céu?
Mas que céu pode satisfazer teu sonho de céu?

Morrer sem deixar um sulco, um risco, uma sombra,
A lembrança de uma sombra
Em nenhum coração, em nenhum pensamento,
Em nenhuma epiderme.

Morrer tão completamente
Que um dia ao lerem o teu nome num papel
Perguntem: "Quem foi?..."

Morrer mais completamente ainda,
- Sem deixar sequer esse nome.
Manuel Bandeira BANDEIRA, M. Lira dos Cinquent'anos, 1940. In: https://www.pensador.com/frase/NTI4NjMx/. Acesso em: 10.11.2019.

ópera L´Arlesiana, de Francesco Cilea e Leopoldo Marenco(1897), com a famosa ária *Lamento di Federico,* que faz referências ao esquecimento. [33]

Uma investigação sobre os elementos que emprestam força ao reconhecimento de um direito ao esquecimento demostra, entre outras coisas, a importância da percepção de que, em um contexto de novas possibilidades tecnológicas, novas regras ou direitos são necessários. A afirmação dessas regras ou direitos nem sempre se dá de maneira suave e sem sobressaltos[34], passando a ocupar espaços antes designados com a fórmula "contra-direito", diante da ampla liberdade de expressão consagrada pelo individualismo até então reinante.

O direito ao esquecimento se insere em um delicado conflito de interesses. De um lado, o interesse público aponta no sentido de que fatos passados sejam relembrados, considerando ainda a liberdade de imprensa e de expressão, bem como o direito da coletividade à informação; do outro, há o direito de não ser perseguido por toda a vida por acontecimento pretérito.[35]

Observa Luís Roberto Barroso que a grande virada na interpretação constitucional se deu a partir da difusão de uma constatação de que não é verdadeira a crença de que as normas jurídicas em geral – e as constitucionais em particular – tragam sempre em si um sentido único, objetivo, válido para todas as situações nas quais incidem. E que, assim, caberia ao intérprete uma atividade de mera

---

33. E' la solita storia del pastore
    Il povero ragazzo
    Voleva raccontarla, e s'addormi
    C'è nel sonno l'oblio
    Come l'invidio!

    Anch'io vorrei dormir cosi
    Nel sonno almeno l'oblio trovar¹
    La pace sol cercando io vo
    Vorrei poter tutto scordar

    É a mesma velha história do pastor ...
    O pobre menino
    Gostaria de contá-la, e adormeceu
    Há o esquecimento no sono.
    Pelo menos no sono há o esquecimento
    Como o invejo! (tradução nossa)
34. MONCAU, Luiz Fernando Marrey. *Direito ao esquecimento.* São Paulo: Revista dos Tribunais, 2020. p. 21.
35. COSTA, André Brandão Nery, op. cit., p. 187.

revelação do conteúdo preexistente na norma, sem desempenhar qualquer papel criativo na sua concretização.[36]

Os direitos, tomados na sua dimensão "negativa", pressupõem também a possibilidade de modificar as escolhas adotadas no passado. Tal aspecto adota um valor peculiar, sobretudo em face à posição social da pessoa, assumindo uma fisionomia ditada pelos traços que ela deixa no mundo concreto.[37]

A tutela do direito ao esquecimento decorre da cláusula geral de tutela da pessoa humana, cuja dignidade é reconhecida como princípio fundamental da República no art. 1º, III, da Constituição da República[38], restando superada a discussão sobre a tipicidade ou a atipicidade dos direitos da personalidade.[39]

---

36. BARROSO, Luís Roberto. Liberdade de expressão *versus* direitos da personalidade. Colisão de direitos fundamentais e critérios de ponderação. In: SARLET, Ingo Wolfgang. *Direitos fundamentais, informática e comunicação.* Porto Alegre: Livraria do Advogado, 2007. p. 65.

37. MEZZANOTTE, Massimiliano. *Il diritto all´oblio;* contributo allo studio della *privacy* storica. Napoli: Edizioni Scientifiche Italiane, 2009. p. 07.

38. O tema não é antigo entre nós, conforme diversos julgados: "RESPONSABILIDADE CIVIL. DANO MORAL. REPORTAGENS PUBLICADAS EM JORNAL ENVOLVENDO EX-TRAFICANTE DE DROGAS EM LAVAGEM DE DINHEIRO, COM FOTOS BATIDAS SEIS ANOS ANTES, APÓS O MESMO ENCONTRAR-SE COMPLETAMENTE RECUPERADO, CONVERTIDO À RELIGIÃO EVANGÉLICA, DA QUAL SE TORNOU PASTOR, CASADO, COM FILHOS, DANDO BONS EXEMPLOS À SOCIEDADE. É livre a manifestação de expressão e de informação jornalística, direitos que devem ser exercidos com responsabilidade, sem preocupação de fazer sensacionalismo, evitando a publicação de notícias levianas, que possam causar dano à imagem e à honra das pessoas. Art. 220 e parágrafo primeiro da CF. Configurado o dano moral, o seu valor deve ser arbitrado com moderação e bom senso, proporcionalmente à gravidade dos fatos e sua repercussão. A competência para decidir sobre o direito de resposta é do juízo criminal (artigo 32, parágrafo primeiro da Lei 5.250/67). Apelo parcialmente provido. Direito Civil-Constitucional. Liberdade de imprensa e de informação versus direitos da personalidade. Matéria publicada em site jornalístico. Internet. Notícia da prisão em flagrante de suspeito de crime. Posterior arquivamento do inquérito policial. Direito ao esquecimento do investigado. Inexistência de interesse público na permanência da notícia. Prevalência, no caso, da proteção da dignidade da pessoa humana. Colisão de direitos fundamentais. Solução mediante juízo de ponderação. Pedido julgado procedente, para determinar que a ré providencie a exclusão da notícia impugnada de sua página da Internet. Sentença reformada. Recurso provido". TJ-SP, Apelação cível 00077661720118260650-SP, relator Des. Paulo Alcides, j. 15.05.2014.

39. MORAES, Maria Celina Bodin. *Danos à pessoa humana;* uma leitura civil-constitucional dos danos morais. Rio de Janeiro: Renovar, 2003. p. 117-118: "Leve-se em conta a vulnerabilidade da pessoa humana. A polêmica acerca dos direitos humanos, ou dos direitos da personalidade, refere-se à necessidade de normatização dos direitos das pessoas em prol da concretude do princípio da dignidade da pessoa humana, do modo de melhor tutelá-la, onde quer que se faça presente essa necessidade. Aqui, e desde logo, toma-se posição acerca da questão da tipicidade ou atipicidade dos direitos da personalidade. Não há mais, de fato, que se discutir sobre uma enuneração taxativa ou exemplificativa dos direitos da personalidade, porque se está em presença, a partir do princípio constitucional da dignidade, de uma cláusula geral de tutela da pessoa humana".

O direito ao esquecimento, visualizado, até então, primordialmente no âmbito penal, e de casos notórios, relacionados a artistas e a figuras públicas, passou a ser invocado em situações jamais pensadas anteriormente.[40]

Mostra-se indispensável, para tanto, a abordagem da legislação estrangeira acerca da matéria, em especial o Regulamento Geral de Proteção de Dados Pessoais, aprovado pela Comunidade Econômica Europeia em abril de 2016, sem a pretensão de fazer um trabalho de Direito Comparado, merecendo ser transcritas, nesse particular, algumas reflexões de Rodolfo Sacco, que traduzem a seguinte indagação:[41]

> Aquele que conhece um direito estrangeiro, dois direitos estrangeiros, é um comparatista?
>
> A diferença entre o poliglota e o linguista pode nos ajudar a compreender a diferença entre o comparatista e aquele que simplesmente conhece vários sistemas jurídicos. O poliglota conhece várias línguas, mais somente o linguista sabe medir as respectivas diferenças; o comparatista, da mesma forma, possui um conjunto de noções ou dados pertencentes a vários sistemas diversos, mas sabe, além disso, estabelecer uma comparação entre aqueles, ao medir as respectivas diversidades e semelhanças.

O direito ao esquecimento foi contemplado no artigo 17 do Regulamento EU 2016/79, do Parlamento Europeu e do Conselho, relativo à proteção das pessoas físicas no que diz respeito ao tratamento de dados pessoais e à livre circulação desses dados.

Embora admitido na Europa, sua aplicação encontra forte oposição nos Estados Unidos, tendo em vista a amplitude conferida à liberdade de expressão pela Primeira Emenda, incluindo a livre circulação de informações na Internet.[42]

No Brasil, deve ser considerada a edição da Lei 13.709, de 14 de agosto de 2018, que dispõe sobre a proteção de dados pessoais, cujo artigo 18, IV, prevê como direito do titular à "anonimização, bloqueio ou eliminação de dados desnecessários, excessivos ou tratados em desconformidade com o disposto nesta Lei".

É verdade que a Lei Geral de Dados Pessoais não prevê expressamente o direito ao esquecimento em dispositivo, ao contrário da opção legislativa do GDPR. O Supremo Tribunal Federal, ao julgar o Tema de Repercussão Geral 786, julgou que o direito ao esquecimento é incompatível com o ordenamento

---

40. LIMA, Henrique Cunha Souza, op. cit., p. 33.
41. SACCO, Rodolfo. *La comparaison juridique au service de la connaissance du droit.* Paris: Economica, 1991, p. 09 (tradução nossa).
42. BYRUM, Christie. *The european right to be forgotten;* the First Amendment Enemy. Lanham: Lexinton Books, 2018. pos.107 (*e-book*): "A criação arbitrária de um 'controlador de dados' privado e corporativo com o poder de desindexar e ainda censure informações insulta a Primeira Emenda ao impedir o livre trânsito de informações e ameaça o livre debate fundador dos princípios democráticos historicamente situados nos Estados Unidos".

jurídico brasileiro, com eficácia vinculante para todo o Poder Judiciário, a partir de fevereiro de 2021, e é possível que eventuais demandas daqui em diante venham fundadas em outros direitos da personalidade, como a honra, a imagem, a privacidade ou a identidade pessoal. De qualquer forma, manifestamos nossa posição favorável à natureza residual e excepcional do direito ao esquecimento, embora ressaltando a força vinculante da decisão do Supremo Tribunal Federal.

Mas o debate pode ganhar novos contornos com o Projeto de Lei 04/2025, decorrente do relatório apresentado pelos relatores-gerais da Comissão de Juristas responsável pela revisão e atualização do Código Civil no primeiro artigo do Capítulo II, que trata *Da Pessoa no Ambiente Digital,* que prevê, no seu artigo 2027-K, que a pessoa pode requerer a exclusão permanente de dados ou de informações a ela referentes, que representem lesão aos seus direitos da personalidade, diretamente no site de origem em que foi publicado.

Foi eleito como tema geral deste estudo a problemática dos direitos da personalidade na Internet, cuja delimitação recai sobre o direito ao esquecimento, que constitui o tema específico. A escolha se justifica, em grande parte, pela originalidade da pesquisa que ora se propõe, havendo ainda uma carência de trabalhos monográficos a estudar a matéria, que permanece, em vários aspectos, inexplorada, a despeito da sua inegável relevância social, multiplicando-se a cada dia problemas que ainda clamam por uma resposta, lado a lado com a revolução tecnológica.

A ausência ou insuficiência de uma regulação merecem ser destacadas, em se tratando de situações jurídicas, sobretudo existenciais, cuja insegurança e risco avultam, diante de um meio eletrônico reconhecidamente potencializador de novos riscos e danos através de uma rede aberta, como a Internet[43].

A natureza transnacional da Internet, propiciando a rápida transmissão de um grande volume de informações, inclusive simultaneamente, para vários destinos, na superação do conceito de fronteiras nacionais[44], bem como da ideia de *tempo diferido*, substituída pela noção de *tempo real*,[45] agrava o problema da prevenção e da reparação dos danos.

---

43. Em contraposição às redes ditas *fechadas,* como as VAN (*Value-Added Networks),* baseadas na tecnologia do EDI (*Electronic Data Interchange*), nas quais são celebrados negócios de longo prazo entre empresas reciprocamente conhecidas entre si, após toda uma fase de negociação, havendo uma maior estabilidade em ditas relações negociais, ao contrário do que ocorre na Internet, em que contratos são frequentemente realizados sem a figura das negociações preliminares.

44. EDWARDS, Lilian. Defamation and the Internet. In: EDWARDS, Lilian & WAELDE, Charlotte (coord.). *Law & the Internet; regulation cyberspace.* Oxford: Hart, 1997, p. 183.

45. FARIA, José Eduardo. Informação e democracia na economia globalizada. In: SILVA JÚNIOR, Ronaldo Lemos da; WAISBERG, Ivo. *Comércio Eletrônico.* São Paulo: Revista dos Tribunais, 2001, p. 18. Nas palavras do autor, "*O tempo diferido é o tempo dos fusos horários, das etapas lógicas e sucessivas. Já o*

Mais do que isso, os conceitos e as categorias tradicionais da responsabilidade civil não foram idealizados para um ambiente aberto, caracterizado pela participação de múltiplos sujeitos e organizações frequentemente amparados pelo anonimato. Logo, deve ser abandonada a visão individualista baseada na presença de uma vítima concreta e de um responsável passível de identificação.[46]

Além dos questionamentos sobre a afirmação do direito ao esquecimento como direito fundamental, discute a doutrina sobre os seus efeitos e limites, ou seja, ensejaria-se apenas a possibilidade de apagar dados, ou ainda de descontextualizá-los, ou desindexá-los, sobretudo nas ferramentas de busca na Internet, como ocorreu no caso Google Spain.

No primeiro capítulo, este trabalho buscará enquadrar o direito ao esquecimento como direito fundamental, no panorama político, institucional e econômico da sociedade da informação, passando pela categoria dos direitos da personalidade e pelos dados pessoais, hoje merecedores de tutela enquanto integrantes do corpo eletrônico da pessoa humana.

No segundo capítulo, serão buscadas as modalidades de exercício do direito ao esquecimento, conforme seus contornos doutrinários e a sua consagração no artigo 17 do Regulamento Geral de Dados Pessoais Europeu (RGPD). Serão ainda considerados os principais argumentos contrários ao direito ao esquecimento, entre os quais a violação à liberdade de expressão, a possibilidade da perda da história, a privacidade como censura dos tempos atuais, o privilégio da memória individual em detrimento daquela da sociedade, a ausência de registro sobre crimes, a inexistência da ilicitude do ato, a preservação do interesse coletivo, o estímulo à extinção de programas policiais e a neutralidade da Internet. Por fim, serão expostas as principais proposições legislativas acerca do tema, inclusive o Projeto de Lei n o. 04/2025, que atualiza o Código Civil.

No terceiro capítulo, será buscada a formação do direito ao esquecimento na jurisprudência estrangeira, seja na evolução histórica do tema, seja no emblemático caso "Google Spain".

No quarto e último capítulo, o tema será estudado sob o ponto de vista da jurisprudência dos Tribunais Superiores brasileiros, a começar pelo Superior Tribunal de Justiça, nos seus casos mais polêmicos, em especial o caso Xuxa *vs.* Google, Chacina da Candelária, Aida Curi e Paula Thomaz, entre outros, e chegando ao Supremo Tribunal Federal, que, no caso Aida Curi, estabeleceu a Tese de Repercussão Geral 786.

---

tempo real é o tempo das comunicações virtuais e instantâneas – portanto, um tempo incompatível com a relação presente, passado e futuro".

46. MIGUEL ASENSIO, Pedro Alberto. *Derecho Privado de Internet.* Madrid: Civitas, 2001. p. 492-493.

Capítulo 1
O DIREITO AO ESQUECIMENTO COMO DIREITO FUNDAMENTAL NA SOCIEDADE DA INFORMAÇÃO

Cabe ao jurista acompanhar a revolução tecnológica, num momento de transição em que a regulação jurídica deve fazer frente a novas relações sociais, seja para confirmar ou rever suas premissas dogmáticas, seja adaptando as normas já existentes, seja na proposta de um novo modelo normativo, do que se extrai a relevância social e científica do tema proposto.

Surge, ao lado do espaço físico, o espaço dito cibernético, cuja arquitetura é marcada pela maleabilidade, permitindo aos seus agentes a possibilidade de interagir,[1] o que se soma a uma nova ideia de tempo, a partir da noção de simultaneidade, além da superação da distância, sob o ponto de vista espacial.

Desponta, então, ao lado da revolução tecnológica, uma nova economia, baseada na globalização e na desmaterialização parcial da riqueza, tendo em vista a possibilidade de cortar custos substanciais e aumentar lucros empresariais, dando uma nova escala à atividade negocial, alcançando um número cada vez maior de consumidores.[2]

A incidência das transformações tecnológicas sobre o saber deve ser considerável, e a natureza dele não pode permanecer intacta. Segundo Jean-François Lyotard, ele não pode se submeter aos novos canais e tornar-se operacional, a não ser que o conhecimento possa ser traduzido em quantidades de informação. Pode-se então prever que tudo o que no saber constituído não é traduzível será abandonado, e que a orientação das novas pesquisas se subordinará à tradutibilidade dos novos resultados à linguagem de máquina. Tanto os "produtores" do saber como seus utilizadores devem e deverão ter os meios de traduzir nestas linguagens o que alguns buscam inventar, e, outros, aprender. Destaca o autor

---

1. LORENZETTI, Ricardo Luis. Informática, cyberlaw y e-commerce. *Revista de Direito do Consumidor*. São Paulo, v. 36, outubro/novembro 2000, p. 11.
2. WALD, Arnoldo. Um novo direito para a nova economia: os contratos eletrônicos e o Código Civil. In: GRECO, Marco Aurélio & MARTINS, Ives Gandra da Silva. *Direito e internet; relações jurídicas na sociedade informatizada*. São Paulo: Revista dos Tribunais, 2001. p. 09-11.

os avanços das pesquisas versando sobre essas máquinas-intérpretes, sendo que, com a hegemonia da informática, impõe-se uma nova lógica e um conjunto de prescrições que versam sobre os enunciados aceitos como "de saber"[3], sem prejuízo de novas oportunidades para novos danos e discriminações.

Os frutos da sociedade da informação são facilmente visíveis, com telefones celulares em cada bolso, computadores em cada mochila e grandes sistemas de tecnologia na retaguarda de toda e qualquer organização. Mas menos perceptível é a informação em si. Meio século depois que os computadores ingressaram na sociedade convencional, os dados começaram a se acumular, de modo que algo novo e especial passa a tomar lugar. Não apenas o mundo é inundado com mais informações do que em qualquer época anterior, mas essa informação se torna mais rápida. Determinadas ciências, como a Astronomia e o Genoma, que em primeiro lugar passaram por um salto qualitativo a partir de um salto quantitativo, primeiramente cunharam o termo "*Big Data*". Atualmente, o conceito migrou para todas as áreas do conhecimento humano.[4]

O que caracteriza o "*Big Data*" é a quantidade de dados criados, o número de associações que permitem o seu rastreamento por *sites* e plataformas e crescentes mercados de dados e colaborações nas quais essa informação é compartilhada entre os envolvidos.[5]

Para Klaus Schwab, moldar a quarta revolução industrial, para garantir que ela seja empoderadora e centrada no ser humano – e não divisionista ou desumana – não é tarefa para um único interessado ou setor, nem para uma única região, cultura ou indústria. Pela própria natureza fundamental e global dessa revolução, ela afetará e será influenciada por todos os países, economias, setores e pessoas, devendo basear-se na cooperação entre os diversos setores produtivos, permitindo que todos se beneficiem das transformações em curso.[6]

Neste quadro, portanto, onde a informática funciona como catalisadora das mudanças estruturais, desempenhando papel tão importante quanto foi o da eletricidade e o da máquina a vapor no século passado[7], acentua-se a importância da promoção da pessoa humana nos seus aspectos existenciais.

---

3. LYOTARD, Jean-François. *A condição pós-moderna*. 20. ed. Tradução de Ricardo Corrêa Barbosa. Rio de Janeiro: José Olympio, 2021. p. 22.
4. MAYER-SCHÖNBERGER, Viktor; CUKIER, Kenneth. *Big Data*. Nova Iorque: Mariner Books, 2014. p. 06.
5. JONES, Meg Leta. *The right to be forgotten*. New York: New York University Press, 2016. p. 07.
6. SCHWAB, Klaus. *A quarta revolução industrial*. Tradução de Daniel Moreira Miranda. São Paulo: Edipro, 2016. p. 14.
7. WALD, Arnoldo. Op. cit., p. 14.

As tecnologias implicam uma perda na capacidade de controlar a própria identidade, de realizar escolhas que digam respeito à liberdade, aspecto fundamental da dignidade da pessoa humana, e à autodeterminação informativa, tendo em vista a exposição decorrente da arquitetura da Internet. A doutrina usa a expressão "consumidores de vidro" em referência à pessoa humana na Internet, de modo que outros sabem tanto a nosso respeito que podem ver através de nós. Nossas vidas cotidianas são gravadas, analisadas e monitoradas de inumeráveis formas não perceptíveis ou mesmo consentidas.[8]

Pode ser vislumbrado um abandono da concepção clássica da privacidade, pela qual seria vista como o "direito a ser deixado em paz" ou o "direito a estar só",[9] passando o seu centro de gravidade à possibilidade de cada um controlar o uso das informações que lhe dizem respeito. Então, voltam-se as atenções para o controle, por indivíduos e grupos, do exercício dos poderes fundados na disponibilidade de informações, contribuindo para um equilíbrio sociopolítico mais adequado.[10]

Ocorre uma mudança, nesse ponto, no paradigma "pessoa-informação--segredo", para "pessoa-informação-circulação-controle", numa perspectiva evolutiva.[11]

---

8. LACE, Susanne. *The glass consumer;* life in a surveillance society. Bristol: National Consumer Council, 2005. p. 01.

9. Tal concepção é normalmente identificada com o artigo *The right of privacy,* de autoria de Samuel Warren e Louis Brandeis, originalmente publicado no volume 193 da *Harvard Law Review* (1890), considerado pioneiro ao estabelecer um marco na doutrina do direito à privacidade, além de ser de certa forma profético ao antecipar a importância que a matéria viria a assumir com o desenvolvimento das tecnologias da informação que então já começavam a se fazer sentir. Disponível em: <www.louisville.edu/library/law/brandeis/privacy.html>. Acesso em: 17 maio 2006. Em contraposição a essa visão, sustenta Danilo Doneda que "(...) a proteção da privacidade acompanha a consolidação da própria teoria dos direitos da personalidade e, em seus mais recentes desenvolvimentos, contribui para afastar uma leitura pela qual sua utilização em nome de um individualismo exacerbado alimentou o medo de que eles se tornassem o 'direito dos egoísmos privados'. Algo paradoxalmente, a proteção da privacidade na sociedade da informação, tomada na sua forma de proteção dos dados pessoais, avança sobre terrenos outrora não proponíveis e induz a pensá-la como um elemento que, antes de garantir o isolamento ou a tranquilidade, proporcione ao indivíduo os meios necessários para a construção e consolidação de uma esfera privada própria, dentro de um paradigma de vida em relação e sob o signo da solidariedade – isto é, tenha um papel positivo na sua própria comunicação e relacionamento com os demais" (Doneda, Danilo. *Da privacidade à proteção dos dados pessoais.* Rio de Janeiro: Renovar, 2006. p. 23). Nesse sentido, o Enunciado 404, aprovado na V Jornada de Direito Civil do Conselho da Justiça Federal: "A tutela da privacidade da pessoa humana compreende os controles espacial, contextual e temporal dos próprios dados, sendo necessário seu expresso consentimento para tratamento de informações que versem especialmente o estado de saúde, a condição sexual, a origem racial ou étnica, as convicções religiosas, filosóficas e políticas".

10. Rodotà, Stefano. *Tecnologie e diritti.* Bologna: Il Mulino, 1995. p. 19-20.

11. DONEDA, Danilo *Da privacidade à proteção de dados pessoais.* 2. ed. São Paulo: Revista dos Tribunais, 2019. p. 41.

Nos últimos anos, o conceito de sociedade da informação adquiriu importância em escala mundial, fundamentado na crença de que sua consolidação favorece a integração global nos diferentes aspectos da vida humana: na economia, no conhecimento, na cultura, no comportamento humano e nos valores.[12]

O surgimento da expressão *sociedade da informação*[13] na Europa é atribuído à conferência internacional de 1980, onde a Comunidade Econômica Europeia reuniu estudiosos para avaliar o futuro de uma nova sociedade assim denominada, tendo em vista a regulamentação da liberdade de circulação de serviços e medidas para a implementação de acesso aos bens e serviços por parte dos Estados membros. Foi, então, utilizada pela primeira vez a expressão TIC – tecnologias da informação e comunicação.[14]

Porém, anteriormente, já pôde ser vista uma visão embrionária da matéria nos anos 1970, no Japão, quando Yoneji Masuda, em seus estudos, buscava a realização de uma sociedade que trouxesse um estado geral e florescente de criatividade intelectual humana, em vez de um afluente consumo material. O autor aponta que, em 1972, uma organização japonesa sem fins lucrativos, denominada Japan Computer Usage Development Institute, apresentou ao governo o "Plano para a Sociedade da Informação" – um objetivo nacional em direção ao ano 2000. O autor relata ter sido nomeado gestor desse ambicioso plano nacional, sendo-lhe atribuída a primeira utilização da expressão ("information society") em língua inglesa.[15]

A formatação de uma possível nova infraestrutura social, a partir do desenvolvimento da Internet, representaria, na visão de Jan Van Dijk, uma segunda revolução nas comunicações, remontando ao período pós-industrial, sintetizada nas expressões código digital, integração e interatividade.[16]

Manuel Castells confere destaque aos aspectos centrais do paradigma da sociedade da informação, que representam sua base material:

---

12. MARTINS, Guilherme Magalhães. O direito ao esquecimento na Internet. In: MARTINS, Guilherme Magalhães; LONGHI, João Victor Rozatti. *Direito Digital;* Direito Privado e Internet. Indaiatuba: Foco, 2021. p. 65.

13. Para José de Oliveira Ascensão, a sociedade da informação abrange elementos relativos a programas de computador, circuitos integrados, bases de dados eletrônicas e utilização de obras por computador. A base universal de todos estes fenômenos é a digitalização. É esta que permite o aparecimento de novos bens, como os produtos multimídia. Não se trata, para o autor, de um conceito técnico, mas de um slogan. Nas suas palavras, "melhor até se falaria em sociedade da comunicação, e só num sentido muito lato se pode qualificar toda mensagem como informação". ASCENSÃO, José de Oliveira. *Direito da Internet e da sociedade da informação.* Rio de Janeiro: Forense, 2001. p. 67.

14. MARTINS, Guilherme Magalhães. O direito ao esquecimento na Internet, op. cit., p. 65.

15. MASUDA, Yoneji. *The information society as post-industrial society.* Tokyo: Institute for the Information Society, 1981. p. 03.

16. VAN DIJK, Jan. *The network society.* 3. ed. Londres: Sage, 2012. p. 06.

A primeira característica do novo paradigma é que a informação é sua matéria-prima: são *tecnologias para agir sobre a informação*, não apenas informação para agir sobre a tecnologia (...).

O segundo aspecto refere-se à *penetrabilidade dos efeitos das novas tecnologias*. Como a informação é uma parte integral de toda atividade humana, todos os processos de nossa existência individual e coletiva são diretamente moldados (embora, com certeza, não determinados) pelo novo meio tecnológico.

A terceira característica refere-se à *lógica de redes* em qualquer sistema ou conjunto de relações, usando essas novas tecnologias da informação. A morfologia da rede parece estar bem adaptada à crescente complexidade da interação e aos modelos imprevisíveis do desenvolvimento derivado do poder criativo dessa interação (...).

Em quarto lugar, referente ao sistema de redes, mas sendo um aspecto claramente distinto, o paradigma da tecnologia da informação é baseado na *flexibilidade*. Não apenas os processos são reversíveis, mas organizações e instituições podem ser modificadas, e até mesmo fundamentalmente alteradas, pela reorganização de seus componentes (...) Torna-se possível inverter as regras sem destruir a organização, porque a base material da organização pode ser reprogramada e realterada (...).

Então, uma quinta característica dessa revolução tecnológica é a crescente *convergência de tecnologias específicas para um sistema altamente integrado,* no qual trajetórias tecnológicas antigas ficam literalmente impossíveis de se distinguir em separado. Assim, a microeletrônica, as telecomunicações, a optoeletrônica e os computadores são todos integrados nos sistemas de informação.[17]

A sociedade da informação, portanto, muda e dita comportamentos, regendo as formas de comunicação, os relacionamentos interpessoais, o consumo e a própria vida em sociedade.[18]

Como previu Manuel Castells, computadores, sistemas de comunicação, decodificação e programação genética são todos amplificadores e extensões da mente humana. O que pensamos e como pensamos é expresso em bens, serviços, produção material e intelectual, sejam alimentos, moradia, sistemas de transporte e comunicação, mísseis, saúde, educação ou imagens. Com certeza, os contextos culturais/institucionais e a ação social intencional interagem de forma decisiva com o novo sistema tecnológico, mas esse sistema tem sua própria lógica embutida, caracterizada pela capacidade de transformar todas as informações em um sistema comum de informação, processando-as em velocidade e capacidade cada vez maiores e com custo cada vez mais reduzido em uma rede de recuperação e distribuição potencialmente ubíqua[19].

---

17. Nas palavras do autor, "a tecnologia da informação é hoje o que a eletricidade foi na Era Industrial. [...] A Internet passou a ser a base tecnológica para a forma organizacional da Era da Informação: a rede." *A sociedade em rede*. Tradução de Roneide Venancio Majer. São Paulo: Paz e Terra, 2010. p. 108-109.

18. MARTINS, Guilherme Magalhães. O direito ao esquecimento na Internet. op. cit., p. 66.

19. CASTELLS, Manuel. *A sociedade em rede*. 17 ed. Trad. Roneide Venancio Meyer. São Paulo: Paz e Terra, 2017, p. 89.

Segundo o movimento do dataísmo, identificado por Yuval Noah Harari, o Universo consiste num fluxo de dados e o valor de qualquer fenômeno ou entidade é determinado por sua contribuição ao processamento de dados. O dataísmo, portanto, inverte a pirâmide tradicional do aprendizado. Até então, os dados eram considerados apenas o primeiro passo na longa cadeia de atividade intelectual. Os dataístas acreditam que os humanos não são mais capazes de lidar com os enormes fluxos de dados, ou seja, não conseguem mais refiná-los para obter informação, conhecimento ou sabedoria. O trabalho de processamento de dados deveria ser confiado a algoritmos eletrônicos, cuja capacidade excede muito a do cérebro humano. A confiança dos dataístas repousa em megadados e algoritmos computacionais.[20]

O conceito de ciberespaço, analisado a fundo por Pierre Lévy[21], é um ambiente no qual se "operam e se autoproduzem regras sociais de comportamento suas e próprias". É inegável que o avanço crescente do ritmo de produção e da capacidade de processamento computacional encontraria limites na desintegração dos microcomputadores que, embora cada vez mais potentes e com custos equilibrados de produção, são cerceados pela inviabilidade do intercâmbio informacional, que demandaria investimentos e um crescimento da difusão desses equipamentos para a população em geral.[22]

A comunicação em rede é, portanto, uma característica da atualidade. O poder da comunicação está no centro da estrutura e da dinâmica social. A sociedade em rede, que caracteriza a organização do início do século XXI, é uma estrutura construída ao redor (porém não determinada) pelas redes digitais de comunicação. Estas redes são horizontais e possibilitam o aparecimento da autocomunicação de massa, que incrementa de forma decisiva (embora relativa) a autonomia dos sujeitos comunicantes a respeito das empresas de comunicação, na medida em que os usuários se tornam emissores e receptores de mensagens[23].

Trata-se de uma nova fase na especificação dos direitos humanos fundamentais[24], uma nova orientação internacional em busca do direito ao desenvolvimento

---

20. HARARI, Yuval Noah. *Homo Deus*. Tradução de Paulo Geiger. São Paulo: Companhia das Letras, 2016. p. 371.
21. LÉVY, Pierre. *Cibercultura*. Trad. Carlos Irineu da Costa. 3. ed. São Paulo: Editora 34, 2010, p. 49-50.
22. ROSSELLO, Carlo. Riflessioni. De jure condendo in materia di responsabilità del provider. *Il Diritto dell'Informazione e Dell'Informatica*, Roma, v. 26, n. 6, p. 617-629, nov.-dez. 2010, p. 618.
23. CASTELLS, Manuel. *Communication Power*. New York: Oxford University Press, 2009. p. 25.
24. Norberto Bobbio, ao discorrer sobre a evolução da doutrina dos direitos do homem, denomina de especificação "a passagem gradual, porém cada vez mais acentuada, para uma ulterior determinação dos sujeitos titulares de direitos. Ocorreu, com relação aos sujeitos, o que desde início ocorrera com relação à ideia abstrata de liberdade, que se foi progressivamente determinando em liberdades

através da interação da comunicação, da telemática e das informações em tempo real, com transmissão global e assimilação simultânea.[25]

Na sociedade da informação, tendem a prevalecer definições funcionais da privacidade, que se referem à possibilidade de um sujeito conhecer, controlar, endereçar ou interromper o fluxo das informações que lhe dizem respeito.[26]

A importância dos direitos da personalidade, e a necessidade de sua proteção, se refletiu em diversos sistemas jurídicos, notadamente após a segunda grande guerra. Ainda em 1948, a Declaração Universal de Direitos Humanos, em seu art. 1º: "Todos os seres humanos nascem livres e iguais em dignidade e direitos (...)".[27] A mesma Declaração Universal, em seu art. 12, assegurou que nenhuma pessoa poderia ser "objeto de ingerências arbitrárias em sua vida privada", ou de ofensas "à sua honra ou à sua reputação"[28].

---

singulares e concretas (de consciência, de opinião, de imprensa, de reunião, de associação), numa progressão ininterrupta que prossegue até hoje: basta pensar na tutela da própria imagem diante da invasão dos meios de reprodução e difusão de coisas do mundo exterior, ou na tutela da privacidade diante do aumento da capacidade dos poderes públicos de memorizar nos próprios arquivos os dados privados da vida de cada pessoa. Assim, com relação ao abstrato sujeito 'homem', que já se encontrava uma primeira especificação no 'cidadão'(no sentido de que podiam ser atribuídos ao cidadão novos direitos com relação ao homem em geral), faz-se valer a exigência de responder com nova especificação à seguinte questão: que homem, que cidadão?" BOBBIO, Norberto. *A era dos direitos*. Tradução de Carlos Nelson Coutinho. São Paulo: Campus, 1992. p. 62.

25. MARTINS, Guilherme Magalhães. O direito ao esquecimento na era da memória e da tecnologia. *Revista dos Tribunais*. São Paulo, v. 1019, p. 110, set. 2020.

26. Idem, p. 101.MARTINS, Guilherme Magalhães. *Responsabilidade civil por acidente de consumo na Internet*. 3. ed. São Paulo: Revista dos Tribunais, 2020. p. 272-273.

27. Fazendo referência às quatro gerações de direitos, conclui Norberto Bobbio que "Com a Declaração de 1948, tem início uma terceira e última fase, na qual a afirmação dos direitos é, ao mesmo tempo, universal e positiva: universal no sentido de que os destinatários dos princípios nela contidos não são mais apenas os cidadãos deste ou daquele Estado, mas todos os homens; positiva no sentido de que põe em movimento um processo em cujo final os direitos do homem deverão ser não mais apenas proclamados ou apenas idealmente reconhecidos, porém efetivamente protegidos até mesmo contra o próprio Estado que os tenha violado". BOBBIO, Norberto. *A Era dos Direitos*, op. cit., p. 30.

28. "Nesse sentido, há consenso em torno da ideia de ser a privacidade um princípio fundamental na moderna legislação sobre os Direitos Humanos, dado que é protegida em nível internacional por meio de pelo menos três instrumentos essenciais – também para o caso brasileiro, designadamente, a Declaração Universal dos Direitos Humanos, o Pacto Internacional sobre os Direitos Civis e Políticos (PIDCP) e a Convenção Americana de Direitos Humanos (Pacto de São José da Costa Rica), sem prejuízo de outros documentos, da convenção Europeia de Direitos do Homem, e por último, tendo em conta sua relevância, da Carta Europeia de Direitos Fundamentais." SARLET, Ingo Wolfgang; KEINERT, Tania Margarete Mezzomo. O direito fundamental à privacidade e as informações em saúde: alguns desafios. *In*: KEINERT, Tânia Margarete Mezzomo et. al (org.). *Proteção à privacidade e acesso às informações em saúde: tecnologias, direitos e ética*. São Paulo: Instituto da Saúde. 2015. p. 113-145. Trecho extraído da p. 118.

Com efeito, a Quarta Era dos Direitos, expressão muito centralizada na biomedicina e nas novas comunicações que se manifestam na sociedade da informação, causa grande impacto nos direitos da personalidade[29], seja no campo individual, seja no *campo dos interesses difusos e direitos coletivos*.

Tem-se a personalidade como conjunto de características e atributos da pessoa humana, considerada como objeto de proteção pelo ordenamento jurídico; a pessoa deve ser tutelada em face de qualquer agressão, em se tratando de situações jurídicas subjetivas *erga omnes*.[30]

A premissa da Declaração Universal irradiou-se em diversos sistemas jurídicos, e o Brasil adotou a proteção constitucional de direitos da personalidade, a partir da cláusula geral da dignidade da pessoa humana, explicitada no artigo 1º, III da Constituição de 1988 como um dos fundamentos da República Federativa do Brasil.[31]

O Brasil seguiu a mesma linha da Constituição alemã de 1949, que dispõe, no seu artigo 2, parágrafo primeiro, sobre o direito ao livre desenvolvimento da personalidade. No mesmo sentido, a Constituição alemã expressamente positiva a dignidade humana como direito fundamental no artigo 1º, parágrafo primeiro.

De forma simples, afirma Ana Paula de Barcellos que o conteúdo jurídico da dignidade se relaciona com os chamados direitos fundamentais ou humanos, de tal forma que terá respeitada sua dignidade o indivíduo cujos direitos fundamentais forem observados e realizados, ainda que a dignidade não se esgote neles. A dignidade, para a autora, está na base de todos os direitos constitucionalmente consagrados, quer nos direitos e liberdades tradicionais, quer nos

---

29. CHINELLATO, Silmara Juny de Abreu. Liberdade de expressão: direitos da personalidade e as biografias não autorizadas. *Revista Brasileira de Direito Comparado*. Rio de Janeiro, v. 44-45, 2014, p. 203.

30. TEPEDINO, Gustavo. A tutela da personalidade no ordenamento civil-constitucional brasileiro. In: TEPEDINO, Gustavo (coord.) *Temas de Direito Civil*. Rio de Janeiro: Renovar, 1999. p. 27.

31. Segundo Maria Celina Bodin de Moraes, "O princípio constitucional visa garantir o respeito e a proteção da dignidade humana não apenas no sentido de assegurar um tratamento humano e não degradante, e tampouco conduz ao mero oferecimento de garantias à integridade física do ser humano. Dado o caráter normativo dos princípios constitucionais, princípios que contêm os valores ético-jurídicos fornecidos pela democracia, isto vem a significar a completa transformação do direito civil, de um direito que não mais encontra nos valores individualistas de outrora o seu fundamento axiológico". MORAES, Maria Celina Bodin de. O princípio da dignidade humana. In: MORAES, Maria Celina Bodin. *Princípios do Direito Civil Contemporâneo*. Rio de Janeiro: Renovar, 2006. p. 15. A autora decompõe a dignidade humana nos princípios jurídicos da igualdade, da integridade física e moral – psicofísica –, da liberdade e da solidariedade.

direitos de participação política, quer nos direitos dos trabalhadores e direitos a prestações sociais.[32]

Vale, aqui, colher o ensinamento de Canaris, para quem mesmo o direito infraconstitucional pode, em parte substancial, ser apreendido como realização da função dos direitos fundamentais de imperativos de tutela. Isto vale igualmente, segundo o autor, para as pretensões negatórias que, do ponto de vista do direito constitucional, transpõem deveres de proteção de direitos fundamentais para o plano do direito privado.[33]

Como observa Virgílio Afonso da Silva, há diversas situações para as quais somente uma aplicação direta dos direitos fundamentais[34] pode fornecer uma solução adequada. Essas situações são aquelas para as quais não há medição legislativa ou quando a atividade legislativa tenha se mostrado insuficiente. Na aplicação direta, portanto, os problemas se tornam mais agudos, pois é nesses casos que os direitos fundamentais mais diretamente se chocam com a autonomia privada. A principal questão a ser resolvida nesse ponto é a forma de combinar essa autonomia com direitos fundamentais que, aplicados diretamente à relação entre particulares, tendem a eliminá-la.[35]

Da cláusula geral da dignidade humana[36] – em face da qual não cabe uma enumeração taxativa ou exemplificativa dos direitos da personalidade[37], embora

---

32. BARCELLOS, Ana Paula de. *A eficácia jurídica dos princípios constitucionais;* o princípio da dignidade da pessoa humana. 3. ed. Rio de Janeiro: Renovar, 2011. p. 132.

33. CANARIS, Claus-Wilhelm. *Direitos fundamentais e direito privado.* Tradução de Ingo Wolfgang Sarlet e Paulo Mota Pinto. São Paulo: Almedina, 2016. p. 116-117.

34. Os direitos fundamentais, para Dimitri Dmoulis e Leonardo Martins, podem ser definidos como "direitos público-subjetivos de pessoas (...) contidos em dispositivos constitucionais e, portanto, que encerram caráter normativo supremo dentro do Estado, tendo como finalidade limitar o exercício do poder estatal em face da liberdade individual", embora deva ser considerada igualmente a sua eficácia horizontal, nas relações entre particulares. DIMOULIS, Dimitri; MARTINS, Leonardo. *Teoria geral dos direitos fundamentais.* 7. ed. São Paulo: Revista dos Tribunais, 2020. p. 56.

35. SILVA, Virgílio Afonso da. *A constitucionalização do direito;* os direitos fundamentais na relação entre particulares. São Paulo: Malheiros, 2011. p. 148.

36. Para André de Carvalho Ramos, "Tanto nos diplomas internacionais quanto nacionais, a dignidade humana é inserida como princípio geral ou fundamental, mas não como um direito autônomo. De fato, a dignidade humana é uma categoria jurídica que, por estar na origem de todos os direitos humanos, confere-lhes conteúdo ético. Ainda, a dignidade humana dá unidade axiológica a um sistema jurídico, fornecendo um substrato material para que os direitos possam florescer.

Diferentemente do que ocorre com outros direitos como liberdade, igualdade, entre outros, a dignidade humana não trata de um aspecto particular da existência, mas sim de uma *qualidade* inerente a todo ser humano, sendo um *valor* que identifica o ser humano como tal. Logo, o conceito de dignidade humana é polissêmico e aberto, em permanente processo de desenvolvimento e construção". RAMOS, André de Carvalho. *Curso de Direitos Humanos.* 8. ed. São Paulo: Saraiva, 2021.

37. No mesmo sentido, TEPEDINO, Gustavo; MORAES, Maria Celina Bodin; BARBOZA, Heloísa Helena. *Código Civil interpretado segundo a Constituição da República.* v. I. 2. ed. Rio de Janeiro: Renovar, 2007. p. 33-34.

haja fortes nuances na doutrina[38] –, irradiam-se a privacidade[39], honra, imagem, identidade pessoal, proteção de dados pessoais e direito ao esquecimento, entre outros atributos da pessoa.[40]

A tutela da pessoa humana deve ser apresentada como um problema unitário, dado o seu fundamento, marcado pela unidade do valor da pessoa. Mais do que um direito, a personalidade é um valor, o valor fundamental do ordenamento, que está na base de uma série (aberta) de situações existenciais, traduzindo sua incessantemente mutável exigência de tutela.[41]

O ordenamento civil-constitucional deve funcionar como contraponto às tendências do mercado que, para Stefano Rodotá, fez com que se partisse a unidade da pessoa.[42] Em seu lugar, passam a ser encontradas as "pessoas eletrônicas", tantas criadas pelo poder econômico, quantos são os interesses que estimulam a

---

38. O tema é de fato polêmico, e envolve uma controvérsia técnica, entre concepções que, sob ângulos diversos, buscam uma maior eficácia concreta de um sistema assecuratório da defesa do livre desenvolvimento da pessoa. Deve ser obrigatoriamente citada a posição da professora Silmara Juny Chinellato, que, ao comentar o artigo 12 do Código Civil, ensina que "há quem sustente que o artigo consagrou o direito geral de personalidade, parecendo-me, no entanto, que a opção do legislador foi pela enumeração não exaustiva dos direitos. Anoto que a não taxatividade é mais uma das características dos direitos da personalidade". CHINELLATO, Silmara Juny de Abreu. Dos direitos da personalidade. In: MACHADO, Antônio Cláudio da Costa; CHINELLATO, Silmara Juny de Abreu. *Código Civil interpretado;* artigo por artigo, parágrafo por parágrafo. 13. ed. São Paulo: Manole, 2020. p. 117. No mesmo sentido, Claudio Luiz Bueno de Godoy: "enxerga-se risco maior, do que admitir um direito geral da personalidade, ou direitos em espécie, mas que afinal não são exaustivos nem se condicionam por uma prévia positivação, isto sim, na perda da compreensão do que exatamente ele ou eles são. Com efeito, foco mais importante de indefinição, de potencial deturpação, e, assim, de desvio de finalidade, portanto mesmo de insegurança a envolver a categoria, menos que na aceitação de um direito geral ou direitos em espécie que se contenham em rol exemplificativo, parece estar mais na incompreensão do seu significado ontológico, como se fossem apenas instrumento de manifestações irrestritas, a pretexto de que existenciais, portanto exercício de uma liberdade não essencialmente limitada a fim de garantir igual liberdade de todos". GODOY, Claudio Luiz Bueno de. Desafios atuais dos direitos da personalidade. In: CORREIA, Atalá; CAPUCHO, Fábio Jun (coord.). *Direito da personalidade;* a contribuição de Silmara J.A. Chinellato. Barueri: Manole, 2019. p. 541.
39. O modelo jurídico adotado por diversos países para a proteção dos dados pessoais consiste em uma proteção constitucional, por meio da garantia de um direito fundamental, e na concretização desse direito, por meio de um regime legal de proteção de dados, na forma de uma lei geral sobre o tema.
40. Nesse ponto, merece ser observado o Enunciado 274, aprovado na IV Jornada de Direito Civil do Conselho da Justiça Federal: "os direitos da personalidade, regulados de maneira não-exaustiva pelo Código Civil, são expressões da cláusula geral de tutela da pessoa humana, contida no art. 1º, inc. III, da Constituição (princípio da dignidade da pessoa humana). Em caso de colisão entre eles, como nenhum pode sobrelevar os demais, deve-se aplicar a técnica da ponderação".
41. MORAES, Maria Celina Bodin. *Danos à pessoa humana*, op. cit., p. 121.
42. Na visão de Fábio Konder Comparato, a transformação das pessoas em coisas coincidiu com o sistema capitalista de produção, invertendo-se a relação pessoa-coisa: "Enquanto o capital é, por assim dizer, personificado e elevado à dignidade de sujeito de direito, o trabalhador é aviltado à condição de mercadoria, de mero insumo no processo de produção, para ser ultimamente, na fase de fastígio do capitalismo financeiro, dispensado e relegado ao lixo social como objeto descartável. O mesmo processo de reificação acabou transformando hodiernamente o consumidor e o eleitor, por força da técnica de propaganda de massa, em mero objeto de direito. E a engenharia genética, por sua vez, tornou possível a manipulação da própria identidade pessoal, ou seja, a fabricação do homem pelo

coleta de informações. Nas palavras do autor, "estamos nos tornando 'abstrações no cybesrpace', e de novo estamos diante de um indivíduo 'multiplicado'. Desta vez, porém, não por sua escolha, não por sua vontade de assumir identidades múltiplas, mas para reduzi-lo à medida das relações do mercado".[43]

Para Pietro Perlingieri, sobre a controvérsia entre tipicidade e atipicidade em matéria de situações jurídicas existenciais, na defesa da natureza aberta da normativa:

> Afirmada a natureza necessariamente aberta da normativa, é de máxima importância constatar que a pessoa se realiza não através de um único esquema de situação subjetiva, mas com uma complexidade de situações que se apresentam como poder jurídico (*potestá*), ora como interesse legítimo, ora como direito subjetivo, faculdade, poderes. Devem ser superadas as discussões dogmáticas sobre a categoria do direito (ou dos direitos) da personalidade. Nestas discussões controvertia-se principalmente sobre a possibilidade de assimilar a personalidade à categoria (em aparência "geral" e, portanto, vista – sem razão – como "universal") do direito subjetivo, como tinha sido elaborado pela tradição patrimonialística (....).
>
> A esta matéria não se pode aplicar o direito subjetivo elaborado sobre a categoria do "ter". Na categoria do "ser" não existe a dualidade entre sujeito e objeto, porque ambos representam o ser, e a titularidade é institucional, orgânica (...). Quando o objeto de tutela é a pessoa, a perspectiva deve mudar; torna-se necessidade lógica reconhecer, pela especial natureza do interesse protegido, que é justamente a pessoa a constituir ao mesmo tempo o sujeito titular do direito e o ponto de referência objetivo da relação. A tutela da pessoa não pode ser fracionada em isoladas *fattispecie* concretas, em autônomas hipóteses não comunicáveis entre si, mas deve ser apresentada como problema unitário, dado o seu fundamento representado pela unidade do valor da pessoa. Este não pode ser dividido em tantos interesses, em tantos bens, em isoladas ocasiões, como nas teorias atomísticas. *A personalidade é, portanto, não o um direito, mas um valor (o valor fundamental do ordenamento) e está na base de uma série aberta de situações existenciais, nas quais se traduza a sua incessantemente mutável exigência de tutela.*[44]

Os direitos da personalidade[45], ditos direitos primordiais[46], têm amparo no texto constitucional e fazem parte do encontro privilegiado entre o direito

---

homem". COMPARATO, Fábio Konder. *A afirmação histórica dos direitos humanos*. 12. ed. São Paulo: Saraiva, 2019. p. 414 (*e-book*).

43. RODOTÀ, Stefano. *A vida na sociedade da vigilância*, op. cit., p. 125.
44. PERLINGIERI, Pietro. *Perfis do Direito Civil*. Tradução de Maria Cristina de Cicco. Rio de Janeiro: Renovar, 2007. p. 155.
45. Rubens Limongi França define os direitos da personalidade como "as faculdades jurídicas cujo objeto são os diversos aspectos da própria pessoa do sujeito, bem como assim suas emanações e prolongamentos. Consideram-se aspectos da personalidade o físico, intelectual, moral e psíquico". FRANÇA, Rubens Limongi. *Direitos da personalidade* – I, In FRANÇA, Rubens Limongi (coord.). Enciclopédia Saraiva do Direito. v. 28. São Paulo: Saraiva, 1977. p. 140 e ss. Já para o civilista argentino Júlio Cesar Rivera, os direitos da personalidade "são as prerrogativas de conteúdo extrapatrimonial, inalienáveis, perpétuas e oponíveis *erga omnes*, que correspondem a toda pessoa por sua própria condição, do seu nascimento e até depois da sua morte, e das quais não pode ser privada pela ação do Estado nem de outros particulares, porque isso implicaria definhamento ou menoscabo da personalidade". RIVERA, Julio César. *Instituciones de Derecho Civil*. Parte General. Tomo II. Buenos Aires: Lexis-Nexis, 2007. p. 07.
46. CARBONNIER, Jean. *Droit Civil*; 1-Introduction; Les personnes. Paris: PUF, 1974. p. 309.

privado, as liberdades públicas e o direito constitucional, configurando-se como direitos fundamentais.[47]

Para Adriano de Cupis, existem certos direitos sem os quais a personalidade restaria uma suscetibilidade completamente irrealizada, privada de todo o valor concreto: sem os quais todos os outros direitos subjetivos perderiam todo o interesse para o indivíduo – o que equivale a dizer que, se eles não existissem, a pessoa não existiria como tal. São esses os chamados "direitos essenciais", com os quais se identificam precisamente os direitos da personalidade, denominação essa justificada pelo fato de que constituem a medula da personalidade. Apresentam-se como modos de ser físicos ou morais, aptos a satisfazer necessidades físicas ou morais, podendo-se dizer que se situam na própria pessoa.[48]

É verdade que boa parte da mais qualificada doutrina levanta que, entre as questões deixadas em aberto pelo Código Civil de 2002 quanto à disciplina dos direitos da personalidade, o artigo 12 não contém preceito expresso acerca da existência de um direito geral de personalidade[49], orientação percebida no Código Civil Português, cujo artigo 70 claramente faz menção à tutela geral da personalidade.[50]

Institutos patrimoniais, de um lado, e existenciais puros, como é o caso, devem receber um tratamento diferenciado, evitando-se reduzir a eficácia do princípio constitucional da dignidade da pessoa humana (artigo 1º, III, Constituição da República). Em tempos de crise, o que se banaliza cada vez mais não é a invocação da dignidade da pessoa humana, mas, na realidade, o núcleo duro integrante do mínimo existencial, que alberga opções de vida, não se revelando apenas em institutos como o bem de família legal, contemplado na Lei 8.009, de 1990, mas incide sempre que o ser humano se encontre em risco, em sua autonomia e identidade.

---

47. AMARAL, Francisco. *Direito Civil;* Introdução. 9. ed. São Paulo: Saraiva, 2017. p. 361.
48. DE CUPIS, Adriano. *Os Direitos da Personalidade.* Tradução de Afonso Celso Furtado Rezende. Campinas: Romana, 2004. p. 24 e 29. O mesmo conceito é encontrado em San Tiago Dantas, que os considera como "bens internos, cujo desfrute o homem encontra em si mesmo". DANTAS, Francisco Clementino San Tiago. *Programa de Direito Civil.* Parte Geral. Rio de Janeiro: Editora Rio, 1979. p. 194.
49. ANDRADE, Fábio Siebeneichler de. Considerações sobre a tutela dos direitos da personalidade no Código Civil de 2002. In: SARLET, Ingo Wolfgang. *O novo Código Civil e a Constituição.* 2. ed. Porto Alegre: Livraria do Advogado, 2006. p. 106.
50. Código Civil Português – "Artigo 70 – Tutela Geral da Personalidade   1: A lei protege os indivíduos contra qualquer ofensa ilícita ou ameaça de ofensa à sua personalidade física ou moral".

Não se trata de proteger o que a pessoa tem de seu, ou simplesmente tem, mas sim o que a pessoa tem de seu, ou é.[51] De qualquer forma, no assunto em questão, que é o direito ao esquecimento, o Tema 786 ressalta a existência de uma proteção à personalidade em geral.[52]

No desenvolvimento da personalidade, releva, ainda, o poder de autodeterminação do seu titular. Desde logo, na escolha de finalidades ou objetivos, no recolhimento de informações e no empreendimento de ações, assim como na abertura a terceiros dos seus dados pessoais.[53]

A dignidade humana, portanto, outorga autonomia não apenas física, mas também moral, particularmente da condução da sua vida, na autoatribuição de fins a si na reavaliação dos mesmos e na recondução do seu comportamento.[54]

É verdade, por outro lado, que a doutrina tem se inclinado no sentido da vagueza do conceito de dignidade humana, oportunizando sua invocação, muitas vezes, para a solução de questões intrincadas do ponto de vista metodológico, por partes que se encontram em posições francamente antagônicas, sendo que é comum que haja duas partes, ambas igualmente dignas, havendo dificuldade de se salvaguardar a situação de uma em prejuízo da outra. Mas Daniel Sarmento ressalta que, no campo hermenêutico, a dignidade será um importante critério para a ponderação entre interesses constitucionais conflitantes. Ela enseja a atribuição de um peso superior *prima facie* aos bens jurídicos mais importantes para a proteção e promoção da dignidade, e de um peso menor aos interesses mais afastados do princípio.[55]

---

51. MELLO, Cláudio Ari. Contribuição para uma teoria híbrida dos direitos da personalidade. In: SARLET, Ingo Wolfgang. *O novo Código Civil e a Constituição*. 2. ed. Porto Alegre: Livraria do Advogado, 2006. p. 74.
52. "Tema 786 – É incompatível com a Constituição a ideia de um direito ao esquecimento, assim entendido como o poder de obstar, em razão da passagem do tempo, a divulgação de fatos ou dados verídicos e licitamente obtidos e publicados em meios de comunicação social analógicos ou digitais. Eventuais excessos ou abusos no exercício da liberdade de expressão e de informação devem ser analisados caso a caso, a partir dos parâmetros constitucionais – especialmente os relativos à proteção da honra, da imagem, da privacidade *e da personalidade em geral* – e as expressas e específicas previsões legais nos âmbitos penal e cível" (grifamos).
53. SOUSA, Rabindranath Capelo de. *O direito geral de personalidade*. Coimbra: Coimbra Editora, 1995. p. 356-357.
54. SOUSA, Rabindranath Capelo de, op. cit., p. 317.
55. SARMENTO, Daniel. *Dignidade humana;* conteúdo, trajetórias e metodologia. Belo Horizonte: Del Rey, 2016. p. 300 e 81. Mas, na visão crítica do autor, a dignidade já foi usada para defender e refutar posições diametralmente opostas, como a legalização das drogas, do aborto, da prostituição. Em outros casos, foi usada em temas que não têm relação com o conceito, como em julgados sobre briga-de-galo, a compensação de tributos recolhidos por pessoas jurídicas e a incorporação ao salário de gratificações percebidas pelo empregado. No mesmo sentido, BENTIVEGNA, Carlos. *Liberdade de expressão, honra, imagem e privacidade;* os limites entre o lícito e o ilícito. Barueri: Manole, 2020. p. 48.

Um dado, atrelado à esfera de uma pessoa, pode se inserir entre os direitos da personalidade. Para tanto, ele deve ser adjetivado como pessoal, caracterizando-se como uma projeção, extensão ou dimensão do seu titular.[56] Deve ser afastada qualquer visão proprietária ou patrimonialista do direito à proteção de dados pessoais, sob pena de esvaziá-lo em seu conteúdo.

Além das características mencionadas no artigo 11 do Código Civil – intransmissíveis e irrenunciáveis –, os direitos da personalidade são inalienáveis, imprescritíveis, impenhoráveis, não taxativos. São personalíssimos, no sentido de pertencerem com exclusividade ao titular. O exercício de alguns direitos, como o direito à imagem (reprodução física da pessoa, no todo ou em parte) e à voz, pode ser cedido por contrato expresso, como o de licença de uso, embora o direito em si não seja passível de cessão, em decorrência da inalienabilidade.[57]

Só se admite o exercício por terceiros de alguns e determinados direitos da personalidade, que o comportem, com o consentimento[58] expresso do titular, o qual não se presume. Os dados pessoais, sejam sensíveis[59] ou gerais, sem tal característica, necessitam de tal característica, necessitam de consentimento expresso, escrito (art. 8º, Lei Geral de Proteção de Dados Pessoais), específico e restritivo do titular dos dados, conforme exigido nos artigos 5º, XII; 9º, § 2º; e 11, I, exemplificativamente, da LGPD.[60]

Nesse sentido, cada vez mais as atividades de processamento de dados têm ingerência na vida das pessoas. Hoje vivemos em uma sociedade e uma economia que se orientam e movimentam a partir desses signos identificadores do cidadão. Trata-se de um novo tipo de identidade e, por isso mesmo, tais dossiês digitais devem externar informações corretas para que seja fidedignamente projetada a identidade do titular daquelas informações.[61]

---

56. BIONI, Bruno Ricardo. *Proteção de dados pessoais*. Os limites do consentimento. Rio de Janeiro: Forense, 2019. p. 64-65.

57. CHINELLATO, Silmara Juny de Abreu; MORATO, Antonio Carlos. Direitos básicos de proteção de dados pessoais, o princípio da transparência e a proteção dos direitos intelectuais. In: MENDES, Laura Schertel; DONEDA, Danilo; SARLET, Ingo Wolfgang; RODRIGUES JÚNIOR, Otávio (coord.). *Tratado de Proteção de Dados Pessoais*. Rio de Janeiro: Forense, 2021. p. 647.

58. O consentimento é definido no artigo 5º, XII da LGPD como "manifestação livre, informada e inequívoca pela qual o titular concorda com o tratamento de seus dados pessoais para uma finalidade determinada".

59. O dado pessoal sensível é definido pelo artigo 5º, II da LGPD como "dado pessoal sobre origem racial ou étnica, convicção religiosa, opinião política, filiação a sindicato ou a organização de caráter religioso, filosófico ou político, dado referente à saúde ou à vida sexual, dado genético ou biométrico, quando vinculado a uma pessoa natural".

60. CHINELLATO, Silmara Juny de Abreu; MORATO, Antonio Carlos. Direitos básicos de proteção de dados pessoais, o princípio da transparência e a proteção dos direitos intelectuais, op. cit., p. 647.

61. BIONI, Bruno Ricardo, op. cit., p. 65.

A Emenda Constitucional 115/2022 incluiu o direito à proteção de dados pessoais no rol de direitos fundamentais do cidadão, acrescentando o inciso LXXIX, ao art. 5º, e o inciso XXX, ao art. 22, da Constituição Federal para incluir a proteção de dados pessoais entre os direitos fundamentais do cidadão e fixar a competência privativa da União para legislar sobre a matéria.

Existe um longo caminho a ser percorrido, certamente fortalecido pela decisão histórica do Supremo Tribunal Federal, que, nos dias 06 e 07 de maio de 2020, ao julgar a ADI 6387, reconheceu um direito fundamental autônomo à proteção de dados pessoais[62], ao suspender a Medida Provisória 954/2020[63], que obrigava as operadoras de telefonia móvel a repassar ao IBGE dados identificadores de seus usuários de telefonia móvel, como telefone celular e endereço. A mencionada decisão, que consolidou o dado pessoal como merecedor de tutela constitucional, reconheceu que não há dados pessoais neutros ou insignificantes no atual contexto, tendo em vista a formação de perfis informacionais de grande valia para o mercado e para o Estado, inexistindo, portanto, dados insignificantes, consoante o voto da relatora Min. Carmen Lúcia.[64]

Trata-se da disponibilização de um banco de dados estruturado, que facilita a localização e associação de pessoas com seus telefones e endereços – dados esses que, até um passado relativamente recente, estavam presentes em listas telefônicas impressas. A disponibilização de um número telefônico tem, hoje, efeitos completamente diferentes e aumenta drasticamente a vulnerabilidade dos cidadãos. Antes, por exemplo, sequer seria possível telefonar para todos os números em uma lista sem despender grandes esforços, com um custo altíssimo. Hoje, a possibilidade técnica de atingir dezenas de milhões de pessoas por meio dos aplicativos e redes sociais a custo infinitamente menor é real, desde que se esteja de posse dos números telefônicos celulares.[65]

---

62. O mencionado julgamento referendou a Medida Cautelar nas referendando a medida cautelar nas ações diretas de inconstitucionalidade 6387, 6388, 6389, 6393 e 6390, suspendendo a aplicação da Medida Provisória 954/2020.

63. Tal Medida Provisória foi editada em 17 de abril de 2020. Quase instantaneamente, diversos partidos políticos (PSB, PSDB, PSoL e PC do B) e o Conselho Federal da OAB ingressaram no STF com cinco ADIs, apontando a contrariedade da norma frente aos requisitos formais exigidos pela Constituição (art. 62, *caput*) e aos direitos fundamentais nela consagrados: dignidade da pessoa humana; inviolabilidade da intimidade e da vida privada; até mesmo a violação a autodeterminação informativa, asseverando a necessidade de se tutelar expressamente um direito fundamental à proteção de dados (art. 1º, III e 5º, X e XII, da Constituição de 1988). MENDES, Laura Schertel; FONSECA, Gabriel Campos Soares da. STF reconhece direito fundamental à proteção de dados. *Revista de Direito do Consumidor*. São Paulo, v. 130, jul./ago. 2020, p. 472.

64. MENDES, Laura Schertel. Decisão histórica do STF reconhece direito fundamental à proteção de dados pessoais. *Jota*. Disponível em: https://www.jota.info/paywall?redirect_to=//www.jota.info/opiniao-e-analise/artigos/decisao-historica-do-stf-reconhece-direito-fundamental-a-protecao-de--dados-pessoais-10052020. Acesso em: 16.07.2020.

65. DONEDA, Danilo. Registro da sustentação oral no julgamento da ADI 6389, sobre a inconstitucionalidade do art. 2º, caput e parágrafos 1º e 3º da MP 954/2020. *Civilística.com*. ano 9, n. 1, 2020, p. 02.

O número de celular, observa Danilo Doneda, é mais do que um identificador. Ele acaba sendo o *login,* a forma de acesso do cidadão a um grande número de serviços, e a sua disponibilização pode afetar a forma dele se relacionar com estes serviços. A tecnologia, mais do que isso, permite abordar individualmente as pessoas segundo as suas características, mesmo a partir de um conjunto imenso de dados. Aliás, essa abordagem individualizada foi o principal aspecto do escândalo envolvendo a empresa *Cambridge Analytica,* sendo que, "*na Era da informação, o palheiro muitas vezes não é mais capaz de esconder a agulha – metáfora para a informação volumosa e desordenada que existe sobre nós*".[66]

Os defensores da Medida Provisória se baseavam no controle da pandemia do COVID-19, sob pena de um "apagão estatístico", que tornaria muito mais difícil a formulação de políticas fiscais, sociais e econômicas nesse sentido. De outro lado, as ADIs destacaram os vícios da MP, em especial: (i) o caráter vago e genérico da redação normativa empregadas perante os riscos envolvidos, não detalhando a finalidade do tratamento de dados almejado e não descrevendo minuciosamente quais procedimentos seriam adotados para tanto; (ii) a desproporcionalidade entre os dados necessários para a pesquisa amostral visada e a imposição de compartilhamento dos dados pessoais dos milhões de brasileiros; (iii) a previsão de um relatório de impacto à proteção de dados pessoais (art. 3º, § 2º, da MP), cuja elaboração seria feita depois do compartilhamento e do processamento dos dados, e não antes.[67]

Segundo um trecho do voto da Ministra Rosa Weber,

> Não se subestima a gravidade do cenário de urgência decorrente da crise sanitária nem a necessidade de formulação de políticas públicas que demandam dados específicos para o desenho dos diversos quadros de enfrentamento. O seu combate, todavia, não pode legitimar o atropelo de garantias fundamentais consagradas na Constituição.

Conforme o voto da Ministra Carmen Lucia, "foi-se o tempo das listas telefônicas de papel, de modo que, no atual contexto de desenvolvimento tecnológico, não existem dados insignificantes ou neutros." O Tribunal, desta forma, ultrapassou o discurso de que não haveria problema no compartilhamento de dados como nome, endereço e número de telefone, uma vez que esses dados teriam "caráter público". Caso cruzados com outras informações e compartilhados com pessoas ou entidades distintas, esses dados podem ganhar novo valor no seio da sociedade da informação, sendo utilizados para fins muito distintos dos

---

66. DONEDA, Danilo. Registro da sustentação oral no julgamento da ADI 6389, op. cit., p. 02.
67. MENDES, Laura Schertel; FONSECA, Gabriel Campos Soares da, op. cit., p. 473.

expostos na coleta inicial e sendo capazes de identificar o seu titular, até mesmo formando, no plano virtual, perfis a seu respeito, porém sem a sua participação.[68]

A doutrina tem equiparado o significado histórico de tal decisão ao clássico julgamento do Tribunal Constitucional Alemão, em 1983, acerca da Lei do Recenseamento daquele país. Ao fazer menção ao julgado, o Supremo Tribunal Federal expressamente mencionou o conceito de *autodeterminação informativa*, também previsto na Lei 13.709/18 (Lei Geral de Proteção de Dados Pessoais), destacando-se o protagonismo do cidadão no controle do processamento dos dados que lhe dizem respeito, destacando-se as finalidades legítimas, bem como as medidas de segurança.[69]

Para Laura Mendes e Gabriel Fonseca, na análise de tal decisão, o Tribunal formulou uma tutela constitucional mais ampla e abstrata do que o direito à inviolabilidade da esfera íntima e da vida privada. Essa última tutela pode ser aplicada em inúmeros casos envolvendo a coleta, o processamento e o compartilhamento de dados pessoais no Brasil. O conteúdo desse direito fundamental consubstancia direito fundamental autônomo, exorbitando o direito à privacidade, pois não se limita apenas aos dados íntimos ou privados, mas se refere a qualquer dado que identifique ou possa identificar um indivíduo.[70] O voto do Ministro Gilmar Mendes se baseou, ainda, no reconhecimento da centralidade do *habeas data* como instrumento da tutela material do direito à autodeterminação informativa.

Nos dias 01 e 14 de setembro de 2022, o Supremo Tribunal Federal iniciou o julgamento da constitucionalidade do Decreto 10.046/19, que trata do compartilhamento de dados no âmbito da administração pública federal e instituiu o Cadastro Base do Cidadão e o Comitê Geral de Governança de Dados, por meio da ADI 6.649 e da ADPF 695. O Conselho Federal da Ordem dos Advogados do Brasil e o Partido Socialista Brasileiro questionam a validade do decreto, sustentando que o compartilhamento é uma espécie de vigilância massiva e de controle inconstitucional do Estado, violando a privacidade, a proteção de dados e a autodeterminação informativa. O compartilhamento, que é impresdindível para a eficácia dos mais modernos métodos de gestão, acaba por se converter em fator de insegurança e ilegalidade, além de alijar o cidadão do controle e da ciência sobre a utilização de seus dados pelo poder público. O decreto em diversos momentos faz menoscabo do princípio da transparência, aumentando uma opacidade que já é intrínseca nos tratamentos de dados, além de possibilitar uma interligação entre diferentes bases de dados de diferentes órgãos públicos sem a necessidade

---

68. MENDES, Laura Schertel; FONSECA, Gabriel Campos Soares da, op. cit., p. 474.
69. MENDES, Laura Schertel; FONSECA, Gabriel Campos Soares da, op. cit., p. 474.
70. MENDES, Laura Schretel; FONSECA, Gabriel Campos Soares da, op. cit., p. 475.

de acordos ou convênios entre eles. O julgamento foi iniciado com o voto do relator, Ministro Gilmar Mendes, que destacou que, por permitir ampla difusão de dados sensíveis entre entidades governamentais, o decreto não fornece proteção adequada ao cidadão, conforme prevê a Lei Geral de Proteção de Dados Pessoais, tudo reforçando a necessidade de exercício de políticas públicas que possam afetar substancialmente o direito fundamental à proteção de dados pessoais.[71]

---

71. SUPREMO julga compartilhamento de dados pessoais pela Administração Pública. *Consultor Jurídico*. São Paulo, 01 de setembro de 2022. Acesso em: 04.09.2022. Disponível em: https://www.conjur. com.br/2022-set-01/supremo-julga-compartilhamento-dados-pessoais-estado2. O mencionado julgamento foi concluído no dia 15 de setembro de 2022. **Decisão:** Após o voto do Ministro Gilmar Mendes (Relator), que conhecia da ADI 6.649 e da ADPF 695 e, julgando parcialmente procedentes os pedidos, conferia interpretação conforme ao Decreto 10.046/2019, traduzida nos seguintes termos: 1. O compartilhamento de dados pessoais entre órgãos e entidades da Administração Pública, pressupõe: a) eleição de propósitos legítimos, específicos e explícitos para o tratamento de dados (art. 6º, inciso I, da Lei 13.709/2018); b) compatibilidade do tratamento com as finalidades informadas (art. 6º, inciso II); c) limitação do compartilhamento ao mínimo necessário para o atendimento da finalidade informada (art. 6º, inciso III); bem como o cumprimento integral dos requisitos, garantias e procedimentos estabelecidos na Lei Geral de Proteção de Dados, no que for compatível com o setor público. 2. O compartilhamento de dados pessoais entre órgãos públicos pressupõe rigorosa observância do art. 23, inciso I, da Lei 13.709/2018, que determina seja dada a devida publicidade às hipóteses em que cada entidade governamental compartilha ou tem acesso a banco de dados pessoais, "fornecendo informações claras e atualizadas sobre a previsão legal, a finalidade, os procedimentos e as práticas utilizadas para a execução dessas atividades, em veículos de fácil acesso, preferencialmente em seus sítios eletrônicos". 3. O acesso de órgãos e entidades governamentais ao Cadastro Base do Cidadão fica condicionado ao atendimento integral das diretrizes acima arroladas, cabendo ao Comitê Central de Governança de Dados, no exercício das competências aludidas nos arts. 21, incisos VI, VII e VIII do Decreto 10.046/2019: 3.1. prever mecanismos rigorosos de controle de acesso ao Cadastro Base do Cidadão, o qual será limitado a órgãos e entidades que comprovarem real necessidade de acesso aos dados pessoais nele reunidos. Nesse sentido, a permissão de acesso somente poderá ser concedida para o alcance de propósitos legítimos, específicos e explícitos, sendo limitada a informações que sejam indispensáveis ao atendimento do interesse público, nos termos do art. 7º, inciso III, e art. 23, caput e inciso I, da Lei 13.709/2018; 3.2. justificar prévia e minudentemente, à luz dos postulados da proporcionalidade, da razoabilidade e dos princípios gerais de proteção da LGPD, tanto a necessidade de inclusão de novos dados pessoais na base integradora (art. 21, inciso VII) como a escolha das bases temáticas que comporão o Cadastro Base do Cidadão (art. 21, inciso VIII); 3.3. instituir medidas de segurança compatíveis com os princípios de proteção da LGPD, em especial a criação de sistema eletrônico de registro de acesso, para efeito de responsabilização em caso de abuso. 4. O compartilhamento de informações pessoais em atividades de inteligência observará o disposto em legislação específica e os parâmetros fixados no julgamento da ADI 6.529, Rel. Min. Cármen Lúcia, quais sejam: (i) adoção de medidas proporcionais e estritamente necessárias ao atendimento do interesse público; (ii) instauração de procedimento administrativo formal, acompanhado de prévia e exaustiva motivação, para permitir o controle de legalidade pelo Poder Judiciário; (iii) utilização de sistemas eletrônicos de segurança e de registro de acesso, inclusive para efeito de responsabilização em caso de abuso; e (iv) observância dos princípios gerais de proteção e dos direitos do titular previstos na LGPD, no que for compatível com o exercício dessa função estatal. 5. O tratamento de dados pessoais promovido por órgãos públicos ao arrepio dos parâmetros legais e constitucionais importará a responsabilidade civil do Estado pelos danos suportados pelos particulares, na forma dos arts. 42 e seguintes da Lei 13.709/2018, associada ao exercício do direito de regresso contra os servidores e agentes políticos responsáveis pelo ato ilícito, em caso de culpa ou dolo. 6. A transgressão dolosa ao dever de publicidade estabelecido no art. 23, inciso I, da LGPD, fora das hipóteses constitucionais de sigilo, importará

Os dados pessoais têm sido utilizados por governos e grandes *players* econômicos para a criação de um *one-way mirror,* possibilitando que tais agentes saibam tudo dos cidadãos, enquanto estes nada sabem dos primeiros. Isso acontece por meio de um monitoramento e vigília constantes sobre cada passo da vida das pessoas, levando a um capitalismo de vigilância, cuja principal consequência é a constituição de uma sociedade também de vigilância.[72]

Segundo Bruno Bioni, isso acaba por identificar dogmaticamente a inserção dos dados pessoais na categoria dos direitos da personalidade, assegurando, por exemplo, que uma pessoa exija a retificação dos seus dados pessoais para que a sua projeção seja precisa. Seria contraproducente e até mesmo incoerente pensar a proteção de dados pessoais somente sob as lentes dos direitos à privacidade e intimidade. O eixo da privacidade está ligado ao controle de informações pessoais de algo interno ao sujeito. A proteção dos dados pessoais pode estar sob a esfera pública, discutindo-se, apenas, a sua exatidão, por exemplo.[73]

A Constituição Federal brasileira, em seu art. 5º, ao tratar dos Direitos e Garantias Fundamentais, traz um inciso específico (o inciso X) para instituir a inviolabilidade da intimidade, da vida privada, honra e imagem da pessoa (no

---

a responsabilização do agente estatal por ato de improbidade administrativa, nos termos do art. 11, inciso IV, da Lei 8.429/92, sem prejuízo da aplicação das sanções disciplinares previstas nos estatutos dos servidores públicos federais, municipais e estaduais. E, ainda, votava no sentido de declarar, com efeito *pro futuro,* a inconstitucionalidade do art. 22 do Decreto 10.046/19, preservando a atual estrutura do Comitê Central de Governança de Dados pelo prazo de 60 dias, a contar da data de publicação da ata de julgamento, a fim de garantir ao Chefe do Poder Executivo prazo hábil para (i) atribuir ao órgão um perfil independente e plural, aberto à participação efetiva de representantes de outras instituições democráticas; e (ii) conferir aos seus integrantes garantias mínimas contra influências indevidas; <u>do voto do Ministro André Mendonça</u>, que não conhecia da arguição de descumprimento de preceito fundamental e, no mérito, caso vencido na preliminar, julgava-a procedente, nos termos do voto do Relator, e, quanto à ação direta de inconstitucionalidade, dela conhecia e, no mérito, julgava-a procedente, nos termos de seu voto, para fins de declarar a inconstitucionalidade, sem pronúncia de nulidade, até 31 de dezembro de 2022, do Decreto nº 10.046/2019. Caso vencido na técnica decisória empregada e, por consequência, na extensão acolhida do pedido, acompanhava o Ministro Relator no sentido da parcial procedência da ADI com a finalidade de conferir interpretação conforme à Constituição ao Decreto 10.046/2019, divergindo do Relator em três pontos: (i) atribuía eficácia *pro futuro,* a contar de 31 de dezembro de 2022, tanto à interpretação conforme - que na proposta do Relator tem vigência imediata -, quanto à declaração de inconstitucionalidade do art. 22 do objeto que versa sobre a composição do Comitê Central de governança de Dados - que no voto do Ministro Gilmar Mendes terá sua estrutura preservada apenas por 60 (sessenta) dias; (ii) não subscrevia o item 5 da interpretação conforme que se refere à responsabilidade civil do Estado e respectivo direito de regresso *hic et nunc*; e (iii) não subscrevia o item 6 da interpretação conforme referente à responsabilização automática por improbidade administrativa de servidores públicos estatais; <u>e do voto do Ministro Nunes Marques</u>, que acompanhava o voto do Ministro André Mendonça, o julgamento foi suspenso. Presidência da Ministra Rosa Weber. Plenário, 14.9.2022.

72. PASQUALE, Frank. *The black box society;* the secret algorithms that control money and information. Cambridge: Harvard University Press, 2015. p. 09.

73. BIONI, Bruno Ricardo, op. cit., p. 66.

art. 7º, I, do Marco Civil da Internet – MCI, Lei n. 12.965/2014)[74]. Já inciso XII do mesmo artigo explicita a inviolabilidade da correspondência, de dados e comunicações.

Não obstante esse inciso X tratar, ao final de seu texto, especificamente da tutela indenizatória, é possível verificar que a Constituição Federal atribuiu extrema relevância e instituiu extensa proteção aos referidos direitos de personalidade.

Da mesma forma, estamos diante da verdadeira reinvenção da proteção de dados – não somente porque ela é expressamente considerada um direito fundamental autônomo, mas também porque se tornou uma ferramenta essencial para o livre desenvolvimento da personalidade, ensina Stefano Rodotà. A Carta de Direitos Fundamentais da União Europeia, em 2000, reconheceu a proteção de dados como um direito autônomo. Este pode ser considerado o último ponto de uma longa evolução, separando a privacidade da proteção de dados. A proteção de dados encontra-se ligada ao *corpo eletrônico* da pessoa humana, tratado no Artigo 8º da Carta[75], em contraposição ao *corpo físico,* ligado à integridade da pessoa (Artigo 3º).[76]

A União Europeia, por intermédio do Regulamento (UE) 2016/679 do Parlamento Europeu e do Conselho de 27 de abril de 2016, introduziu alterações importantes sobre a proteção da pessoa humana no tratamento de dados pessoais, em especial sobre os dados sensíveis, que, independentemente do formato com que são coletados, impõem novas obrigações aos cidadãos e a todas as instituições, públicas e privadas, ao exigir a adoção de medidas técnicas e organizativas adequadas.[77]

Em suas linhas gerais, o Regulamento tem por finalidade nivelar a proteção de dados pessoais na União Europeia. O nível de proteção à autodeterminação informativa, enquanto direito fundamental, foi densificado e intensificado, podendo ser destacados, como exemplos, a necessidade de obtenção do consentimento explícito do titular, o direito à portabilidade de um prestador de serviços

---

74. O art. 21 do Código Civil preconiza a inviolabilidade da "vida privada da pessoa natural".

75. *Art. 8º.* 1. Todas as pessoas têm direito à proteção dos dados de caráter pessoal que lhes digam respeito. 2. Esses dados devem ser objeto de um tratamento leal, para fins específicos e com o consentimento da pessoa interessada ou com outro fundamento legítimo previsto por lei. Todas as pessoas têm o direito de aceder aos dados coligidos que lhes digam respeito e de obter a respectiva retificação. 3. O cumprimento destas regras fica sujeito a fiscalização por parte de uma autoridade independente.

76. RODOTÀ, Stefano. *A vida na sociedade da vigilância,* op. cit., p. 17. A Carta de Direitos Fundamentais da União Europeia, em 2000, reconheceu a proteção de dados como um direito autônomo. Este pode ser considerado o último ponto de uma longa evolução, separando a privacidade da proteção de dados.

77. SARLET, Gabrielle Bezerra Sales; CALDEIRA, Cristina. O consentimento informado e a proteção de dados pessoais de saúde na internet: uma análise das experiências legislativas de Portugal e do Brasil para a proteção integral da pessoa humana. *Civilistica.com.* Rio de Janeiro, a. 8, n. 1, 2019. Disponível em: <http:civilistica.com/-o-consentimento-informado-e-a-protecao/>. Data de acesso: 19.07.2019.

para outro, a maior facilidade de acesso aos dados pessoais por parte do titular, a proteção acrescida aos dados pessoais de menores, bem como os direitos de retificação, apagamento e esquecimento (Capítulo III do Regulamento).[78]

Stefano Rodotà descreve a formação de um *corpo elettronico,* um novo aspecto da pessoa natural que não ostenta apenas a massa física, ou um *corpus,* mas também uma dimensão digital da sua identidade.[79] Roger Clarke também busca definir tal situação através da expressão *persona digital,* que se baseia no modelo de um indivíduo diante de representações baseadas em conjuntos de dados privados colhidos da pessoa, formando verdadeiros avatares digitais.[80]

O espaço do corpo, acentua a doutrina, transborda a "unidade física", ultrapassando o "limite delineado pela pele". Uma corpulência "binária" se manifesta no mundo virtual, com novas partículas que exteriorizam a personalidade, representadas pelos dados pessoais. Informações reveladas no ciberespaço colaboram para a compleição do corpo eletrônico, comparáveis às "tatuagens, piercings e outros sinais de identidade". E o fenômeno se acentua, à medida que ferramentas mais precisas de tratamento destes fatos revelados no espaço virtual são desenvolvidas, desde a coleta, classificação, arquivamento, avaliação e sistematização, de modo que tais procedimentos permitem a oferta de *outputs* mais precisos, pelo fato de os dados estarem cada vez mais estruturados.[81]

O dado nada mais é do que um fato, um valor documentado ou um resultado de medição. Atribuindo-se um resultado aos dados, gera-se uma informação. Como observa Danilo Doneda, a expressão "dado" apresenta uma conotação mais primitiva e fragmentada, como se fosse uma informação em estado potencial, antes de ser transmitida. Seria uma espécie de "pré-informação", anterior à interpretação e a um processo de elaboração. Já informação alude a algo além da representação contida no dado, chegando ao limite da cognição, e mesmo nos efeitos que pode apresentar para o seu receptor. Para o autor, sem aludir ao significado ou conteúdo em si, na informação já se pressupõe uma fase inicial de depuração do seu conteúdo – logo, a informação carrega consigo um sentido instrumental, no sentido da redução de um estado de incerteza, embora a doutrina

---

78. BOTELHO, Catarina Santos. Novo ou velho direito? O Direito ao esquecimento e o princípio da proporcionalidade no constitucionalismo global. *Ab Instantia.* V. 7, 2017, p. 50.

79. RODOTÀ, Stefano. *Intervista su privacy e liberta.* Bari: Laterza: 2005. p. 120-121.

80. CLARKE, Roger. Profiling: a hidden challenge to the regulation of data surveillance. *Journal of Law, Information and Science.* Hobart, v. 4, n. 2, p. 403, dez. 1993.

81. COLOMBO, Cristiano; FACCHINI NETO, Eugênio. "Corpo elettronico" como vítima de ofensas em matéria de tratamento de dados pessoais: reflexões acerca da responsabilidade civil por danos à luz da Lei Geral de Proteção de Dados Pessoais brasileira e a viabilidade da aplicação da noção de dano estético ao mundo digital. In: ROSENVALD, Nelson; DRESCH, Rafael de Freitas Valle; WESENDONCK, Tula. *Responsabiliade civil;* novos riscos. Indaiatuba: Foco, 2019. p. 46.

trate ambos os termos indistintamente. Adota-se aqui a distinção preconizada pelo autor Danilo Doneda.[82]

Em razão da importância dos dados pessoais, sua conceituação passou a integrar os principais documentos legislativos, em nível mundial, como se verifica da redação do artigo 4º, I do Regulamento Geral sobre Proteção de Dados da União Europeia (Regulamento 2016/679):[83]

> Artigo 4º
>
> Definições
>
> Para efeitos do presente regulamento, entende-se por
>
> I – Dados pessoais, informação elativa a uma pessoa singular identificada ou identificável ("titular dos dados"); é considerada identificável uma pessoa singular que possa ser identificada, direta ou indiretamente, em especial por referência a um identificador, como por exemplo um nome, um número de identificação, dados de localização, identificadores por via eletrónica ou a um ou mais elementos específicos da identidade física, fisiológica, genética, mental, económica, cultural ou social dessa pessoa singular; (...).

Ao mesmo passo em que os provedores desenvolvem ferramentas e aplicações cada vez mais sofisticadas para a captação dos dados e categorização dos consumidores, pressionam para que a legislação os isente de promover a tutela da personalidade dos usuários. Historicamente, o direito ao esquecimento deriva da necessidade dos indivíduos de determinar o desenvolvimento da sua vida de maneira autônoma, livres de serem perpetuamente ou periodicamente estigmatizados em consequência de uma ação específica realizada no passado.[84]

Nos últimos anos temos assistido a um aumento de preocupação na esfera pública, relativo à tutela jurídica do direito fundamental à proteção de dados pessoais, cuja autonomia se impõe, na exata medida em que a informação se tornou a substância essencial da composição de uma nova morfologia estruturante da sociedade. Isso implica considerar que os dados pessoais chegam a fazer as vezes

---

82. DONEDA, Danilo. *Da privacidade à proteção dos dados pessoais*. Rio de Janeiro: Renovar, 2006. p. 152. Acrescenta Cristiano Colombo: "O dado pode ser, por exemplo, o fato que (*sic*) João está acometido de uma doença grave, o que é revelado pelo acesso a um prontuário médico ou a notas fiscais de uma farmácia, que indicam a aquisição de remédios para uma dada patologia. A informação, por sua vez, é interpretar este dado, no sentido de que talvez João venha a faltar alguns dias ao trabalho, em razão de eventual tratamento, mesmo que isso não necessariamente ocorra. E o conhecimento seria representado pela não contratação de João para o quadro da empresa, discriminando-o". COLOMBO, Cristiano; FACCHINI NETO, Eugênio. "Corpo elettronico" como vítima de ofensas, op. cit., p. 47.

83. Definição semelhante pode ser encontrada no artigo 5º, I, da Lei Geral de Proteção de Dados Pessoais, Lei 13.709/2018: "Art. 5º Para os fins desta Lei, considera-se:
   I – dado pessoal: informação relacionada a pessoa natural identificada ou identificável".

84. FELLNER, Robert. *The right to be forgotten in the European Human Rights Regime*. Norderstedt: Grin, 2014. p. 02.

da própria pessoa. E, nesse cenário, o tratamento de tais dados adquire notável relevância, a ponto de se definir a proteção constitucional para as informações e para os dados pessoais.

Os dados pessoais se destacam cada vez mais como um ativo na economia da informação, com a inteligência gerada pela ciência mercadológica, especialmente quanto à segmentação dos bens de consumo ("marketing") e sua promoção.

E tudo isso acontece por meio de um monitoramento e vigília constantes sobre cada passo na vida das pessoas, o que leva a um verdadeiro capitalismo de vigilância.

A coleta de informações acerca dos usuários da *web* passou a ser realizada desenfreadamente, a ponto de se classificar cada indivíduo segundo suas escolhas, preferências e interesses colhidos acerca do comportamento da pessoa na Internet. Stefano Rodotà afirma que o homem hoje é "de vidro", visto que sua vida está totalmente às claras, bastando um simples clique em um ícone ou o acesso a determinado *site*.[85]

Por um outro lado, a evolução da chamada sociedade da informação impôs aos Estados um dever, consubstanciado na promoção de um equilíbrio entre os valores em questão, desde as consequências da utilização da tecnologia para o processamento de dados pessoais, suas consequências para o livre desenvolvimento da personalidade, até a sua utilização pelo mercado.

Da mesma forma, o Marco Civil da Internet, Lei 12.965/2014, art. 3º, reconhece como princípio da disciplina do uso da Internet, lado a lado com a proteção da privacidade (inciso II), a proteção dos dados pessoais, na forma da lei (inciso III).

A partir dessa constatação inicial, verifica-se que existe, sob um enfoque preliminar e puramente apriorístico, uma prevalência dos interesses relacionados aos direitos de personalidade sobre outros que não estejam em um mesmo patamar de importância. Em outras palavras, as situações jurídicas existenciais devem sempre prevalecer sobre as patrimoniais.

---

85. MORAES, Maria Celina Bodin de. Apresentação do autor e da obra. In: RODOTÁ, Stefano, *A vida na sociedade da vigilância*. Tradução de Danilo Doneda e Luciana Cabral Doneda. Rio de Janeiro: Renovar, 2008. p. 08. Como alerta a autora: "'menos privacidade, mais segurança' é uma receita falsa, avisa Stefano Rodotà. A propósito, ele recorre com frequência à metáfora do homem de vidro, de matriz nazista. A ideia do homem de vidro é totalitária porque sobre ela se baseia a pretensão do Estado de conhecer tudo, até os aspectos mais íntimos da vida dos cidadãos, transformando automaticamente em 'suspeito' todo aquele que quiser salvaguardar sua vida privada. Ao argumento de que 'quem não tem nada a esconder, nada deve temer', o autor não se cansa de admoestar que o emprego das tecnologias de comunicação coloca justamente o cidadão que nada tem a temer em uma situação de risco, de discriminação".

A necessidade da proteção de dados pessoais faz com que a tutela da privacidade ganhe um novo eixo. Considerando-se a esfera privada como um conjunto de ações, comportamentos, preferências, opiniões e comportamentos pessoais sobre os quais o interessado pretende manter um controle exclusivo, essa tutela deve basear-se num *direito à autodeterminação informativa,* a fim de que sejam controladas as informações pessoais em circulação.[86]

A partir do direito à autodeterminação informativa, que permitiria ao titular determinar a utilização dos seus dados pessoais, isso impediria que esses fossem utilizados para fins discriminatórios. Quando se controla a coleta, o armazenamento e o uso de dados e informações de determinada pessoa, não se resguarda apenas o indivíduo cujos dados estão relacionados, mas também o grupo social no qual ele se encontra inserido, principalmente nas hipóteses em que tais dados se revelarem capazes de proporcionar informações relativas aos aspectos sensíveis de sua personalidade. Caso não haja, na visão de Stefano Rodotà, uma forte tutela das informações que dizem respeito à pessoa, ela ficará à mercê de ser discriminada por suas opiniões, crenças religiosas e condições de saúde, o que pode prejudicar o tratamento igualitário entre os cidadãos.[87]

Entretanto, a implacável memória da Internet, baseada na acumulação de toneladas de informações novas e antigas inseridas coletivamente, parece tornar, de alguma forma, a pessoa humana prisioneira de sua própria trajetória, que nem sempre é contada de forma imparcial e contextualizada, sendo colocada à mercê do escrutínio de qualquer indivíduo que faça uma breve busca na rede.[88]

O indivíduo, ao mesmo tempo em que é compelido a fornecer seus dados na rede, poderá ver essas mesmas informações voltadas contra si num futuro não muito distante, a depender de como elas serão utilizadas.[89]

Pietro Perlingieri faz referência a uma dimensão relacional da proteção de dados pessoais, na qual "os interesses das pessoas identificáveis mediante a

---

86. Doneda, Danilo. Considerações iniciais sobre os bancos de dados informatizados e o direito à privacidade. In: Tepedino, Gustavo (Coord.). *Problemas de direito civil-constitucional.* Rio de Janeiro: Renovar, 2000. p. 129.

87. RODOTÁ, Stefano. *A vida na sociedade da vigilância;* a privacidade hoje. Coordenação de Maria Celina Bodin de Moraes. Tradução de Danilo Doneda e Luciana Cabral Doneda. Rio de Janeiro: Renovar, 2008. p. 96.

88. TEFFÈ, Chiara Spadaccini de; BARLETTA, Fabiana Rodrigues. O direito ao esquecimento: uma expressão possível do direito à privacidade. In: TEPEDINO, Gustavo; TEIXEIRA, Ana Carolina Brochado; ALMEIDA, Vitor. *O Direito Civil entre o sujeito e a pessoa;* estudos em homenagem ao professor Stefano Rodotà. Belo Horizonte: Fórum, 2016. p. 256.

89. MONTEIRO FILHO, Carlos Edison do Rêgo; ROSENVALD, Nelson. Danos a dados pessoais: fundamentos e perspectivas. In: FALEIROS JÚNIOR, José Luiz de Moura; LONGHI, João Victor Rozatti; GUGLIARA, Rodrigo. *Proteção de dados pessoais na sociedade da informação;* entre dados e danos. Indaiatuba: Foco, 2021. p. 11.

referência direta ou indireta às informações fornecidas adquirem importância e exigem tutela".[90] Essa foi a preocupação a inspirar a Lei Geral de Proteção de Dados Pessoais, Lei 13.709, de 2018, que reforça os princípios da autodeterminação informativa (artigo 2º, II), transparência (artigo 6º, VI) e da não discriminação (artigo 6º, IX), além de exigir, como regra, o consentimento do titular para que o tratamento de dados ocorra (artigo 7º, inciso I).[91]

No Brasil, a questão da coleta e tratamento de dados pessoais associados à execução das obrigações tem sido objeto de apreciação pelos tribunais. Em 2014, a Segunda Seção do Superior Tribunal de Justiça julgou, sob o rito dos recursos repetitivos, o Recurso Especial 1.419.697-RS, no qual analisou a legalidade do sistema denominado *credit scoring*, destinado à avaliação do risco e à concessão do crédito, a partir de modelos estatísticos, considerando diversas variáveis, com atribuição de pontuação ao consumidor avaliado (nota do risco do crédito). Para análise do risco, as instituições financeiras por vezes utilizam dados como a idade, o endereço, o número de dependentes, a profissão, dentre outros. Ao concluir o julgamento, o STJ firmou a tese de que "essa prática comercial é lícita, estando autorizada pelo artigo 5º, IV, e pelo art. 7º, I, da Lei n. 12.414/2011 (Lei do Cadastro Positivo)". Ficou assentado, ainda, que "na avaliação do risco do crédito, devem ser respeitados os limites estabelecidos pelo sistema de proteção do consumidor no sentido da tutela da privacidade e da máxima transparência nas relações de consumo, conforme previsão do Código de Defesa do Consumidor e da Lei 12.414, de 2011". Da mesma forma, "apesar de desnecessário o consentimento do consumidor consultado, devem ser a ele fornecidos esclarecimentos, caso solicitados, acerca das fontes dos dados considerados (histórico de crédito), bem como as informações pessoais valoradas".[92]

---

90. PERLINGIERI, Pietro. *O Direito Civil na legalidade constitucional.* Edição organizada por Maria Cristina de Cicco. Rio de Janeiro: Renovar, 2008. p. 868.

91. MONTEIRO FILHO, Carlos Edison do Rêgo; ROSENVALD, Nelson. Danos a dados pessoais: fundamentos e perspectivas, op. cit., p. 11.

92. STJ, 2ª Seção, REsp 1.419.697-RS, rel. Min. Paulo de Tarso Sanseverino, j. 12. 11.2014.

MONTEIRO FILHO, Carlos Edison do Rêgo; ROSENVALD, Nelson. Danos a dados pessoais: fundamentos e perspectivas, op. cit., p. 13. STJ, 2ª Seção, REsp 1.419.697-RS, rel. Min. Paulo de Tarso Sanseverino, j. 12.11.2014. Em 2018, a Quarta Turma do Superior Tribunal de Justiça enfrentou questão envolvendo a previsão, em contrato de prestação de serviço de cartão de crédito, "que autoriza o banco contratante a compartilhar dados dos consumidores com outras entidades financeiras, assim como com entidades mantenedoras de cadastros positivos e negativos de consumidores, sem que seja dada opção de discordar daquele compartilhamento". Dando ênfase à tutela dos direitos do titular, a Corte Especial concluiu que "a impossibilidade de contratação de serviço de cartão de crédito, sem a opção de negar o compartilhamento dos dados do consumidor, revela exposição que o torna indiscutivelmente vulnerável, de maneira impossível de ser mensurada e projetada", o que leva à abusividade de tal previsão contratual.

Cabe ainda mencionar decisão da Terceira Turma do Superior Tribunal de Justiça (STJ, 3ª T., REsp 1.758.799-MG, rel. Min. Nancy Andrighi, j. 12.11.2019), que reconheceu danos extrapatrimoniais a

Posteriormente, o Superior Tribunal de Justiça consolidou entendimento sobre o *credit scoring* na Súmula 550 – "a utilização de escore de crédito, método estatístico de avaliação de risco que não constitui banco de dados, dispensa o consentimento do consumidor, que terá o direito de solicitar esclarecimentos sobre as informações pessoais valoradas e as fontes dos dados considerados no respectivo cálculo".

O problema se agrava, à medida que mais informações são compartilhadas, sobretudo nas redes sociais[93], tornando-se acessíveis por milhões de usuários em qualquer parte do globo, inclusive dados que trazem consigo aspectos intrinsecamente ligados à personalidade dos indivíduos. Nome, sobrenome, endereço, opções religiosas, culturalmente.[94]

No cerne das redes sociais está o intercâmbio de informações pessoais. Os usuários ficam felizes por revelarem detalhes íntimos de suas vidas pessoais,

---

consumidor que teve suas informações disponibilizadas em banco de dados sem a sua autorização, sob o argumento de que "o consumidor tem o direito de tomar conhecimento de que informações a seu respeito estão sendo arquivadas e comercializadas por terceiro, sem a sua autorização, porque desse direito decorrem outros dois que lhe são assegurados pelo ordenamento jurídico: o direito de acesso aos dados armazenados e o direito à retificação das informações incorretas". Além disso, a falta de comunicação ao consumidor do compartilhamento de seus dados viola expressamente a Lei 12.414, de 2011 (Lei do Cadastro Positivo), que assegura como direito do cadastrado ser informado previamente sobre a identidade do gestor e sobre o armazenamento e objetivo do tratamento de dados pessoais (artigo 5º, inciso V).

93. MARTINS, Guilherme Magalhães; LONGHI, João Victor Rozatti. A tutela do consumidor nas redes sociais virtuais; responsabilidade civil por acidentes de consumo na sociedade da informação. *Revista de Direito do Consumidor*. São Paulo, v. 78, abr./jun. 2011.

94. Para Marcel Leonardi, "A escala e os tipos de informação disponíveis aumentam exponencialmente com a utilização de tecnologia. É importante recordar que, como a informação é coletada em forma eletrônica, torna-se extremamente simples copiá-la e distribui-la, podendo ser trocada entre indivíduos, companhias e países ao redor de todo o mundo.

A distribuição da informação pode ocorrer com ou sem o conhecimento da pessoa a quem pertencem os dados, e de forma intencional ou não. Há uma distribuição não intencional quando os registros exibidos contêm mais informações do que as que foram solicitadas ou, ainda, quando tais dados são furtados. Muitas vezes, determinadas 'fichas cadastrais' contêm mais dados do que o necessário ou solicitado pelo utilizador.

Como se tudo isto não bastasse, há que se destacar o perigo que representam as informações errôneas. Ser considerado inadimplente quando não se deve nada a ninguém ou ser rejeitado em uma vaga de emprego sem justificativa aparente são apenas alguns dos exemplos dos danos que dados incorretos, desatualizados ou propositadamente errados podem causar (...). Os efeitos de um pequeno erro podem ser ampliados de forma assustadora. Quando a informação é gravada em um computador, há pouco incentivo para se livrar dela, de forma que certos registros podem permanecer à disposição por um longo período de tempo. Ao contrário da informação mantida em papel, dados armazenados em um computador ocupam muito pouco espaço e são fáceis de manter e de transferir, e como tal podem perdurar indefinidamente". LEONARDI, Marcel. Responsabilidade civil pela violação do sigilo e privacidade na Internet. In: SILVA, Regina Beatriz Tavares da; SANTOS, Manoel J. Pereira dos (coord.). *Responsabilidade civil na Internet e nos demais meios de comunicação*. São Paulo: Saraiva, 2007. p. 339-340.

fornecendo informações precisas, compartilhando fotografias e vivenciando o fetichismo e exibicionismo de uma sociedade confessional.[95]

As redes sociais são definidas na doutrina como um conjunto de dois elementos: os atores (pessoas, instituições ou grupos; os nós da rede) e suas conexões (interações ou laços sociais, de modo que se trata de "uma metáfora para observar os padrões de conexão de um grupo social, a partir das conexões estabelecidas entre os diversos atores".[96] Outros autores preferem definir as redes sociais como aqueles serviços *web* que permitem aos indivíduos construir um perfil público, articular uma lista de outros usuários do sistema com os quais possa compartilhar informação e visualizá-los.[97]

Como verifica Yochai Benchler, a mudança trazida pela economia das redes é profunda e estrutural, afetando as verdadeiras fundações sobre as quais os mercados liberais e as democracias liberais coexistiram por quase dois séculos. Destaca-se uma nova liberdade individual, enquanto plataforma para uma melhor participação democrática e um meio para fomentar uma cultura mais crítica e autorreflexiva e, em uma economia cada vez mais dependente da informação global, como um mecanismo para obter conquistas em todos os campos do desenvolvimento humano.[98]

Numa época marcada pela velocidade, ubiquidade e liberdade, próprias da globalização, as novas tecnologias tornam necessária uma proteção efetiva dos consumidores, cuja vulnerabilidade se mostra mais marcante. Nas palavras de Erik Jayme,

> No que concerne às novas tecnologias, a comunicação, facilitada pelas redes globais, determina uma maior vulnerabilidade daqueles que se comunicam. Cada um de nós, ao utilizar pacificamente seu computador, já recebeu o choque de perceber que uma força desconhecida e exterior invadia o seu próprio programa, e o fato de não conhecer o seu adversário preocupa ainda mais. Os juristas combatem as práticas fraudulentas através dos instrumentos clássicos da responsabilidade civil delitual, enquanto os malfeitores escapam a todos os controles e se protegem em um espaço virtual.[99]

---

95. BAUMAN, Zygmunt. *Vida para o consumo;* A transformação das pessoas em mercadoria. Tradução de Carlos Alberto Medeiros. Rio de Janeiro: Zahar, 2008. p. 08.
96. RECUERO, Raquel. *Redes sociais na Internet.* Porto Alegre: Sulina, 2010. p. 24.
97. CASTELLANO, Pere Simón. *El régimen constitucional del derecho al olvido digital.* Valencia: Tirant lo Blanch, 2012 (*e-book*). p. 241.
98. BENCHLER, Yochai. *The wealth of networks;* how social production transforms markets and freedom. New Haven/London: Yale University Press, 2006. p. 73-77 (*e-book*).
99. O direito internacional privado do novo milênio: a proteção da pessoa humana face à globalização. *Cadernos do Programa de Pós-Graduação em Direito da UFRGS.* Tradução de Cláudia Lima Marques. Porto Alegre, v. 1, n. I, p. 135, mar. 2003.

Sabe-se que no ano de 2001 a Internet sofreu grande transformação. Com a vertiginosa queda de corporações ligadas à tecnologia da informação, as chamadas *"companies dot-com"* tiveram de modificar radicalmente seu modelo de gestão corporativa para superar a crise de confiança dos investidores em relação à rentabilidade dos serviços oferecidos.[100]

Trata-se da eclosão do movimento denominado *web 2.0*, a segunda versão da *world wide web*, que, em tese, refundou a própria rede mundial de computadores ao transformá-la em uma espécie de plataforma movida pelo usuário, que insere "voluntariamente" o conteúdo maciço que hoje circula na Internet.[101]

Entre as mudanças mais significativas, deve ser destacada a substituição da remuneração da publicidade dos provedores de conteúdo, informação e hospedagem não mais pelo número de acesso às páginas (*page views*), mas por clique em cada *hyperlink* (*cost per click*) reativando os investimentos nos *sites*.[102] Conforme já destacado na doutrina,

> Não pode ser esquecido que o valor comercial de um *site* depende, em proporção direta, de sua popularidade, ou seja, do número de usuários que o visitam. Quanto mais elevado for esse número, mais valorizado será o espaço publicitário ali oferecido e, por consequência, maiores serão os lucros destinados ao titular do *site*.[103]

Outra característica marcante da atual sociedade de massa é a oferta pelos prestadores ditos *gratuitos*, normalmente baseada na remuneração indireta, igualmente a atrair a incidência das normas do Código de Defesa do Consumidor. É o caso dos provedores de aplicações de Internet que administram as redes sociais virtuais.

Os usuários consomem conteúdos que, massivamente, não foram produzidos diretamente pelas plataformas, mas que foram gratuitamente disponibili-

---

100. MARTINS, Guilherme Magalhães. Responsabilidade civil do provedor Internet pelos danos à pessoa humana nos sites de redes sociais. *Gen Jurídico*. p. 01. Disponível em: http://genjuridico.com.br/2016/09/08/responsabilidade-civil-do-provedor-internet-pelos-danos-a-pessoa-humana-nos--sites-de-redes-sociais. Acesso em: 30.08.2022.

101. Segundo Tim O'Reilly, precursor da expressão, a *Web 2.0* seria ilustrada como um grande sistema solar, em que os serviços prestados são difusos, por meio de técnicas que incentivem condutas positivas dos próprios usuários. É o caso de veículos como a *Wikipedia*, uma enciclopédia colaborativa, em que os usuários inserem seu conteúdo. São muitos os exemplos: blogues, redes sociais, troca de arquivos *P2P* e outros. O'RELLY, Tim. O que é Web 2.0? Padrões de design e modelos de negócios para a nova geração de software. Publicado em: http://www.oreilly.com/. Tradução: Miriam Medeiros. Revisão técnica: Julio Preuss. Novembro 2006. Disponível em: http://www.cipedya.com/web/FileDownload.aspx?IDFile=102010. Acesso em: 09 dez. 09.

102. MARTINS, Guilherme Magalhães. Responsabilidade civil do provedor Internet pelos danos à pessoa humana nos sites de redes sociais. *Gen Jurídico*. Op. cit., p. 02.

103. MARTINS, Guilherme Magalhães. *Responsabilidade civil por acidente de consumo na Internet*, op. cit., p. 73.

zados por outros titulares ou capturados diretamente da Internet, rearranjados e disponibilizados de outra forma, sem remuneração. O ganho para aqueles que disponibilizam conteúdo, muitas vezes, não é monetário, mas pode ser expressado no aumento da relevância de um material profissionalmente criado, ou por novas oportunidades de publicidade e venda, ou pela valorização pessoal no mercado da imagem nas redes sociais, o que envolve um cálculo econômico, ainda que indireto.[104]

Longe de ser uma realidade restrita a regiões ou países determinados, as práticas perpassam os costumes e penetram a cultura de cada sociedade, multiplicando em progressão geométrica o número de usuários. Formam-se gigantescos bancos de dados de caráter pessoal a serviço de entidades de caráter privado, cujos interesses econômicos frequentemente se impõem de maneira agressiva.[105]

Por outro lado, a cultura do cancelamento ("*cancel culture* "ou "*call-out culture*"), escolhida como a expressão do ano de 2019 pelo tradicional dicionário do inglês-australiano *Macquarie Dictionary*, pode ser definida como a ação, dentro de uma comunidade, de segregar ou boicotar alguém em razão de palavras ou atos dessa pessoa. No âmbito das redes sociais, em virtude do que se considera politicamente correto, pessoas são canceladas, muitas vezes, após terem revelados seus *tweets* antigos com frases ou opiniões consideradas ofensivas, ainda que com ânimo jocoso.[106] Em virtude de atos considerados machistas, homofóbicos ou de insensibilidade com certas minorias, diversas pessoas, mais famosas ou menos famosas, foram boicotadas, sofrendo impactos e danos na sua vida financeira e profissional, nem sempre com gravidade proporcional à intensidade da reprimenda.

Isso não se confunde com o poder de polícia, a cargo dos provedores de aplicação das redes sociais para, em casos extremos e de gravidade, suspender ou mesmo interditar a participação de determinadas pessoas em virtude do abuso da liberdade de expressão, como ocorreu, em relação às plataformas Twitter e Facebook, com o ex-presidente Donald Trump, que, no dia 06 de janeiro de 2021, insuflou os invasores do Congresso Nacional norte-americano, através de suas mídias.[107]

---

104. CAMARGO, Gustavo Xavier de. *Dados pessoais, vigilância e controle;* como proteger Direitos Fundamentais em um mundo dominado por plataformas digitais? Rio de Janeiro: Lumen Juris, 2021. p. 68.

105. MARTINS, Guilherme Magalhães. Responsabilidade civil do provedor Internet pelos danos à pessoa humana nos sites de redes sociais. *Gen Jurídico*. Op. cit., p. 03.

106. ACIOLI, Bruno de Lima; PEIXOTO, Erick Lucena Campos. A privacidade nas redes sociais virtuais e a cultura do cancelamento. In: EHRHARDT JÚNIOR, Marcos; CATALAN, Marcos; MALHEIROS, Pablo (coord.). *Direito Civil e Tecnologia*. Belo Horizonte: Fórum, 2020. p. 107.

107. MARTINS, Guilherme Magahães; LONGHI, João Victor Rozatti. Liberdade de expressão e redes sociais: a que ponto chegaremos? *Consultor Jurídico*. São Paulo, 13 de janeiro de 2021. Disponível em:

Muitos caminhos podem ser trilhados pelos governos que, assim como os particulares, buscam informações; a questão é a consequência de obter informação. Algumas vezes os benefícios são altos e os custos são baixos. Os governos podem usar a informação para melhorar a vida das pessoas e para assegurar que seus projetos operam como deveriam. Mas não raras vezes a aquisição de informação envolve um mar de lama.[108]

Deve haver, portanto, um contraponto, através do tratamento de dados pessoais. Mesmo diante de tal controle, há a dificuldade de se individuar tipos de informações acerca dos quais o cidadão estaria disposto a renunciar definitivamente, visto que até mesmo os dados mais inócuos podem, se associados a outros, provocar danos à dignidade do interessado.[109]

O artigo 39 do Regulamento Europeu 2016/679 de Dados Pessoais, denominado *General Data Protection Regulation* (GDPR), determina, em seu artigo 39, que deverá ser transparente para as pessoas singulares (pessoas naturais) que os dados que lhes respeitam são recolhidos, utilizados e sujeitos a qualquer outro tipo de tratamento, bem como a medida como tais dados são ou virão a ser tratados. O tratamento deverá ser de fácil acesso e compreensão e formulado em linguagem clara e simples, de modo que a transparência alcança a identidade do responsável pelo tratamento dos dados e os fins a que se destinam. No Brasil, a transparência é prevista como um dos princípios do tratamento de dados pessoais no artigo 6º, VI, da Lei Geral de Proteção de Dados Pessoais. A transparência é um princípio ligado ao direito à informação, uma das pedras fundamentais do Código de Defesa do Consumidor, e agora presente na LGPD.[110]

---

https://www.conjur.com.br/2021-jan-13/martins-longhi-liberdade-expressao-redes-sociais. Acesso em: 09.07.2021. Para os autores, tais postagens ofensivas são risco do negócio dos provedores: "Portanto, o provedor não só poderá retirar o conteúdo – e bloquear *posts* e contas com postagens dessa natureza – como deverá, de modo não somente a se resguardar da própria responsabilidade como mitigar danos que não atingem somente a um ou outro indivíduo ofendido, mas a toda a sociedade. Claro que poderão ocorrer abusos, mas a rigor tal sistema de responsabilidade assim conteúdo de acordo com o que interpretam como correto, exercendo o poder de polícia que as cláusulas contratuais lhes conferem. Restaria menos espaço, então, para o provedor ser leniente com aqueles que sistematicamente violam seus termos de uso em troca da atenção de milhões de usuários".

108. SUNSTEIN, Cass. *Too much information*: understanding what you don't want to know. Cambridge: The MIT Press, 2020. p. 190.
109. RODOTÀ, Stefano. *A vida na sociedade da vigilância, op. cit.* p. 36-37: "a obrigação de fornecer dados não pode ser simplesmente considerada como a contrapartida dos benefícios sociais que, direta ou indiretamente, o cidadão pode chegar a aproveitar. As informações coletadas não somente tornam as organizações públicas e privadas capazes de planejar e executar os seus programas, mas permitem o surgimento de novas concentrações de poder ou o fortalecimento de poderes já existentes: consequentemente, os cidadãos têm o direito de pretender exercer um controle direto sobre aqueles sujeitos aos quais as informações fornecidas atribuirão um crescente *plus-poder*".
110. CHINELLATO, Silmara Juny de Abreu; MORATO, Antonio Carlos. Direitos básicos de proteção de dados pessoais, o princípio da transparência e a proteção dos direitos intelectuais, *op. cit.*, p. 651-653.

A nova situação determinada pelo uso de computadores no tratamento de informações pessoais torna cada vez mais difícil considerar o cidadão como um simples "fornecedor de dados", sem que a ele caiba algum poder de controle, ensina Stefano Rodotà, problema esse que ultrapassa as fronteiras individuais e se dilata na dimensão coletiva.[111]

A sociedade de risco ameaça o bem-estar das gerações presentes e futuras, de modo que o acesso aos dados pessoais revela-se crucial para as autoridades públicas, no combate ao terrorismo e à criminalidade organizada.[112]

Por outro lado, os dados pessoais são ativos muito valorizados pelas empresas, a título de seleção para a concessão de crédito, entre outras atividades. Mais uma vez citando Stefano Rodotà, professor emérito da Universidade de Roma *La Sapienza* e que foi por oito anos o comissário italiano para o tema:

> A proteção de dados constitui não apenas um direito fundamental entre outros: é o mais expressivo da condição humana contemporânea. Relembrar isto a cada momento não é mera verbosidade, pois toda mudança que afeta a proteção de dados tem impacto sobre o grau de democracia que nós podemos experimentar.[113]

A análise da coleta sistemática de dados praticada pelas empresas não apenas melhora experiências, mas pode também criar exclusões e custos socialmente inaceitáveis. Quando um plano de saúde rejeita uma pessoa ou cobra o dobro da mensalidade por saber que o consumidor tem uma propensão genética a determinadas doenças, isso enseja preocupações sobre os dados assim colhidos ou tratados. Quando o conhecimento dos empregadores ultrapassa o mero conteúdo dos currículos dos candidatos de uma vaga de emprego, permitindo-lhes escolhas ideológicas a partir da navegação na Internet de todos os pretendentes a um posto de trabalho, percebe-se que nem toda coleção e análise de dados será realizada em benefício de todos, mas de alguns[114].

Na economia informacional, em que o conteúdo valorativo das transações é a própria pessoa do consumidor, a coleta e o tratamento de informações dos titulares de dados na internet passou a ser feita de forma irrestrita, a ponto de se classificar cada indivíduo a partir da conformidade de suas escolhas, preferências e interesses, colhidos conforme uma análise comportamental dos usuários, no espaço digital.

---

111. RODOTÀ, Stefano. *A vida na sociedade da vigilância*, op. cit., p. 36-37.
112. BOTELHO, Catarina Santos. "Novo ou velho direito", op. cit., p. 53.
113. RODOTÀ, Stefano. *A vida na sociedade da vigilância*, op. cit., p. 21.
114. SILVEIRA, Sergio Amadeu da. *Tudo sobre tod@s*: redes digitais, privacidade e venda de dados pessoais. São Paulo: Edições Sesc, 2017. p. 95-96.

O capitalismo de vigilância, unilateralmente demanda a experiência humana como material bruto a ser traduzido em dados comportamentais. Alguns desses dados são aplicados para melhorar produtos ou serviços, o restante é declarado um excedente comportamental, alimentado através de avançados processos de manufatura denominados inteligência artificial, fabricados por meio de processos de predição de comportamentos que antecipam o que o usuário irá fazer agora, logo e mais tarde. Finalmente, esses produtos baseados na predição são objeto de negócios em um espaço que a autora Shoshana Zuboff denomina de *mercados de futuros comportamentais*.[115]

Entre os ativos comportamentais, destacam-se nossas vozes, personalidades e emoções, em uma economia baseada em uma cada vez mais ubíqua arquitetura de dispositivos, coisas e espaços "inteligentes".[116]

O objetivo de determinadas redes sociais, como o Facebook, anota Marta Peirano, é o de converter cada pessoa viva em uma célula de sua base de dados, para poder enchê-la de informação. Sua política é acumular a maior quantidade possível dessa informação para vendê-la ao melhor licitante. Somos o produto. Mas a política de seus dois mil e duzentos milhões de usuários tem sido aceitá--lo. Não há banalidade do mal, a não ser, nas palavras da autora, a banalidade da comodidade do mal.[117]

À medida que a tecnologia avança, o mercado pressiona as estruturas do jogo de dados. Câmeras de vigilância se tornam mais baratas a cada ano; sensores estão embutidos em todo lugar. Telefones celulares rastreiam nossos movimentos; programas registram nossas digitações e nossos traços na Internet. Novas máquinas e programas prometem promover versões quantificadas de nós mesmos, gostemos nós ou não. A informação resultante – uma vasta quantidade de dados que até recentemente não era registrada – é alimentada em bases de dados e reunida em perfis de profundidade e especificidade sem precedentes.

Mas para quais fins, e de quem? O declínio da privacidade poderia valer a pena se fosse combinado por níveis comparáveis de transparência por parte dos governos e empresas privadas. Mas na sua maior parte não o é. Nas classificações de crédito, os grandes bancos levam em conta dados convertidos em pontuações, cálculos de risco, bem como listas de vigilância com consequências vitalmente importantes. Mas os algoritmos proprietários a partir dos quais tais agentes operam estão imunes a qualquer escrutínio, a não ser nas raras ocasiões em que

---

115. ZUBOFF, Shoshana. *The age of surveillance capitalism;* the fight for a human future at the new frontier of power. New York: Public Affairs, 2018 (*e-book*), p. 188.

116. ZUBOFF, Shoshana, op. cit., p. 196.

117. PEIRANO, Marta. *El enemigo conoce el sistema;* manipulación de datos, personas y influencias después de la Economía de la atención. Barcelona: Penguin Random House, 2019. p. 16 (*e-book*).

um denunciante promove litígio ou vaza dados.[118] Tais operações, quase sempre unilaterais, ocorrem em detrimento da ética e transparência que deveriam pautar o mercado, o que termina por ofender os tão enaltecidos valores democráticos.[119]

Os algoritmos, observa David Sumpter, são usados em várias situações para nos ajudar a entender melhor o mundo. Mas será que queremos realmente entender melhor o mundo, se isso significa dissecar nossos valores mais caros e sacrificar nossa identidade pessoal?[120]

Afirma Ian Lloyd que, com a capacidade de digitalizar qualquer forma de informação, os limites entre as várias formas de vigilância estão desaparecendo, o que se deve ao incalculável potencial da "personalização informacional" decorrente do vínculo entre a informação e determinado indivíduo, levando até mesmo à reformulação da sua identidade.[121]

Cumpre observar à luz da privacidade, que o trânsito de informações pessoais deve ser avaliado à luz do contexto em que está inserido, o que revelará se o uso dos dados é ou não apropriado, para Helen Nissenbaum, em cujas palavras a privacidade deve ser orientada como "integridade contextual".[122]

Na sociedade da informação, surge até mesmo uma nova percepção do homem sobre si mesmo, contribuindo para a formação de arquétipos da personalidade, projetados a um novo "universo". A revolução das telecomunicações exige uma reinterpretação radical, para Luciano Floridi, que leve necessariamente em conta a natureza informacional do ser e nossas interações como informativas.[123]

A tutela geral dos direitos da personalidade, nesse contexto, assume papel de destaque, para que se possa atingir um equilíbrio entre o desenvolvimento econômico (artigo 170, Constituição da República) e a promoção da pessoa humana em sua plena dignidade (artigo 1º, III da Constituição)[124], à luz do artigo 4º, III do Código de Defesa do Consumidor, que prevê como princípio da Política Nacional das Relações de Consumo a harmonização dos interesses dos partici-

---

118. PASQUALE, Frank, *The black box society*. op. cit., p. 04

119. Acerca da ética que deve pautar as relações de consumo, leia-se DE LUCCA, Newton. *Da ética geral à ética empresarial*. São Paulo: Quartier Latin, 2009. p. 364.

120. SUMPTER, David. *Dominados pelos números; do Facebook e Google às fake news*. 3. ed. Rio de Janeiro: Bertrand Brasil, 2019. p. 13.

121. LLOYD, Ian J. *Information technology law*. 6.ed. Nova Iorque/Oxford: Oxford University Press, 2011. p. 05. Sobre o tema, MARTINS, Guilherme Magalhães; FALEIROS JÚNIOR, José Luiz; BASAN, Arthur Pinheiro. A responsabilidade civil pela perturbação do sossego na Internet. *Revista de Direito do Consumidor*. São Paulo, v. 128, p. 239-265, mar./abr. 2020.

122. NISSENBAUM, Helen. *Privacy in context*, op. cit, p. 127.

123. FLORIDI, Luciano. *The 4th Revolution; how the infosphere is reshaping human reality*. Oxford: Oxford University Press, 2014. p. 118-119.

124. LIMA, Cintia Rosa Pereira de. Direito ao esquecimento *versus* direito à desindexação. In: LISBOA, Roberto Senise. *O Direito na Sociedade da Informação*. vol. V. São Paulo: Almedina, 2020. p. 51.

pantes das relações de consumo e compatibilização da proteção do consumidor com a necessidade de progresso econômico e tecnológico, de modo a viabilizar os princípios nos quais se funda a ordem econômica, sempre com base na boa-fé e equilíbrio entre consumidores e fornecedores.

Para o livre desenvolvimento da personalidade, o indivíduo é quem faz o seu projeto de vida, é quem deve ter a liberdade de escolha; o indivíduo, portanto, no desenvolvimento da sua personalidade, é senhor de uma liberdade de escolha baseada na moral, que lhe permite eleger seu verdadeiro projeto de vida. A educação é o processo que contribui para que esse pleno desenvolvimento da liberdade do indivíduo venha a ser atingido.[125]

A educação[126] deve possibilitar ao homem desenvolver suas atividades e competências nas mais diversas áreas do conhecimento, habilitando-o para lidar com as múltiplas demandas que a vida vai lhe oferecer, de natureza não só econômica ou material, como também ligadas ao equilíbrio da sensibilidade humana. E a liberdade de expressão e de informação, para tal fim, deve ter um compromisso ético com a verdade.[127]

O compromisso com a ética e veracidade pelos meios de comunicação ocorre no contexto que Mario Vargas Llosa denomina civilização do espetáculo, ou seja,

> a civilização de um mundo onde o primeiro lugar na tabela de valores vigente é ocupado pelo entretenimento, onde divertir-se, escapar do tédio, é a paixão universal. Esse ideal de vida é perfeitamente legítimo, sem dúvida. Só um puritano fanático poderia reprovar os membros de uma sociedade que quisessem dar descontração, relaxamento, humor e diversão a vidas geralmente enquadradas em rotinas deprimentes e às vezes imbecilizantes. Mas transformar em valor supremo essa propensão natural a divertir-se tem consequências inesperadas: banalização da cultura, generalização da frivolidade e, no campo da informação, a proliferação do jornalismo irresponsável da bisbilhotice e do escândalo.[128]

Anteriormente, nos anos 1960, Guy Debord previu a sociedade do espetáculo, de modo que "as imagens que se destacaram de cada aspecto da vida fundem-se num fluxo comum, no qual a unidade dessa mesma vida já não

---

125. ALVIM, Marcia Cristina de Souza. Ética na informação e o direito ao esquecimento. In: SARLET, Ingo Wolfgang; MARTOS, José Antonio Montilla; RUARO, Regina Linden (coord.). *Acesso à informação como dever fundamental e dever estatal*. Porto Alegre: Livraria do Advogado, 2016. p. 176.

126. Nesse sentido, prevê o artigo 26 do Marco Civil da Internet, Lei 12.965/2014: "Art. 26. O cumprimento do dever constitucional do Estado na prestação da educação, em todos os níveis de ensino, inclui a capacitação, integrada a outras práticas educacionais, para o uso seguro, consciente e responsável da internet como ferramenta para o exercício da cidadania, a promoção da cultura e o desenvolvimento tecnológico".

127. ALVIM, Marcia Cristina de Souza. Ética na informação, op. cit., p. 180.

128. LLOSA, Mario Vargas. *A civilização do espetáculo*. Tradução de Ivone Benedetti. Rio de Janeiro: Objetiva, 2013 (*e-book*). p. 277.

pode ser restabelecida. A realidade considerada parcialmente apresenta-se em sua própria unidade geral como um pseudomundo à parte, objeto de mera contemplação".[129]

A educação para o consumo, prevista como direito básico do consumidor no artigo 6º, II, da Lei 8.078/90, pressupõe um aumento no seu nível de consciência, de modo a enfrentar os percalços do mercado. Seu objetivo, portanto, é o de dotar o consumidor-usuário de conhecimentos adequados sobre a fruição adequada de bens e serviços, de modo que possa ele, sozinho, decidir e optar, exercendo suas liberdades.

Observe-se que a informação em si não tem valor significativo, mas sim o que se pode fazer com ela, viabilizando uma série de condutas, como o *marketing* direto, ou a determinação de um perfil do usuário sem que este saiba, de modo que a obtenção de lucro é inevitável diante da utilização das informações. Outro exemplo é o chamado *Big Data,* ou seja, informações de todo tipo podem ser associadas de tal forma a determinar um conteúdo de relevância à soberania estatal, à dignidade da pessoa humana, p.ex. prevenir doenças, a pornografia infantil ou atos de terrorismo e racismo.[130]

Destaca-se um fato ocorrido nos Estados Unidos da América em que, semanas antes de se diagnosticar o vírus H1N1, engenheiros do Google publicaram um artigo no jornal científico *Nature,* explicando como conseguiram prever a epidemia causada pelo vírus. A empresa conseguiu esse resultado através do monitoramento das pesquisas realizadas por seus usuários.

No entanto, o uso destas informações pode ser nocivo. Por exemplo, se tais informações forem passadas para os laboratórios para aumentarem o preço de determinado medicamento; ou em razão do histórico da navegação do usuário, tais informações forem passadas para a seguradora calcular o risco. Para o Direito Digital, a prática denominada *profiling* (ou 'perfilamento', como se convencionou denominar em português)[131], possui grande importância, pois reflete uma face-

---

129. DEBORD, Guy. *A sociedade do espetáculo.* Tradução de Estela dos Santos Abreu. Rio de Janeiro: Contraponto, 1997. p. 13. E prossegue o grande sociólogo francês: "A especialização das imagens do mundo se realiza no mundo da imagem autonomizada, no qual o mentiroso mentiu para si mesmo. O espetáculo em geral, como inversão concreta da vida, é o movimento autônomo do não-vivo".

130. LIMA, Cíntia Rosa Pereira de. Direito ao esquecimento e Internet: o fundamento legal no direito comunitário europeu, no direito italiano e no direito brasileiro. *Doutrinas Essenciais de Direito Constitucional.* v. 8, 2015, p. 512.

131. A tradução do termo é colhida das Ciências Criminais, como explica Tálita Heusi: "O perfilamento criminal (*criminal profiling*, em inglês), também tem sido denominado de: perfilagem criminal, perfilamento comportamental, perfilhamento de cena de crime, perfilamento da personalidade criminosa, perfilamento do ofensor, perfilamento psicológico, análise investigativa criminal e psicologia investigativa. Por conta da variedade de métodos e do nível de educação dos profissionais que trabalham nessa área, existe uma grande falta de uniformidade em relação às aplicações e definições desses

ta da utilização dos algoritmos que, empregados nos processos de tratamento de grandes acervos de dados (*Big Data*), propiciam o delineamento do "perfil comportamental" do indivíduo, que passa a ser analisado e objetificado a partir dessas projeções.

Na LGPD, dispositivo bastante tímido, inserido em um único parágrafo do artigo que cuida da anonimização de dados (artigo 12, § 2º), conceitua a referida prática: "Poderão ser igualmente considerados como dados pessoais, para os fins desta Lei, aqueles utilizados para formação do perfil comportamental de determinada pessoa natural, se identificada."[132]

Essa situação é amplificada em tempos de pandemia, pois se almeja amplo controle populacional a partir da vigilância de dados (*dataveillance*).[133] Com isso, iniciativas de monitoramento passam a ser festejadas e não mais repudiadas, e exemplo disso já se notou anos atrás, em 2009, por ocasião da pandemia da *Influenza H1N1*, no Reino Unido[134], onde operadoras de telefonia móvel foram instadas a fornecer dados de geolocalização de seus usuários ao governo britânico.

O mesmo cenário se repetiu com a *Covid-19*. Na China, foi lançado um aplicativo que cruza dados da Comissão Nacional de Saúde, do Ministério de Transportes e da Agência de Aviação Civil, a fim de identificar indivíduos que tiveram contato com pessoas infectadas (ou com suspeita de infecção pelo vírus), o que, segundo a justificativa apresentada, possibilita reprimir a exponencial transmissão da *Covid-19*, antes mesmo de se ter certeza se a pessoa fora ou não infectada.[135]

---

termos. Consequentemente, os termos são usados inconsistentemente e indistintamente." (HEUSI, Tálita Rodrigues. Perfil criminal como prova pericial no Brasil. *Brazilian Journal of Forensic Sciences, Medical Law and Bioethics*, Itajaí, v. 5, n. 3, p. 232-250, 2016, p. 237).

132. Acerca do tema, confira-se MARTINS, Guilherme Magalhães; LONGHI, João Victor Rozatti; FALEIROS JÚNIOR, José Luiz. A pandemia da Covid-19, o "profiling" e a Lei Geral de Proteção de Dados. Disponível em: https://www.migalhas.com.br/depeso/325618/a-pandemia-da-covid-19-o-profiling-e-a-lei-geral-de-protecao-de-dados. Acesso em: 02.05.2020.

133. Trata-se de um acrônimo para "*data surveillance*" (vigilância de dados), a indicar uma nova espécie ou técnica de vigilância em razão do surgimento de novos métodos de monitoramento, como a vigilância de dados pessoais e a vigilância de dados em massa, que exigem salvaguardas mais eficazes e uma estrutura política formal. Sobre o tema, confira-se CLARKE, Roger A. *Information technology and dataveillance. Communications of the ACM*, Nova Iorque, v. 31, n. 5, p. 498-512, maio 1988.

134. TILSTON, Natasha L.; EAMES, Ken T.D.; PAOLOTTI, Daniela *et al*. Internet-based surveillance of Influenza-like-illness in the UK during the 2009 H1N1 influenza pandemic. *BMC Public Health*, Londres, v. 10, p. 650-659, 2010.

135. DUKAKIS, Ali. China rolls out software surveillance for the COVID-19 pandemic, alarming human rights advocates. *ABC News*, 14 abr. 2020. Disponível em: https://abcnews.go.com/International/china-rolls-software-surveillance-covid-19-pandemic-alarming/story?id=70131355. Acesso em: 17 abr. 2020.

Iniciativas semelhantes também estão sendo vistas no Brasil. No Estado de São Paulo, pioneiro na implementação dessa espécie de medida, uma parceria do governo estadual com as operadoras Vivo, Claro, Oi e TIM passou a alimentar um sistema denominado Simi-SP, sob a seguinte justificativa: "Com o Simi-SP, o Governo de São Paulo pode consultar informações georreferenciadas de mobilidade urbana em tempo real nos municípios paulistas. Para garantir a privacidade de cada cidadão, o monitoramento é feito com base em dados coletivos coletados em aglomerados a partir de 30 mil pessoas."[136] Medidas parecidas também foram noticiadas no Rio de Janeiro.[137]

Após o anúncio das medidas adotadas pelos governos estaduais, a União também se mobilizou, pelo Ministério da Ciência, Tecnologia, Inovações e Comunicações (MCTIC), que se uniu às quatro operadoras citadas, incluindo ainda uma quinta (Algar Telecom), para que, a partir das informações de suas torres de transmissão, que podem identificar a movimentação das pessoas, seja realizado o monitoramento de dados de 220 milhões de aparelhos móveis[138], a partir de dados que, segundo informaram "estão uma camada acima dos dados pessoais".[139] Seriam dados anonimizados, portanto.[140]

A fim de evitar o *profiling*, a conjugação da privacidade com a proteção de dados pessoais se manifesta na chamada *privacy by design,* que se impõe aos agentes de tratamento, incluindo projetos concebidos internamente, o desenvolvimento de produtos e de serviços desde sua concepção (conforme indicado pela lei), o desenvolvimento de *software,* etc. Isso significa, em termos pragmáticos, que o departamento responsável pela tecnologia responsável pela tecnologia da informação, ou qualquer departamento que processe dados pessoais nas rotinas

---

136. Para mais detalhes: https://www.saopaulo.sp.gov.br/noticias-coronavirus/governo-de-sp-apresenta--sistema-de-monitoramento-inteligente-contra-coronavirus/. Acesso em: 17 abr. 2020.

137. AMARAL, Bruno do. Coronavírus: TIM e Prefeitura do Rio assinam acordo para coletar dados de deslocamento. *Teletime*, 23 mar. 2020. Disponível em: https://teletime.com.br/23/03/2020/coronavirus-tim-e-prefeitura-do-rio-assinam-acordo-para-coletar-dados-de-deslocamento/. Acesso em: 17 abr. 2020.

138. MAGENTA, Matheus. Coronavírus: governo brasileiro vai monitorar celulares para conter pandemia. *BBC News Brasil*, 3 abr. 2020. Disponível em: https://www.bbc.com/portuguese/brasil-52154128. Acesso em: 17 abr. 2020.

139. ROMANI, Bruno. Uso de dados de localização no combate à covid-19 pode ameaçar privacidade. *O Estado de S. Paulo*, 12 abr. 2020. Disponível em: https://link.estadao.com.br/noticias/cultura-digital,uso-de-dados-de-localizacao-no-combate-a-covid-19-pode-ameacar-privacidade,70003268063. Acesso em: 17 abr. 2020.

140. Define dados anonimizados a LGPD: "Art. 5º. (...) III – dado anonimizado: dado relativo a titular que não possa ser identificado, considerando a utilização de meios técnicos razoáveis e disponíveis na ocasião de seu tratamento."

empresariais da companhia, deve garantir que a privacidade seja incorporada a um sistema durante todo o ciclo do processo.[141]

Não deve ser *confundida* com a *privacy by default* (privacidade por padrão), relacionada a produtos e serviços liberados ao público e cujas configurações de privacidade (mais rígidas) devem ser aplicadas por padronização previamente definida em sistema, isto é, sem nenhuma necessidade de entrada manual de dados por parte do usuário final. Neste caso, quaisquer dados pessoais fornecidos pelo usuário devem ser mantidos somente durante o tempo necessário para fornecer o produto ou o serviço, não se admitindo a extrapolação das finalidades para as quais se procedeu à coleta.[142]

Já o direito ao esquecimento, nesse contexto tecnológico e informacional, seria o direito de impedir que dados de outrora sejam revividos na atualidade, de modo descontextualizado, sendo conferido à pessoa revelar-se tal qual ela é atualmente, em sua realidade existencial, de modo que nem todos os rastros que deixamos em nossa vida devem nos seguir implacavelmente em cada momento da existência.[143]

Livro emblemático que discutiu a intromissão do Estado na esfera existencial das pessoas foi "1984", uma alusão ao futuro, visto que escrito em 1948. O Big Brother descrito por George Orwell ocupa-se de manipular o passado. O ditador orwelliano compreendeu que seu poder somente seria total no dia em que pudesse reescrever o passado a seu favor. Assim, por meio do Ministério da Verdade, estabeleceu funcionários guardiões de arquivos, cuja tarefa consistia em atualizar minuto a minuto o passado e apagar todos os traços que pudessem dificultar o poder hoje, revelando, principalmente, suas prevaricações e alianças em busca do poder. O apagamento seria, inclusive, uma penalidade a que se sujeitavam os supostos traidores do Partido, apagando-se todos os registros históricos, como se jamais tivessem existido.

O esquecimento, na Antiguidade, já foi identificado com a ideia de sanção ou punição, como no instituto da *damnatio memoriae,* destinado aos condena-

---

141. MARTINS, Guilherme Magalhães; FALEIROS JÚNIOR, José Luiz de Moura. Segurança, boas práticas, governança e compliance. In: LIMA, Cíntia Rosa Pereira de (coord.). *Comentários à Lei Geral de Proteção de Dados.* São Paulo: Almedina, 2020. p. 352-353. CAVOUKIAN, Ann; CASTRO, Daniel. Big Data and innovation, setting the record straight: de-identification does work. *The Information Technology & Innovation Foundation,* Ontario, p. 1-18, jun. 2014, p. 1. Disponível em: http:www2.itif. org/2014-big-data-deidendification.pdf. Acesso em: 11.04.2021.

142. MARTINS, Guilherme Magalhães; FALEIROS JÚNIOR, José Luiz de Moura. Segurança, boas práticas, governança e compliance, op. cit., p. 353.

143. COSTA, André Brandão Nery, op. cit., p. 197.

dos por crimes graves em Roma ou, ainda, aos destronados, tidos como "maus imperadores" pela nova ordem constituída.[144]

No entanto, o surgimento da internet no cenário social gerou efeito contrário, no sentido da difusão e a massificação das memórias, possibilitando a construção de uma "memória coletiva". Trata-se, pois, de um ponto de contato que se encontra exatamente no equilíbrio entre o natural avanço das tecnologias da informação e as transformações na forma como o direito ao esquecimento passou a ser exercido.[145]

A Internet não trouxe consigo apenas uma mudança tecnológica, mas alterou a forma de enfrentamento da realidade. Ao posicionar-se como um superlativo meio de difusão, nossos atos já não se circunscrevem, como anteriormente, ao nosso entorno imediato, mas têm consequências dentro e fora do mundo físico. Essa mudança de paradigmas não significa ausência de riscos. Tais riscos, portanto, são potencializados pelo grande aumento da interação social dos sujeitos. O volume, grau e gravidade de colisões de direitos se intensificou com o desenvolvimento da Internet e das tecnologias da informação e da comunicação.[146]

É possível identificar uma tensão quando se torna concreta a possibilidade de dano a um determinado conhecimento comum da sociedade, constante, por exemplo, na preservação da história/memória ou na possibilidade de livre pesquisa social.[147]

Embora defenda claramente o direito ao esquecimento, Stefano Rodotà recomenda, nesse ponto, certa cautela:

> O ponto chave está na relação entre memória individual e memória social. Pode o direito da pessoa de pedir o cancelamento de alguns dados transformar-se em um direito à autorre-

---

144. VARNER, Eric R. *Mutilation and transformation: damnation memoriae* and Roman imperial portraiture. Brill Leiden: Boston, 2004. p. 1: "as sanções legais associadas à *damnatio memoriae* estabeleciam os mecanismos pelos quais um indivíduo era simultaneamente anulado e condenado. Os próprios romanos perceberam que era possível alterar a percepção da posteridade em relação ao passado especialmente pelo registro visual e epigráfico. Sanções aplicadas pelo Senado poderiam determinar a destruição dos monumentos e inscrições comemorando criminosos capitais como *hostes*, ou oficiais inimigos do Estado romano. Como resultado, o nome e o título dos condenados eram removidos de todas as listas oficiais (*fasti*); as imagens (*imagnes*) representando os falecidos eram banidas da exibição em funerais aristocráticos; os livros escritos pelos condenados eram confiscados e queimados; (...) sendo possível, ainda, a proibição do uso contínuo do prenome (*praenomen*)".

145. MARTINS, Guilherme Magalhães. O direito ao esquecimento na Internet, op. cit., p. 67.

146. TOURIÑO, Alejandro. *El derecho al olvido y a la intimidad em Internet*. Madrid: Catarata, 2014. p. 24-25.

147. VIOLA, Mario; DONEDA, Danilo; CÓRDOVA, Yasodara; ITAGIBA, Gabriel. Entre privacidade e liberdade de informação e expressão: existe um direito ao esquecimento no Brasil? In: TEPEDINO, Gustavo; TEIXEIRA, Ana Carolina Brochado; ALMEIDA, Vitor. *O Direito Civil entre o sujeito e a pessoa*: estudos em homenagem ao professor Stefano Rodotà. Belo Horizonte: Fórum, 2016. p. 364.

presentação, a reescrever a própria história, com a eliminação de tudo o que contrasta com a imagem que a pessoa quer ter de si? Assim, o direito ao esquecimento pode perigosamente inclinar-se em direção à falsificação da realidade e tornar-se instrumento para limitar o direito à informação, assim como a livre pesquisa histórica, a necessária transparência que deve acompanhar em primeiro lugar a atividade política. O direito ao esquecimento contra a verdade e a democracia? Ou uma inaceitável tentativa de restaurar uma privacidade desaparecida como norma social, segundo a interessada versão dos novos padrões do mundo que pretendem usar sem limites os dados colhidos?

A Internet deve aprender a esquecer, já se disse, também para fugir ao destino de Funes de Borges, condenado a lembrar tudo. A via de uma memória social seletiva, ligada ao respeito aos direitos fundamentais da pessoa, pode endereçar-se ao equilíbrio necessário ao tempo da grande transformação tecnológica.[148]

O progresso tecnológico, ao trazer uma maior capacidade de memorização e armazenamento de dados, também tem aspectos positivos, seja para as empresas, capazes de seguir, com mais eficiência as tendências do mercado, seja para os indivíduos, que podem lembrar com maior detalhamento momentos importantes das suas vidas.[149]

As memórias e visões de mundo passaram a ser compartilhadas socialmente com o avanço das mídias sociais e não mais podem ser individualmente definidas. Com isso, o esquecimento não pode mais ser concebido apenas como um aspecto inerente à cognição humana. A memória, portanto, não se opõe ao esquecimento, como poder-se-ia supor. A memória, na verdade, pressupõe o esquecimento: qualquer organização da memória é igualmente organização do esquecimento, já que não é possível a memorização sem uma triagem seletiva.[150]

O excesso de informação não é necessariamente positivo: quanto mais informações são adicionadas à memória digital, as lembranças destas acabam confundindo a tomada de decisão humana, sobrecarregando o sujeito com informações de que seria melhor ter esquecido.[151]

Como alerta Luciano Floridi, o risco é de que as diferenças não sejam apagadas, alternativas amalgamadas, o passado constantemente reescrito, e a história reduzida ao perene aqui e agora. Quando a maior parte do nosso conhecimento está nas mãos desta memória sem esquecimento, podemos nos encontrar presos em um presente perpétuo.[152]

---

148. RODOTÀ, Stefano. *Il mondo nella rete*; Quale i diritti, quali i vincoli. Roma: Laterza/la Repubblica, 2019. p. 45.
149. COSTA, André Brandão Nery, op. cit., p. 189.
150. OST, François. *O tempo do direito*. Tradução de Élcio Fernandes. Bauru: EDUSC, 2005. p. 60.
151. MAYER-SCHÖNBERGER, Viktor. *Delete* ; the virtue of forgetting in the Digital age. New Jersey: Princeton University Press, 2009. p. 164.
152. FLORIDI, Luciano. *The 4th Revolution*, op. cit., p. 18.

Uma pesquisa inglesa realizada com 18 vítimas mostra que a divulgação indevida de dados pessoais, de natureza existencial, causa múltiplos problemas de saúde mental, de forma similar à violência sexual.[153] A doutrina remete a hipóteses extremas em que adultos chegaram a cometer suicídio como resultado da publicação online de conteúdos a seu respeito, seja após a invasão e divulgação indevida de movimentos no site Ashley Madison, após sofrerem chantagem, seja no caso da adolescente canadense, Amanda Todd, que igualmente atentou contra a própria vida depois de ser repetidamente atacada, iludida e vitimizada online depois de ter tido uma fotografia íntima repetidamente publicada.[154]

O mundo e o espaço digital surgem como um armazenamento contínuo e inesgotável de dados, numa nova forma de voyeurismo e memória perene que, como alerta Catarina Santos Botelho, não se adequa à nossa condição humana. A neurologia, na visão da autora portuguesa, ensina-nos que a principal função do nosso cérebro é esquecer tudo aquilo que é supérfluo e filtrar conteúdos que nos prejudicam emocionalmente.[155]

O passado, nossas memórias, nossos esquecimentos voluntários, não só nos dizem quem somos, como também nos permitem projetar o futuro; isto é, nos dizem quem poderemos ser. O passado contém o acervo de dados, o único que possuímos, o tesouro que nos permite traçar linhas através dele, atravessando, rumo ao futuro, o efêmero presente em que vivemos.[156]

O desenvolvimento tecnológico alterou radicalmente o equilíbrio entre lembrança e esquecimento, visto que a regra, hoje, é a recordação dos fatos ocorridos, enquanto esquecer se tornou a exceção; para Viktor Mayer-Schönberger, *"em virtude das tecnologias digitais, a habilidade da sociedade de esquecer foi reprimida, sendo permutada pela memória perfeita"*.[157]

Com o barateamento das tecnologias de armazenamento, a manutenção das informações digitais torna-se mais econômica do que o tempo necessário para selecionar o que será apagado.[158] As tecnologias implicam, portanto, uma perda na capacidade de controlar a própria identidade, de realizar escolhas de estilo de vida e mesmo começar de novo e superar os fatos pregressos, afetando, portanto, a autodeterminação informativa.

---

153. LIMA, Átila Pereira. O direito ao esquecimento na era da sociedade da informação. In: LONGHI, João Victor Rozatti; FALEIROS JÚNIOR, José Luiz de Moura. *Estudos essenciais de direito digital.* Uberlândia: LAECC, 2019. p. 47.
154. LAMBERT, Paul. *The Right to Be Forgotten;* Interpretation and Practice. London: Bloomsbury Professional, 2019. p. 71-72.
155. BOTELHO, Catarina Santos. "Novo ou velho direito", op. cit., p. 53.
156. IZQUIERDO, Ivan. Memória. 3. ed. São Paulo: Artmed, 2018. p. 01.
157. MAYER-SCHÖNBERGER, Viktor. *Delete,* op. cit., p. 187.
158. MAYER-SCHÖNBERGER, Viktor. *Delete,* op. cit., p. 02.

Embora todos os usuários da Internet contribuam para a geração e armazenamento de mais e mais informações acerca das suas ações *online,* isso não corresponde necessariamente a um benefício a partir da informação gerada. Embora os grandes impérios da comunicação anunciem uma navegação cada vez mais personalizada e eficiente, sobretudo em relação aos motores de busca, os usuários da Internet são destinados a esquecer suas experiências, enquanto as empresas cuidadosamente monitoram todas essas informações para oferecer publicidade e para a criação de perfis direcionados ao público. Em outras palavras, as marcas se lembram daquilo que os usuários esquecem.[159]

O direito ao esquecimento se apresenta como uma espécie de garantia fundamental que visa remediar os inconvenientes e prejuízos gerados pela enorme multiplicação de dados pessoais que passam a alimentar bancos de armazenamento e processamento fora do controle dos cidadãos, o que, na última instância, supõe uma exigência em face do Estado social e democrático de Direito, que deve adequar seus pressupostos estruturais à mudança de modelo significada pelo *Big Data.*[160]

O direito ao esquecimento, enquanto garantia da autodeterminação informativa, insere-se no controle temporal de dados, "que demanda uma proteção das escolhas pessoais após certo período de tempo, em que o indivíduo já não mais pretende ser lembrado, rememorado por dados passados".[161]

---

159. SERRALBO, Javier Aranda. *Right to oblivion;* a way to get to know ourselves and share the knowledge. London, 2012 (*e-book*). p. 182.

160. LÓPEZ, Marina Sancho. *Derecho al olvido y Big Data* dos realidades convergentes. Valencia: Tirant lo Blanch, 2020 (*e-book*). p. 18-19.

161. BUCAR, Daniel. Controle temporal de dados: o direito ao esquecimento. *Civilística.* Revista Eletrônica de Direito Civil. Ano 2, n. 3, 2013. Disponível em: <www.civilistica.com>. Acesso em: 23.10.2013. p. 09. Nas palavras do autor, que se refere às características humanas de memória e esquecimento, "basta lembrar as disposições inseridas nos artigos 43, parágrafo primeiro do Código de Defesa do Consumidor e artigo 748 do Código de Processo Penal, que acolhem, em certa medida, o controle temporal dos dados pessoais. Enquanto o CDC determina a supressão de registros pessoais após o transcurso de certo período da situação devedora, o CPP restringe o acesso às informações sobre o cumprimento de pena pelo condenado, após este já a ter observado.
Em termos mais amplos, o direito ao esquecimento permite que a pessoa, no âmbito da concretização de sua plena autodeterminação informativa, exerça o controle da circulação de seus dados após determinado período, mediante supressão ou restrição, ainda que estes tenham por conteúdo informações passadas e verídicas acerca do interessado.
Contudo (...), há situações em que o controle temporal cede espaço a outros interesses, que permitem o tratamento atual de dados passados, ainda que haja manifestação de recusa (ou ausência de consentimento) por parte do indivíduo atingido. São duas, a propósito, as hipóteses que possibilitam o tratamento não desejado: (a) a presença de valor existencial de igual ou superior relevância ao do interessado e (b) tratamento dos dados com conteúdo histórico, cuja divulgação encontra-se inserida em uma das vertentes da liberdade de expressão.
Na hipótese de haver, por exemplo, a vida de terceiros em perigo, quer parecer que não há como se concluir de maneira diversa: poderá ocorrer o tratamento dos dados passíveis de esquecimento, de

A adequada compreensão do tema exige que o intérprete avalie a relação estabelecida entre as memórias individual e coletiva, ou melhor, pondere dois interesses: a preservação da memória coletiva e a pretensão individual ao esquecimento.[162]

Para Ingo Sarlet, se fala em um processo de esquecimento social, que se reflete no plano individual, mas que se dá pela eventual supressão de determinadas informações e em dificultar o acesso às mesmas. Tais aspectos, por sua vez, guardam relação com o problema do conteúdo, dos limites e dos modos de efetivação do direito ao esquecimento.[163]

A ideia de que os fatos devem ter um tempo de apreciação é algo já conhecido pelo ordenamento jurídico. Os institutos da prescrição, da decadência, da *supressio,* estes em matéria de situações jurídicas patrimoniais, e, no campo penal, a reabilitação criminal e o direito ao sigilo quanto à folha de antecedentes, relativo àqueles que já cumpriram pena, são exemplificativos de que existe um tempo em que os fatos devem ser lembrados para produzir efeitos jurídicos e, a partir de um certo momento, deixam de sê-lo.[164]

A grande maioria dos julgados sobre direito ao esquecimento leva em conta fatos ocorridos no passado, que não podem permanecer ecoando indefinidamente e obrigando as pessoas envolvidas a se depararem com tais veiculações, mesmo depois de passado longo tempo. No entanto, a medida do tempo é variável caso a caso, havendo termos como "eterno", "eternamente" e "tempo indeterminado", frequentemente usados nas decisões jurisprudenciais, que muitas vezes não levam em conta a veracidade do fato, ou seja, o fato pode ser até verdadeiro, mas de alguma forma desabonador à pessoa humana.[165]

Francis Ost, na belíssima obra *O Tempo e o Direito,* considera que o que viabiliza o esquecer é o perdão, pois somente perdoando é possível reconstruir o que ficou:

---

modo que seja preservada a vida humana. Exemplo claro nesse sentido é a revelação de dados sanitários de um ascendente da pessoa, sem o consentimento desta, mantidos em prontuários médicos da rede hospitalar, cujas informações possam efetivamente auxiliar no tratamento de uma enfermidade que acometa a um descendente. Tal conclusão decorre da opção do ordenamento jurídico pela dignidade da pessoa humana como seu pilar (art. 1º, III, CR), cuja plena aplicação requer a existência da pessoa como ser biológico vivo".

162. TEFFÉ, Chiara; BARLETTA, Fabiana, op. cit., p. 265.

163. SARLET, Ingo Wolfgang. Notas acerca do direito ao esquecimento na jurisprudência do Superior Tribunal de Justiça. In: LISBOA, Roberto Senise. *O Direito na Sociedade da Informação.* Vol. V. São Paulo: Almedina, 2020. p. 70.

164. LIMBERGER, Temis. *Cibertransparência;* informação pública em rede. Porto Alegre: Livraria do Advogado, 2016. p. 65-66.

165. CARELLO, Clarissa Pereira. *Direito ao esquecimento;* parâmetros jurisprudenciais. Curitiba: Appris, 2019. p. 150.

"O esquecimento, como a memória, exige, pois, ser revisitado, selecionado, ultrapassado, superado, subsumido num tempo em que não se reduz somente à declinação do passado. Ei-nos na terceira etapa, que virá nos conduzir ao limiar do perdão, um perdão que é simultaneamente amnésia e remissão: ato de memória e aposta no futuro. Sem dúvida, um perdão desse tipo é um tanto sublime demais para ser jurídico integralmente; admitamos que ele estava ligeiramente para além do direito, assim como todo esquecimento estaria frequentemente além de suas virtualidades."[166]

Heidegger, em *Ser e Tempo*, aponta a temporalidade como pressuposto da cura:

"A temporalidade possibilita a unidade de existência, faticidade e decadência, constituindo, assim, originariamente, a totalidade da estrutura da cura. Os momentos da cura não podem ser ajuntados, somando os pedaços, bem como a própria temporalidade não pode se conjugar 'com o tempo', ajuntando porvir, vigor de ter sido e atualidade. A temporalidade não é, de forma alguma, um ente. Ela nem é. Ela se temporabiliza."[167]

Stefano Rodotà, defende que algumas categorias de informações devem ser destruídas, ou conservadas somente em forma agregada e anônima, uma vez que tenha sido atingida a finalidade para a qual foram coletadas ou depois de transcorrido um determinado lapso de tempo, evitando-se que cada um seja implacavelmente perseguido por qualquer rastro que tenha deixado ao longo da sua vida.[168]

---

166. OST, Francis. *O direito e o tempo*, op. cit., p. 145.
167. HEIDEGGER, Martin. *Ser e tempo*. 10. ed. Tradução de Márcia Sá Cavalcante. Petrópolis: Vozes, 2006. p. 413.
168. RODOTÀ, Stefano. *A vida na sociedade da vigilância*, op. cit., p. 134-135. Lado a lado com o direito ao esquecimento, o autor propõe outras direções para os novos problemas a serem considerados quando se entra na dimensão das *Tellecommunications-Related Personal Information*: "1- o 'direito de oposição' a determinadas formas de coleta e circulação das informações pessoais, pondo-se ao lado de iniciativas individuais também a de ações coletivas; II- o 'direito de não-saber', que pode ser considerado como uma especificação do direito de oposição. O direito de não saber, originariamente, foi analisado sobretudo com relação aos dados sobre a saúde, cujo conhecimento pode provocar traumas até mesmo profundos (pense-se, em particular, nas informações genéticas, portadoras em alguns casos de um destino). Mas o 'não saber' pode ser estendido também a todas aquelas formas de *direct marketing* que consistem justamente na invasão da esfera privada de um indivíduo com informações que ele não deseja.; III- deve-se tornar mais claro e pertinente o princípio da finalidade, que condiciona a legitimidade da coleta das informações pessoais à comunicação preventiva ao interessado sobre como serão usadas as informações coletadas; e que, para algumas categorias de dados especialmente sensíveis, como as informações genéticas, estabelece que a única finalidade admissível é o interesse da pessoa considerada. A importância desse princípio, a ser acompanhada da previsão de sanções civis e penais severas, é evidenciada pela simples constatação de que os dados coletados para a assinatura de um jornal ou, ainda, para a fatura dos serviços fornecidos por uma televisão *pay per view* podem ser utilizados para fornecer perfis individuais e de grupo a serem vendidos no mercado".

Otávio Rodrigues Júnior, em artigo com densa fundamentação histórica, defende a existência de três fases do desenvolvimento do direito ao esquecimento no Brasil. A primeira fase pode ser situada a partir de 1993, quando a doutrina nacional já se ocupava do tema, como uma figura parcelar do direito da personalidade à vida privada, encontrando-se em causa o direito à reabilitação e o "direito a estar só". Em um segundo momento, ganhou importância a duração dos registros pessoais nos cadastros de inadimplência ou de restrição creditícia, a partir da norma do artigo 43, § 1º, 2ª parte, do Código de Defesa do Consumidor, que limita a cinco anos o prazo de armazenamento das informações cadastrais. Em uma terceira fase, marcada pela discussão do tema no Superior Tribunal de Justiça, o direito ao esquecimento coloca-se em duas importantes vertentes: a) a difusão de informações sobre indivíduos em plataformas comunicativas tradicionais (televisão); b) a propagação de informações na Internet.[169]

Acompanhando a segunda fase do direito ao esquecimento, René Ariel Dotti o identifica com a garantia constitucional do *habeas data* (Constituição da República, artigo 5º, LXXVII, e artigo 8º, Lei 9.507/97), sob o ponto de vista do conhecimento da informação da pessoa a seu respeito, constante de banco de dados manejado por entidades governamentais ou de caráter público ou, ainda, sob o ponto de vista do cancelamento dos dados.[170]

O direito europeu, de um lado, e o direito norte-americano, do outro, manifestam posições diametralmente opostas acerca do problema.

Na Europa, as raízes intelectuais para o direito ao esquecimento podem ser encontradas no direito francês, que reconhece *le droit à l'oubli* – ou o direito ao esquecimento –, permitindo que um criminoso condenado, que já cumpriu sua pena e está reabilitado, possa se opor *à* publicação de fatos da sua condenação e encarceramento. Na América, em contraste, a publicação do histórico criminal das pessoas está protegida pela Primeira Emenda.[171]

Os danos provocados pelas novas tecnologias de informação vêm se acumulando, como no caso da apresentadora Maria das Graças Xuxa Meneghel, julgado pelo Superior Tribunal de Justiça, que, após anos de disputa judicial contra o Google do Brasil Internet Ltda. (REsp 1.316.921-RJ, 3ª T., rel. Min. Fátima Nancy Andrighi, DJ 29.6.2012), isentou de responsabilidade o provedor de pesquisa

---

169. RODRIGUES JR., Otávio Luiz. Direito ao esquecimento e as suas fronteiras atuais no Brasil e na experiência estrangeira. In: FORGIONI, Paula A.; DEL NERO, Patrícia Aurélio; DEZEM, Renata Mota Maciel; MARQUES, Samantha Ribeiro Meyer-Pflug. *Direito empresarial, Direito do espaço virtual e outros desafios do direito;* homenagem ao professor Newton De Lucca. São Paulo: Quartier Latin, 2018. p. 949-950.

170. DOTTI, René Ariel. O direito ao esquecimento e a proteção do *habeas data*, op. cit., p. 315-317.

171. ROSEN, op. cit., p. 88.

da ré, não obstante se tratar de caso de responsabilidade objetiva, regulado pelo artigo 12 do Código de Defesa do Consumidor.

Tendo em vista essa problemática, o Conselho da Justiça Federal, na VI Jornada de Direito Civil, realizada em março de 2013, aprovou o enunciado 531, cuja proposta coube a este pesquisador:

> Artigo 11: A tutela da imagem e da honra da pessoa humana na Internet pressupõem o direito ao esquecimento, tendo em vista o ambiente da rede mundial de computadores, cujos meios de comunicação potencializam o surgimento de novos danos.

O enunciado em questão constitui um indicativo da interpretação que deve ser conferida ao artigo 11 do Código Civil, assim redigido: "Com exceção dos casos previstos em lei, os direitos da personalidade são intransmissíveis e irrenunciáveis, não podendo o seu exercício sofrer limitação voluntária".[172]

No entanto, parte da doutrina critica o enunciado, pelo fato de não especificar ou não delimitar o alcance do direito ao esquecimento, não definir claramente quais seriam seus elementos, não apontar suas exceções, limitando-se a apontar que tal direito não confere a um indivíduo a prerrogativa de apagar fatos ou reescrever a própria história.[173]

Mas o argumento de que a liberdade é a regra e qualquer exceção deve vir por norma expressa cede ante a constatação de que a liberdade de expressão[174] não ocupa patamar superior em face de qualquer outro aspecto existencial ligado ao livre desenvolvimento da pessoa humana, em especial sua dignidade.[175] A liberdade, numa Internet que deixou de ser a pura manifestação de uma "cibe-

---

172. SILVA, Roberto Baptista Dias da; PASSOS, Ana Beatriz Guimarães. Entre lembrança e olvido, op. cit., p. 405.

173. MONCAU, Luiz Fernando Marrey, op. cit., p. 36.

174. A doutrina diferencia a liberdade de informação e de expressão. Para Luis Roberto Barroso, "a primeira diz respeito ao direito individual de comunicar livremente fatos e ao direito difuso de ser deles informado; a liberdade de expressão, por seu turno, destina-se a tutelar o direito de externar ideias, opiniões, juízos de valor, em suma, qualquer manifestação do pensamento humano (...). É fora de dúvida que a liberdade de informação se insere na liberdade de expressão em sentido amplo, mas a distinção parece útil por conta de um inegável interesse prático, relacionado com os diferentes requisitos exigíveis de cada uma das modalidades e suas possíveis limitações. A informação não pode prescindir da verdade – ainda que uma verdade subjetiva e apenas possível (...) – pela circunstancia de que é isso que as pessoas legitimamente supõem estar conhecendo ao buscá-la. Decerto, não se cogita desse requisito quando se cuida de manifestações da liberdade de expressão. De qualquer forma, a distinção deve pautar-se por um critério de prevalência: haverá exercício do direito de informação quando a finalidade da manifestação for a comunicação de fatos noticiáveis, cuja caracterização vai repousar sobretudo no critério da sua veracidade". BARROSO, Luis Roberto, Liberdade de expressão, op. cit., p. 80-81.

175. Convém lembrar do Enunciado 613, aprovado na VIII Jornada de Direito Civil do Conselho da Justiça Federal relativo ao Art. 12 do Código Civil: "A liberdade de expressão não goza de posição preferencial em relação aos direitos da personalidade no ordenamento jurídico brasileiro".

ranarquia", se torna, na realidade, a liberdade dos impérios da comunicação que cada vez mais dominam a informação que circula na rede.

Reforçando a necessidade de um equilíbrio entre os direitos fundamentais em questão, a Lei de Acesso à Informação, Lei 12.527, de 18.11.2011, estabelece, no seu artigo 31, que "o tratamento das informações pessoais deve ser feito de forma transparente e com respeito à intimidade, vida privada, honra e imagem das pessoas, bem como às liberdades e garantias individuais".

Mais tarde, na VII Jornada de Direito Civil, realizada em 2015, o Conselho da Justiça Federal aprovou o enunciado 576: "o direito ao esquecimento pode ser assegurado por tutela judicial inibitória". Segundo a fundamentação do enunciado,

> a compensação financeira apenas ameniza o abalo moral, e o direito de resposta proporcional ao agravo sofrido também é incapaz de restaurar o bem jurídico violado, visto ser impossível restituir o *status quo*. Como afirma Marinoni, é dever do juiz encontrar, dentro de uma moldura, a técnica processual idônea à proteção do direito material, de modo a assegurar o direito fundamental a uma tutela jurisdicional efetiva (art. 5°, XXXV, CF/88). Disso se conclui que não se pode sonegar a tutela judicial inibitória para resguardar direitos dessa natureza, pois nenhuma outra é capaz de assegurá-los de maneira tão eficiente.

Na seção relativa ao julgamento das ações relativas às prestações de fazer, de não fazer e de entregar coisa, o Código de Processo Civil, no seu artigo 497, parágrafo único, seguindo a mesma teleologia do enunciado acima, e desvinculando-se da ideia de responsabilidade subjetiva, enuncia que, "para a concessão da tutela específica destinada a inibir a prática, a reiteração ou a continuação de um ilícito, ou a sua remoção, é irrelevante a demonstração da ocorrência de dano ou da existência de culpa ou dolo".

A Comunicação da Comissão ao Parlamento Europeu, ao Conselho, ao Comitê Econômico e Social Europeu e ao Comitê das Regiões, intitulada *Proteção da privacidade num mundo interligado; um quadro europeu para o Século XXI*, ao expor os maiores desafios atuais para a proteção de dados, refere-se ao seguinte caso, ocorrido com um estudante austríaco em relação à sua conta na rede social Facebook:

> Um estudante europeu, membro de uma rede social em linha, decide solicitar o acesso a todos os dados pessoais que o referido serviço detém sobre si. Ao fazê-lo, apercebe-se que a rede social recolhe muito mais dados do que pensava e que alguns dados pessoais que julgou terem sido apagados ainda estavam conservados.
>
> A reforma das regras da UE no futuro em matéria de proteção de dados garantirá que esta situação não se volte a repetir no futuro, ao introduzir:
>
> – uma condição explícita que obriga as redes sociais em linha (e todos os outros responsáveis pelo tratamento de dados) a limitarem ao mínimo o volume de dados pessoais dos utilizadores que recolhem e tratam;

– uma obrigação explícita de que os responsáveis pelo tratamento de dados apaguem os dados pessoais de uma pessoa quando esta o solicitar expressamente e se não existir qualquer outra razão legítima para os conservar.[176]

Os reguladores europeus acreditam que todos os cidadãos enfrentam a dificuldade de escapar de seu passado agora que a internet guarda tudo e não esquece de nada – uma dificuldade que costumava ser apenas de criminosos condenados.

Pode ser assim sintetizado o *núcleo duro* do direito de ser esquecido: se um indivíduo *não deseja mais que seus dados pessoais sejam processados ou salvos por um controle de dados, e se não tiver nenhuma razão legítima para mantê-los, os dados devem ser removidos do sistema.*[177]

Além disso, a Comissária Europeia para a Justiça, Direitos Fundamentais e Cidadania, Viviane Reding, afirma que "é claro que o direito ao esquecimento não pode o direito de apagar toda a história". Nessa linha, propõe uma definição mais restrita dos dados que podem ser removidos, abrangendo apenas aqueles fornecidos pelos próprios titulares.[178]

Com tal pronunciamento, garantiu-se o direito à exclusão de dados a todos os cidadãos, invertendo o ônus da prova em desfavor dos gerenciadores da informação, de modo que a estes passaria a incumbência de comprovar a necessidade de manutenção dos dados específicos.[179]

Para outros, no entanto, somente os poderosos irão se beneficiar desse novo direito, que irá enfraquecer nossas fundações democráticas e levar a uma perigosa reescrita da história.[180]

Em consulta encomendada pela empresa Globo Participações S.A., o professor Daniel Sarmento elaborou longo parecer intitulado "liberdades comunicativas e 'direito ao esquecimento' na ordem constitucional brasileira", no qual conclui que

---

176. COMUNICAÇÃO da Comissão ao Parlamento Europeu, ao Conselho, ao Comitê Econômico e Social Europeu e ao Comitê das Regiões: proteção da privacidade num mundo interligado; *um quadro europeu de proteção de dados para o século XXI./COM/2012/09 final.* In: http://www.eur-lex.europa.eu/LexUriServ. Acesso em: 02.05.2020.

177. Para Nietzsche, "eis a utilidade do esquecimento, ativo (...) espécie de guardião de porta, de zelador da ordem psíquica, da paz, da etiqueta; com o que logo se vê que não poderia haver felicidade, jovialidade, esperança, orgulho, presente, sem o esquecimento". NIETZSCHE, Friedrich. *Genealogia da moral*: uma polêmica. São Paulo: Companhia das Letras, 1998. p. 47-48.

178. REDING, Vivian. Speech/12/26, The EU Data Protection Reform 2012: Making Europe the Standard Setter For Modern Data Protection Rules in the Digital Age (speech before Innovation Conference Digital, Life, Design, Munich, jan. 22 2012). In: http://europa.eu/rapid/press-release_SPEECH-12-26_en.htm. Acesso em: 02.05.2020.

179. MALDONADO, Viviane Nóbrega, op. cit., p. 100.

180. STEPHENS, Mark. Only the powerful will benefit from the 'right to be forgotten'. In: https://www.theguardian.com/commentisfree/2014/may/18/powerful-benefit-right-to-be-forgotten. Acesso em: 02.05.2020.

parecem evidentes os riscos de autoritarismo envolvidos na atribuição a agentes estatais – ainda que juízes – do poder de definirem o que pode e o que não pode ser recordado pela sociedade. O reconhecimento de um suposto direito de não ser lembrado, por fatos desabonadores ou desagradáveis do passado, se afigura francamente incompatível com um sistema constitucional democrático, como o brasileiro, que valoriza tanto as liberdades de informação, comunicação e imprensa, preza a História e cultiva a memória coletiva.

Pior: diante da cultura censória que ainda viceja no Poder Judiciário brasileiro, à revelia da Constituição e da firme jurisprudência do STF – e da forte assimetria que caracteriza as nossas relações sociais, o 'direito ao esquecimento' tem tudo para se transformar no remédio jurídico para políticos, autoridades públicas e poderosos de todo tipo 'limparem a sua ficha', apagando registros de episódios pouco edificantes ou impondo mordaças aos críticos e meios de comunicação.[181]

Admite o autor, no entanto, a possibilidade de ser admitido um campo residual ao direito ao esquecimento, no campo do direito à proteção de dados pessoais, em casos que não envolvam interesse público.[182]

Acerca do caráter preferencial das liberdades comunicativas, reconhecido nos tribunais dos Estados Unidos, considerando-se que as principais empresas de tecnologia da informação e de Internet são norte-americanas, não é inadequado, segundo observa Otávio Rodrigues Junior, supor que haja uma estratégia econômica e de política industrial tendente a impedir a expansão do direito ao esquecimento.[183]

O que infelizmente ocorre, em muitos casos, é a opção por um viés sensacionalista que não justifica – à luz do sopesamento dos valores envolvidos – a prevalência do direito à liberdade em toda e qualquer hipótese em que ocorrer a antinomia entre tal direito e outros direitos da personaliade, como o direito ao esquecimento, a privacidade, a proteção de dados pessoais, a identidade pessoal, a honra ou a imagem, até porque o sistema brasileiro parte de uma matriz europeia e não constitui mera cópia do sistema jurídico norte-americano, que embora mereça todo o respeito, segue construção histórica distinta, o que ajuda a compreender o debate que ocorre na Internet, com um predomínio em favor da liberdade absoluta.[184]

---

181. SARMENTO, Daniel. Liberdades comunicativas e "Direito ao esquecimento" na ordem constitucional brasileira. *Revista Brasileira de Direito Civil*. Rio de Janeiro, v. 7, jan./mar. 2016. p. 193.

182. SARMENTO, Daniel. Liberdades comunicativas e "Direito ao esquecimento" na ordem constitucional brasileira, op. cit., p. 193.

183. RODRIGUES JR., Otávio. Esquecimento de um direito ou o preço da coerência retrospectiva? Parte 3. *Consultor Jurídico*. São Paulo, 10 de março de 2021. Disponível em: https://www.conjur.com.br/2021-mar-10/direito-comparado-esquecimento-direito-ou-preco-coerencia-parte. Acesso em: 17.07.2021. p. 03.

184. MORATO, Antonio Carlos; DE CICCO, Maria Cristina de. Direito ao esquecimento: luzes e sombras. In: SILVEIRA, Renato de Mello Jorge; GOMES, Mariângela Gama de Magalhães (organizadores) *Estudos em homenagem a Ivette Senise Ferreira*. São Paulo: LiberArs, 2015. p. 80-81.

Capítulo 2
MODALIDADES DE EXERCÍCIO DO DIREITO AO ESQUECIMENTO. CRÍTICAS AO DIREITO AO ESQUECIMENTO

Segundo observa Bert-Jaap Koops, ao prever uma primeira taxinomia, o direito ao esquecimento pode se manifestar de três diferentes maneiras: a) o direito a ter deletada a informação após certo período de tempo; b) o direito a "recomeçar do zero" (*clean state*); c) o direito a estar conectado unicamente com o presente.[1] Nem sempre atende aos interesses sociais e políticos dos impérios da comunicação criar uma neblina em torno dos usuários, por meio de institutos como o direito ao esquecimento, buscando o sistema, em contrapartida, uma arquitetura de abertura, obrigando os titulares de dados pessoais a fornecer cada vez mais informações acerca de si mesmos.[2]

Trata-se , acima de tudo, de um instituto anti-discriminatório [3], marcado pela busca da igualdade, que consiste em nada mais do que valorizar e promover as diferenças que dão cores e formas distintas e plurais ao mundo. [4]

Nem a memória individual nem a história coletiva podem estar em jogo quando a Internet depure informações pessoais relativas a indivíduos que não tenham nem pretendam gozar de interesse público algum. A condição de uso da Internet não pode ser a publicidade universal de qualquer ato que nela se verifique.

---

1. KOOPS, Bert-Jaap. Forgetting footprints, shunning shadows. A critical analysis of the "Right to be Forgotten" in Big Data practice. *8:3 SCRIPTed* 229(2011) http://scripted.org/?p=43. In: https://papers.ssrn.com/sol3/papers.cfm?abstract_id=1986719. Acesso em: 08 jun. 2020.
2. MARICHAL, Jose. *Facebook democracy*: the architecture of disclosure and the threat to public life. Londres: Routledge, 2012. p. 02.
3. LUNDGREN, Björn. An unrealistic and undesirable alternative to the right to be forgotten. *Telllecommunications Policcy*., v. 47(2023). Disponível em: < https://www.sciencedirect.com/science/article/pii/S0308596122001483 > Acesso em : 02 fev. 2025
4. MARTINS, Guilherme Magalhães; MUCELIN, Guilherme. Novo *status subjectionis* e princípio da antidiscriminação digital: uma abordagem a partir do constitucionalismo digital e da proteção do consumidor-cidadão. In: BENJAMIN, Antonio Herman de Vasconcelos e; MARQUES, Claudia Lima; MARTINS, Fernando Rodrigues. *Comércio eletrônico e proteção digital do consumidor*. Indaiatuba: Foco, 2024. p. 69.

A Internet é um grande instrumento contemporâneo de que se serve a sociedade para engrandecer suas capacidades de informação e conhecimento, mas não um espaço que oprima o indivíduo, impedindo-o de rever seus próprios dados, atualizar sua própria história e reafirmar sua identidade conforme o requeira o passar do tempo.[5]

Motores de busca e outros instrumentos facilitam enormemente a vidas dos seus usuários, ao permitir o acesso à informação em um oceano quase infindável de dados, que se converteram em uma espécie de catálogo universal, no qual o nome de cada pessoa corresponde a um conjunto de notícias e ocorrências que acaba por defini-la perante a sociedade.

As pessoas são cotidianamente avaliadas pelos resultados dos motores de busca, seja marcando um relacionamento, ou até a concessão de crédito ou de emprego, sendo que o modo como tais dados são classificados, selecionados e organizados permanece, em regra, imune ao controle e ao conhecimento do público.

O sigilo é defendido com base em diversas razões, desde o segredo industrial até a preservação da liberdade de expressão na Internet. Nesse processo, um dos efeitos colaterais mais frequentes – resultante da própria perenidade das informações na Internet – é a retratação desatualizada do indivíduo, que pode passar a ser visto pela sociedade com base em um fato ou característica pretérita que sua própria trajetória de vida já tenha, há muito, superado.[6]

As pessoas não podem ser reduzidas ao seu passado; mais do que o mero apagamento, o direito ao esquecimento significa fazer com que se deixe de trazer de volta fatos do passado. Uma memória pode ser de rancor, vingança ou depreciação, e, graças ao seu "efeito de eternidade", a Internet preserva más memórias, erros passados, escritos, fotos ou vídeos que gostaríamos de posteriormente negar.[7]

O "efeito de eternidade" da memória eletrônica pode ser combinado com a eficiência dos motores de busca de trazer à superfície a mais inócua informação,

---

5. RALLO, Artemi. *El derecho al olvido en Internet;* Google *versus* España. Madrid: Centro de Estudios Politicos Constitucionales, 2014. p. 27. MANTELLERO, Alessandro. The EU Proposal for a General Data Protection Regulation and the roots of the ´right to be forgotten´. *Computer Law & Security Review.* v.29, june 2013, p.229-235

6. SCHREIBER, Anderson. Prefácio. In: COELHO, Júlia Costa de Oliveira. *Direito ao esquecimento e seus mecanismos de tutela na Internet.* Foco: Indaiatuba, 2020. p. V.

7. TERWAGNE, Cécile de. The right to be Forgotten and Informational Autonomy in the Digital Environment. In: GHEZZI, Alessia; PEREIRA, Ângela Guimarães; VESNIĆ-ALUJEVIĆ, Lucia. *The Ethics of Memory in a Digital Age;* Interrogating the Right to Be Forgotten. London: Palgrave Macmillan, 2014, p. 83 (*e-book*).

CAPÍTULO 2 • MODALIDADES DE EXERCÍCIO DO DIREITO AO ESQUECIMENTO

separada do seu contexto inicial, posteriormente unida a todas as peças para oferecer um retrato quase sempre heterogêneo, com resultados altamente danosos.[8]

O direito ao esquecimento possui uma conexão com a dignidade da pessoa humana e o direito geral da personalidade, podendo ser designado como um direito a se reinventar ou a um recomeço, ou seja, a possibilidade de reformatar (reconstruir) a trajetória existencial pessoal (individual) e social, livre de determinadas amarras provocadas pela confrontação direta e permanente no tempo com aspectos relativos à memória (passado).[9]

A doutrina situa o direito ao esquecimento como um direito (a) exercido necessariamente por uma pessoa humana; (b) em face de agentes públicos que tenham a aptidão fática de promover representações daquela pessoa sobre a esfera pública (opinião social), incluindo veículos de imprensa, emissoras de TV, fornecedores de serviços de busca na Internet etc.; (c) em oposição a uma recordação opressiva dos fatos, assim entendida a recordação que se caracteriza, a um só tempo, por ser desatual e recair sobre aspecto sensível da personalidade, comprometendo a plena realização da identidade daquela pessoa humana, ao apresentá-la sob falsas luzes à sociedade.[10]

O direito ao esquecimento, ensina Ingo Sarlet, pressupõe a necessidade de reconhecimento e proteção em face do Estado e de terceiros no plano social ampliado – de não sofrer permanentemente e de modo indeterminado as repercussões normalmente negativas associadas a fatos do passado, algo essencial tanto para uma vida saudável pessoal, do ponto de vista físico e psíquico, como para uma integração social do indivíduo.[11]

Seria o caso, por exemplo, da pessoa transexual: tendo mudado de sexo, aquela pessoa não pode mais ser apresentada, seja pelo Estado, seja pela mídia

---

8. TERWAGNE, Cécile de. The right to be Forgotten and Informational Autonomy in the Digital Environment, op. cit., p. 84. Prossegue a autora: "Problemas podem se seguir daquilo que nós uma vez pessoalmente postamos na *web*. Aquilo que você concordou em divulgar para certos destinatários porque eles pertencem a um dado círculo (amigos, família, membros de um grupo de interesses...), você não necessariamente quer que seja acessível a qualquer um em um contexto diferente. Mas, graças aos motores de busca, tais dados tornam-se acessíveis fora do círculo inicial e você pode sofrer por causa de informações que foram espontaneamente disponibilizadas na etapa anterior. Na verdade, empresas especializadas em administrar 'e-reputação' de pessoas naturais na *web* apareceram, oferecendo operações de limpeza para proteger, manter ou restaurar a integridade moral, imagem ou identidade pessoal de alguém" (tradução livre).

9. SARLET, Ingo Wolfgang. Notas acerca do direito ao esquecimento, op. cit., p. 69.

10. SCHREIBER, Anderson. Direito ao esquecimento. In: SCHREIBER, Anderson; MORAES, Bruno Terra; TEFFÉ, Chiara Spadaccini. *Direito e Mídia;* Tecnologia e liberdade de expressão. São Paulo: Foco: 2020. p. 212.

11. SARLET, Ingo Wolfgang. Notas acerca do assim chamado direito ao esquecimento na jurisprudência do Superior Tribunal de Justiça brasileiro. In: DONEDA, Danilo; MENDES, Laura Schertel; CUEVA, Ricardo Villas Bôas. *Lei Geral de Proteção de Dados*. São Paulo: Revista dos Tribunais, 2020. p. 70.

privada, em reportagens ou entrevistas, como alguém que nasceu homem e se tornou mulher, ou vice-versa, porque, se esse rótulo for constantemente atrelado, àquela pessoa, se esse fato passado, embora verdadeiro e público, for constantemente recordado, a sua apresentação à sociedade será sempre uma apresentação deturpada, por dar excessivo peso a um fato pretérito que a obscurece.[12] Deve ser reconhecido, portanto, o direito do transexual de ter reconhecida sua representação pública de gênero, ultrapassada a representação pelo gênero passado.[13] Outro exemplo significativo se refere ao direito de vítimas de crimes sexuais de não terem exploradas contra si lembranças públicas do crime do qual foram vítimas.

Por um lado, não se pode acolher uma acepção de direito ao esquecimento que, sob a ótica voluntarista, coloque a recordação de fatos pretéritos ao mero sabor do querer de cada indivíduo, o que acabaria por criar *proprietários de passados*.[14]

De outro, não se pode ignorar que a ordem constitucional brasileira, ao atribuir primazia à proteção da pessoa humana, assegura-lhe tutela em face de uma vinculação a fatos pretéritos tão intensa que impeça o indivíduo de exercer plenamente a liberdade de construir suas escolhas, dissociando-se dos rótulos e dos emblemas do passado.

O direito ao esquecimento se insere no campo do direito à identidade pessoal, desenvolvido pela doutrina italiana a partir da década de 1970, abrangendo a relação do nome com os diferentes traços pelos quais a pessoa humana vem representada no meio social. Trata-se de um direito de "ser si mesmo" (*diritto ad essere se stesso*), compreendido como o respeito à imagem da pessoa participante da vida em sociedade, com a aquisição de ideias e experiências pessoais, com as convicções ideológicas, religiosas, morais e sociais que diferenciam e qualificam a pessoa. O direito à identidade pessoal protege a pessoa humana contra esses atos que a coloquem, na expressão italiana, *sob falsa luz* (*sotto falsa luce*), apresentando-a de modo errôneo no meio social.[15]

---

12. SCHREIBER, Anderson. Direito ao esquecimento, In: SCHREIBER, Anderson *et al. Direito e Mídia*, op. cit., p. 213.

13. Segundo a seguinte ementa, do TJ-BA: "Apelação cível. Ação de alteração de registro civil. Mudança de sexo. Transexual. Possibilidade. Independentemente de cirurgia de transgenitalização. Entendimento em consonância com o STF, ADI 4275 e RE 670422 (tema 761), com repercussão geral, onde foi reconhecido o direito à substituição de prenome e sexo pela via judicial ou administrativa e provimento do CNJ n. 73, que regulamenta a referida averbação. Recurso conhecido e provido" (TJ-BA, 2ª CC., Apelação cível 0501138-68.2016.8.05.0001, rel. Des. Manuel Carneiro Bahia de Araujo, j. 12.02.2019).

14. SCHREIBER, Anderson. Direito ao esquecimento. In: SALOMÃO, Luis Felipe; TARTUCE, Flávio. *Direito Civil*, op. cit., p. 68.

15. SCHREIBER, Anderson. *Direitos da personalidade*, op. cit., p. 211. O autor menciona os exemplos do professor que tem repetidamente associada a si uma tese jurídica que jamais defendeu, sofrendo assim um desrespeito à sua dignidade. Da mesma forma, o sujeito que vem associado, em certa reportagem, a uma orientação política ou religiosa da qual não partilha.

A identidade pessoal, na visão de Raul Choeri, permite a cada indivíduo afirmar-se como pessoa, ao se manifestar e ser reconhecido em sua verdadeira grandeza, como detentor, intrínseca e extrinsecamente, dos atributos e das virtudes que o definem como ser singular e irredutível, ser único e irrepetível, possibilitando-lhe ser o que é, verdadeiramente. Dessa forma, cada pessoa deverá ser individualizada, distinta das demais, singular na coletividade, para que seja reconhecida como ente autônomo e possa se desenvolver e se firmar como pessoa.[16]

Já para Carlos Fernández Sessarego, a identidade pessoal "integra um bem especial e fundamental da pessoa, como é aquele de ver respeitado por parte de terceiros seu modo de ser na realidade social, ou seja, que o sujeito veja garantida a liberdade de desenvolver livremente a própria personalidade individual, seja na comunidade em geral, seja nas comunidades particulares (...). Trata-se de ser si mesmo, representado com seus próprios caracteres e suas próprias ações, constituindo a mesma verdade da pessoa".[17]

Segundo Massimiliano Mezzanotte, o direito ao esquecimento possui natureza híbrida, situando-se na interseção dos direitos à identidade pessoal e à privacidade. Trata-se de situação jurídica subjetiva com o *corpus* da identidade pessoal e o *aninus* da privacidade. Esse novo direito caracteriza-se pela sobreposição das situações jurídicas recordadas e do fator temporal, que seria o elemento especializante.[18]

Considerando a privacidade como um dos fundamentos do direito ao esquecimento, além de considerá-la como um direito fundamental, a Constituição da República institui o *habeas data* como um dos instrumentos para a sua proteção (art. 5º, LXXII), para assegurar o conhecimento de informações relativas à pessoa do impetrante, constantes de registros ou bancos de dados de entidades governamentais ou de caráter público, e para retificação dos dados, quando não se prefira fazê-lo por processo sigiloso, judicial ou administrativo. Também há menção à privacidade no Código Civil, o qual determina que tal direito da personalidade pode ser tutelado tanto preventivamente como *a posteriori*.[19]

A dignidade da pessoa humana também costuma ser considerada como um dos fundamentos do direito ao esquecimento, consagrada como princípio fundamental da República pela Constituição Federal de 1988.

---

16. CHOERI, Raul. *O direito à identidade na perspectiva civil-constitucional*. Rio de Janeiro: Renovar, 2010. p. 07 e 17.
17. SESSAREGO, Carlos Fernández. *Derecho a la identidad personal*. Buenos Aires: Astrea, 1992. p. 100 e 105.
18. MEZZANOTTE, Massimiliano. *Il diritto all'oblio*, p. 80-82.
19. COELHO, Júlia Costa de Oliveira. *Direito ao esquecimento e seus mecanismos de busca na Internet*. Foco: Indaiatuba, 2020. p. 35.

A igualdade material, ligada muitas vezes à identidade pessoal, também se encontra na base do direito ao esquecimento, eleita pela Constituição da República como um dos valores supremos de uma sociedade fraterna, pluralista e sem preconceitos, considerando o objetivo fundamental da República no sentido da promoção do bem de todos, sem preconceitos de origem, raça, sexo, cor, idade e quaisquer outras formas de discriminação. Além de serem diferentes das demais, as pessoas possuem o direito de serem diferentes de si próprias. Assim como a diversidade, a imperfeição é inerente a todo ser humano, que é, ao mesmo tempo, dotado da capacidade de se transformar.[20]

A identidade humana, assim como a integridade psicofísica, como no exemplo das pessoas trans, não é universalmente idêntica, tampouco estática. Fato é que a identidade individual está em constante construção, sendo influenciada pelas diferentes experiências, acontecimentos, estímulos e desafios a que cada um se submete ao longo da vida. Tais transformações, rumo à evolução pessoal, são socialmente aceitas e até estimuladas, de modo que seria paradoxal reconhecê-las e, ao mesmo tempo, negar aos indivíduos a atualização da sua identidade perante os demais. Na prática, isso acarretaria a inviabilidade prática dessa reabilitação, pois, independentemente daquilo que faça para progredir, o indivíduo continuará sendo tratado da mesma maneira.[21]

A gestão das informações pessoais, no cenário do *Big Data*, não é somente uma questão de privacidade, mas também de liberdade, sendo essencial que as pessoas tenham meios eficazes de exercer seus direitos ativamente, sem se tornar reféns daqueles que possuem informações sobre si. Sob esse ponto de vista, o direito ao esquecimento é um instrumento da liberdade individual, por meio do qual não se permite apenas a construção da identidade de cada um, mas que também confere um efetivo poder de gerenciamento autônomo das informações pessoais.[22] Stefano Rodotà, no conhecido texto "Intervista su privacy e libertà", deixa claro que privacidade e liberdade representam uma asserção, no sentido de que privacidade é liberdade.[23]

Da mesma forma, o direito ao esquecimento integra em seu conteúdo a solidariedade social, eleita no artigo 3º, I, da Constituição da República como objetivo fundamental da República Federativa do Brasil, tendo em vista a coope-

---

20. COELHO, Júlia Costa de Oliveira, op. cit., p. 35.
21. COELHO, Júlia Costa de Oliveira, op. cit., p. 35-36.
22. COELHO, Júlia Costa de Oliveira, op. cit., p. 40.
23. RODOTÀ, Stefano. *Intervista su privacy e libertà*. Roma-Bari: Laterza, 2005. p. 08. MORATO, Antonio Carlos; DE CICCO, Maria Cristina. Direito ao esquecimento: luzes e sombras. In: SILVEIRA, Renato de Mello Jorge; GOMES, Mariângela Gama de Magalhães. *Estudos em homenagem a Ivette Senise Ferreira*. São Paulo: LiberArs, 2015. p. 91.

ração e o respeito mútuo necessários à vida em sociedade, enquanto exercício de respeito ao próximo, uma forma de admitir a transformação do outro e permitir a atualização da sua identidade perante terceiros.[24]

Há ainda uma forte correlação entre o direito ao esquecimento e o direito à imagem, tutelado pelo artigo 5º, V e X, da Constituição da República, sendo a imagem considerada inviolável, assim como a intimidade, a vida privada e a honra das pessoas. No Código Civil, o direito à imagem é disciplinado pelo artigo 20, que autoriza a proibição da publicação, da exposição ou da utilização da imagem de uma pessoa se lhe atingirem a honra, a boa fama ou a respeitabilidade. A imagem envolve não apenas a fisionomia e sua reprodução, mas também o conjunto de características comportamentais que identificam o sujeito. O direito ao esquecimento atua como um instrumento por meio do qual o indivíduo é capaz de corrigir e reprojetar sua imagem atualizada perante a sociedade. Para Júlia Costa de Oliveira Coelho, analisado sob essa ótica, o direito ao esquecimento confere efetividade ao direito à imagem em sua dimensão mais dinâmica, permitindo justamente um processo contínuo de(re)construção da imagem individual.[25]

O esquecimento descreve uma modalidade do desconhecido que, embora secreta ou desconhecida, é essencialmente resistente à articulação e descoberta; seus limites não se relacionam com quem sabe o que, mas com o que pode ser sabido. A preservação do esquecimento é essencial para o sentido da potencialidade, profundidade e liberdade nas situações jurídicas.[26]

O direito ao esquecimento foi assim delineado no artigo 17 do Regulamento EU 2016/79, do Parlamento Europeu e do Conselho, relativo à proteção das pessoas singulares no que diz respeito ao tratamento de dados pessoais e à livre circulação desses dados:

> 1. O titular dos dados tem o direito de obter do responsável pelo tratamento e cancelamento de dados pessoais que lhe digam respeito e a cessação da comunicação ulterior desses dados, especialmente em relação a dados pessoais que tenham sido disponibilizados pelo titular dos dados quando ainda era uma criança, sempre que se aplique um dos motivos seguintes:
>
> (a) Os dados deixaram de ser necessários em relação à finalidade que motivou a sua recolha ou tratamento;
>
> (b) O titular retira o consentimento em que se baseia o tratamento dos dados nos termos do artigo 6º, n. 1, da alínea a, ou do artigo 9º., n. 2, alínea a, e, se não existir, outro fundamento jurídico para o referido tratamento;

---

24. COELHO, Júlia Costa de Oliveira, op. cit., p. 41.
25. COELHO, Júlia Costa de Oliveira, op. cit., p. 42-43.
26. PRESSLY, Lowry. *The right to oblivion*; privacy and the good life. Cambridge: Harvard University Press, 2024. p.3

(c) O titular opõe-se ao tratamento nos termos do artigo 21, n. 1, e não existem interesses legítimos prevalecentes que justifiquem o tratamento, ou o titular opõe-se ao tratamento nos termos do artigo 21 n. 2;

(d) os dados pessoais foram tratados ilicitamente;

(e) os dados pessoais têm que ser apagados para o cumprimento de uma obrigação jurídica decorrente do direito da União ou de um Estado-membro a que o responsável pelo tratamento esteja sujeito;

(f) os dados pessoais foram recolhidos no contexto da oferta de serviços da sociedade da informação referida no art. 8º, n. 1.[27]

Deve-se notar que, nos termos do § 3º do artigo 17 do RGPD, o apagamento não será aplicável na medida em que o processamento seja necessário para, entre outros, o exercício do direito *à* liberdade de expressão e de informação, para observância às obrigações legais que demandem o processamento; isso pode ocorrer por motivos de interesse público na área de saúde pública; para fins de arquivamento de interesse público, bem como para pesquisas científicas ou históricas ou para fins estatísticos.

Para Menezes Cordeiro, a natureza jurídica do direito ao esquecimento suscita dúvidas. Seguindo a letra do preceito do artigo 17 do RGPD, o direito ao esquecimento não consiste num direito a exigir, do público em geral, o apagamento de determinados dados pessoais, mas somente no direito a exigir ao responsável pelo tratamento que informe os demais responsáveis de que o titular dos dados lhes solicitou o apagamento das ligações para esses dados pessoais, bem como o apagamento de eventuais cópias ou reproduções.[28]

O direito de ser esquecido permite que um indivíduo controle seus dados pessoais se não for mais necessário para seu propósito original, ou se, por algum outro motivo, desejar retirar o consentimento quanto ao seu processamento, entre outras razões.[29]

Se o conteúdo da página original do *site* não for excluído ou editado, mas apenas desindexado dos resultados da pesquisa, haverá, por um lado, a manutenção do conteúdo original, embora com menos visibilidade, sacrificando em menor medida as liberdades comunicativas e reconhecendo o valor histórico da informação, e, por outro lado, a criação de dificuldades para acessar as páginas

---

27. REGULAMENTO UE 2016/679 do Parlamento Europeu e do Conselho relativo à proteção das pessoas singulares no que diz respeito ao tratamento de dados pessoais e à livre circulação desses dados (regulamento geral sobre a proteção de dados). In: https://eur-lex.europa.eu/legal-content/PT/TXT/?uri=celex%3A32016R0679. Acesso em: 30.05.2021.

28. CORDEIRO, A. Barreto Menezes. Direito da Proteção de Dados: À Luz do RGPD e da Lei N.º 58/2019. Coimbra: Almedina, novembro de 2016. p. 275.

29. SAFARI, Beata A. Intangible Privacy Rights: How Europe's GDPR Will Set a New Global Standard for Personal Data Protection. Seton Hall Law Review, Volume 47, 2017. p. 835.

indiscriminadamente, ou seja, páginas que não estão relacionadas com o contexto original de um conteúdo potencialmente prejudicial para o indivíduo a que se refere.[30]

O direito ao esquecimento protege dados pessoais cujo tratamento, de alguma forma, torna-se prejudicial ou desnecessário. Contudo, faz-se necessário entender, inicialmente, o que é "dado" e quando ele pode ser considerado "pessoal".[31]

Na definição do art. 4º *do* RGPD, é dado pessoal a "informação relativa a uma pessoa singular identificada ou identificável ("titular dos dados"); é considerada identificável uma pessoa singular que possa ser identificada, direta ou indiretamente, em especial por referência a um identificador, como por exemplo um nome, um número de identificação, dados de localização, identificadores por via eletrônica ou a um ou mais elementos específicos da identidade física, fisiológica, genética, mental, econômica, cultural ou social dessa pessoa singular".

Para Danilo Doneda, deveria ser feita uma distinção entre dados e informações propriamente ditas:

> Em relação à utilização dos termos "dado" e "informação", é necessário notar preliminarmente que o conteúdo de ambos se sobrepõe em várias circunstâncias, o que justifica uma certa promiscuidade na sua utilização. Ambos os termos servem a representar um fato, um determinado aspecto de uma realidade. Não obstante, cada um deles possui suas peculiaridades a serem levadas em conta.
>
> Assim, o "dado" apresenta conotação um pouco mais primitiva e fragmentada, como se observa em um autor que o entende como uma informação em estado potencial, antes de ser transmitida. O dado, assim, estaria associado a uma espécie de "pré-informação", anterior à interpretação e a um processo de elaboração. A informação, por sua vez, alude a algo além da representação contida no dado, chegando ao limiar da cognição. Mesmo sem aludir ao seu significado, na informação, já se pressupõe a depuração do seu conteúdo – daí que a informação carrega em si também um sentido instrumental, no sentido da redução de um estado de incerteza.[32]

Da mesma forma, observa a autora espanhola María Álvarez Caro que a palavra dado provém do latim *datum*, que significa dar. Um dado é um elemento isolado, mas que, por meio da interpretação e do relacionamento com outros dados, permite a obtenção de informação. Ou seja, a partir da interconexão e da interpretação dos dados, obtém-se a informação, que possui semântica e

---

30. SILVESTRE, Gilberto Fachetti; BORGES, Carolina Biazatti; BENEVIDES, Nauani Schades. The Procedural Protection of Data De-Indexing in Internet Search Engines: The Effectiveness in Brazil of the so-Called "Right To Be Forgotten" Against Media Companies. Revista Jurídica, [S.l.], v. 1, n. 54, p. 25-50, mar. 2019. p. 41.
31. LIMA, Henrique Cunha, op. cit., p. 109.
32. DONEDA, Danilo. *Da privacidade à proteção de dados pessoais*; Fundamentos da Lei Geral de Proteção de Dados Pessoais. 2. ed. São Paulo: Revista dos Tribunais, 2019. p. 136.

significado próprios. Pode-se afirmar que sem dados não há informação e que a informação se nutre de dados.[33]

No Brasil, a Lei Geral de Proteção de Dados Pessoais define o dado pessoal em seu artigo 5º, I: "informação relacionada a pessoa natural identificada ou identificável". Outra definição legislativa pode ser encontrada no Decreto 8.771/2016, que regulamenta o Marco Civil da Internet, conceituando o dado pessoal, no seu artigo 14, I, como aquele "dado relacionado à pessoa natural identificada ou identificável, inclusive números identificativos, dados locacionais ou identificadores eletrônicos, quando estes estiverem relacionados a uma pessoa".

Considera-se desanonimizado, por sua vez, o dado anônimo (aquele que não é pessoal, por exclusão) que, cruzado com outros dados, permite identificar seu titular, perdendo, por isso, a anonimidade. Nessa linha de raciocínio, passa a ser juridicamente considerado como dado pessoal.[34]

Tal situação é prevista no artigo 12 da Lei Geral de Proteção de Dados Pessoais[35], cujo § 2º remete o leitor ao *profiling*, problema crescente no contexto da era dos grandes dados (*Big Data*), podendo-se afirmar que não há dados irrelevantes: todos, conjugados para a formação de perfis comportamentais, a partir de algoritmos, terão agregado grande valor econômico.

Próximo da privacidade[36] e da proteção dos dados pessoais, seus fundamentos permitem considerá-lo como na categoria dos direitos da personalidade, com o objetivo de permitir um controle, pelos sujeitos interessados, sobre o conteúdo disponível a seu respeito.[37]

---

33. CARO, María Álvarez. *Derecho al olvido en Internet:* el nuevo paradigma de la privacidad en la era digital. Madrid: REUS, 2015. p. 63.

34. LIMA, Henrique Cunha Souza, op. cit., p. 115.

35. Art. 12. Os dados anonimizados não serão considerados dados pessoais para os fins desta Lei, salvo quando o processo de anonimização ao qual foram submetidos for revertido, utilizando exclusivamente meios próprios, ou quando, com esforços razoáveis, puder ser revertido.
    § 1º A determinação do que seja razoável deve levar em consideração fatores objetivos, tais como custo e tempo necessários para reverter o processo de anonimização, de acordo com as tecnologias disponíveis, e a utilização exclusiva de meios próprios.
    § 2º Poderão ser igualmente considerados como dados pessoais, para os fins desta Lei, aqueles utilizados para formação do perfil comportamental de determinada pessoa natural, se identificada.
    § 3º A autoridade nacional poderá dispor sobre padrões e técnicas utilizados em processos de anonimização e realizar verificações acerca de sua segurança, ouvido o Conselho Nacional de Proteção de Dados Pessoais.

36. A privacidade não significa apenas quem sabe o que a nosso respeito, mas sobretudo quais regras se aplicam ao que eles sabem. RICHARDS, Neil. *Why privacy matters.* Oxford: Oxford University Press, 2022. p.03.

37. LIMA, Henrique Cunha Souza, op. cit., p. 123.

Parte da doutrina o associa à identidade pessoal, mas pode ser tratado como direito autônomo, pois possui contornos próprios, com hipóteses específicas de aplicação. Baseia-se na dignidade da pessoa humana, podendo ser considerado um direito fundamental implícito.[38]

No México, a Lei Federal de Proteção de Dados Pessoais em Posse de Particulares, de 05 de julho de 2010, previu expressamente o direito ao esquecimento, "quando os dados de caráter pessoal tenham deixado de ser necessários para o cumprimento das finalidades previstas".[39]

Na França, a lei de 06 de janeiro de 1978, conhecida como "Lei da Informática de Liberdades", foi pioneira ao estabelecer que a duração dos dados pessoais não deve exceder a duração necessária à finalidade perseguida pelos responsáveis pelas respectivas coleta e tratamento.

No Brasil, o Marco Civil da Internet (Lei 12.965/2014) prevê, no seu artigo 7º, X, uma modalidade específica de direito ao esquecimento[40], decorrente da pós-eficácia das obrigações, assegurando ao titular dos dados pessoais o direito de solicitar sua exclusão definitiva, ao término da relação entre as partes. Pode ser o caso, por exemplo, da relação entre usuário e provedor de uma rede social, ao término da conta.

Peter Fleischer, conselheiro da Google sobre questões de privacidade, propõe três categorias de direito ao esquecimento, cuja discussão considera estar envolvida por detrás de uma cortina de neblina.[41]

A primeira categoria de direito ao esquecimento proposta por Fleischer se refere aos dados disponibilizados pelo mesmo sujeito que pretende deletá-los (conteúdos próprios), é o caso do usuário que, por exemplo, posta uma foto no Facebook e depois decide retirá-la. Tal modalidade é a menos controversa de todas, sendo inclusive reconhecida nas políticas de diversos provedores de redes sociais. Logo, o direito ao esquecimento, nesse caso, assume um conteúdo mais simbólico. O próprio Marco Civil da Internet, Lei 12.965/2014, ao tratar da responsabilidade civil, em seu artigo 18 e seguintes, distingue os conteúdos próprios dos conteúdos de terceiros.

---

38. LIMA, Henrique Cunha Souza, op. cit., p. 123-124.
39. A lei mexicana chega a prever um prazo para a retirada dos dados de circulação, correspondente ao prazo de prescrição relativo às pretensões derivadas da relação jurídica em que se fundar o tratamento de dados pessoais em cada caso concreto.
40. Nesse sentido, SARLET, Ingo Wolfgang. Notas acerca do direito ao esquecimento, op. cit., p. 72.
41. FLEISCHER, Peter. *Foggy Thinking about The Right to Oblivion*. In: http://peterfleischer.blogspot. com.br/2011/03/foggy-thinking-about-right-to-oblivion.html. Acesso em: 16.09.2013. Acerca da mencionada neblina, entende André Brandão Nery Costa que "se há que se falar em neblina, ela diz respeito a como é tratada a identidade dos usuários na Internet, que cada vez mais se torna opaca e se distancia da realidade". COSTA, André Brandão Nery, op. cit., p. 205.

Já a segunda categoria de direito ao esquecimento revela-se mais polêmica, pois envolve a reprodução de um conteúdo alheio por terceiros. Se alguém postou uma informação ou uma imagem e outros usuários a copiaram e a repostaram em suas próprias redes sociais, o autor do conteúdo tem o direito de deletá-las?

Imagine-se a situação de mais uma vez o caso da professora Stacy Snyder, inclusive relatado por Viktor Mayer-Schönberger[42], que arrependeu-se de postar em uma rede social sua própria foto segurando garrafa de cerveja e, depois de deletá-la, introduzindo uma variável, descobre que muitos de seus *amigos virtuais* a copiaram e a repostaram em suas próprias redes sociais, e esse fato venha a lhe causar prejuízos. Após pedir, sem sucesso, que seus *amigos* deletem as fotos, e esses se recusem ou não consigam encontrá-los, o Facebook, instado a tanto, deveria ser obrigado a apagar as fotos sem o consentimento dos titulares dos perfis, devido à simples objeção da usuária?

De acordo com a visão europeia do direito ao esquecimento, a resposta certamente seria que sim. De acordo com o regulamento europeu, quando alguém deseja deletar os seus dados pessoais, o serviço provedor da Internet deve atender à solicitação sem demora, a não ser que a retenção do dado seja necessária ao exercício da liberdade de expressão, definida pelos estados-membros nas suas próprias leis locais. Em outra seção, a regulamentação cria uma isenção do direito de remover dados como "dados pessoais para fins exclusivamente jornalísticos, artísticos ou expressão literária".[43]

Para uma prévia de quão assustador esse efeito deve ser, considere o fato de que o direito ao esquecimento não somente pode ser exercido em face de provedores de conteúdo e hospedagem (como o Facebook e um jornal ou uma revista), mas também em face de provedores de pesquisa (como Google e Yahoo)[44].

O direito ao esquecimento se desmembra em duas grandes vertentes: a primeira (*"droit à l'oubli"*) se relaciona com informações que possuíam interesse quando foram tornadas públicas, mas, em virtude do decurso do tempo, acabaram perdendo essa qualidade, fazendo com que desaparecessem os motivos que justificaram sua divulgação. É o caso dos indivíduos que não mais pretendem ser relacionados aos fatos do passado, cabendo a ponderação entre os direitos da coletividade de acesso à informação e o direito do titular de impedir aquela divulgação. Trata-se de um direito que remete à legislação e à jurisprudência francesa e italiana do final dos anos 1970, tendo sido historicamente aplicado em

---

42. MAYER-SCHÖNBERGER, Viktor, *Delete,* op. cit., pos. 12.

43. MARTINS, Guilherme Magalhães. O direito ao esquecimento na Internet, op. cit., p. 77

44. Acerca do tema da responsabilidade civil do provedor Internet, bem como dos respectivos regimes e classificações, remete-se o leitor à seguinte obra: MARTINS, Guilherme Magalhães. *Responsabilidade civil por acidente de consumo na Internet,* 3. ed. op. cit., p. 395 e seguintes.

CAPÍTULO 2 • MODALIDADES DE EXERCÍCIO DO DIREITO AO ESQUECIMENTO

casos excepcionais envolvendo indivíduos que foram condenados penalmente e não desejam mais serem associados à sua conduta criminal.[45]

Já para uma segunda vertente, que se manifesta de maneira mais expressiva na Internet, e que deve se distinguir da desindexação, a ser mais tarde enfrentada neste trabalho, trata-se do poder do próprio titular dos dados de exigir que a informação seja apagada, na hipótese em que os dados são coletados e processados por terceiros (*"right to erasure"*). A diferença básica entre ambas as vertentes é a seguinte: enquanto o *droit à l'oubli* normalmente colide com outros direitos fundamentais, em especial a liberdade de expressão e o direito à informação, o *right to erasure* se manifesta na simples remoção de dados pessoais fornecidos automaticamente.[46]

Na apreciação de pedido de indisponibilização ou retirada de conteúdo em *sites* de Internet ou na mídia impressa, será necessário realizar uma ponderação em relação à liberdade de expressão (art. 5º, IX, Constituição da Republica), sendo que, embora o artigo 220 da Lei Maior estabeleça que a manifestação do pensamento, a criação, a expressão e a informação, sob qualquer forma, processo ou veículo, não poderão passar por qualquer restrição, tal previsão deve necessariamente observar o disposto na própria Constituição, especialmente no artigo 5º, incisos IV, V, X, XIII e XIV.[47]

Diante de uma situação de conflito, o intérprete deve colocar os interesses existenciais, derivados do princípio da dignidade da pessoa humana (art. 1º, III, CF), numa situação de proeminência, garantindo a plena tutela tanto do corpo físico quanto do corpo eletrônico da pessoa. Uma vez que o legislador constitucional direcionou a interpretação e a aplicação das normas à condição de garantir prevalência à dignidade da pessoa humana, não parece adequado o estabelecimento de qualquer hierarquia prévia, geral e permanente entre os direitos fundamentais, devendo o balanceamento ocorrer no caso concreto, observadas as características do fato e as pessoas envolvidas.

Nesse sentido, o Enunciado 613, aprovado na VIII Jornada de Direito Civil do Conselho da Justiça Federal relativo ao art. 12 do Código Civil: "A liberdade de expressão não goza de posição preferencial em relação aos direitos da personalidade no ordenamento jurídico brasileiro".

---

45. HEYLLIARD, Charlotte. *Le droit à l'oubli sur l'Internet*. p. 41. Disponível em: http://www.lepetitjuriste. fr/wp-content/uploads/2013/01/MEMOIRE-Charlotte-Heylliard2.pdf. Acesso em: 21.05.2020.
46. AMBROSE, Meg Leta; AUSLOOS, Jef. The right to be forgotten across the pond. *Journal of Information Policy*, v. 3, p. 1-23, 2013. Disponível em: http://papers.ssrn.com/sol3/papers.cfm?abstract_id=2032325##. Acesso em: 21.05.2020.
47. TEFFÉ, Chiara de; BARLETTA, Fabiana, op. cit., p. 257.

Em junho de 2013, a Agência Espanhola de Proteção de Dados ingressou com procedimento sancionatório em face da Google, em virtude da nova política de privacidade implementada pela empresa.[48] O objetivo da medida era o de esclarecer, entre outros aspectos, se a combinação de dados procedentes de diversos serviços cumpria as garantias de informação aos usuários, se as finalidades e a proporcionalidade no uso da informação legitima o tratamento de dados e se os períodos de conservação e as opções para que os usuários exerçam seus direitos de acesso, retificação, cancelamento e oposição observavam a Lei Espanhola de Proteção de Dados. O procedimento sancionatório foi produto de cooperação com as Agências de Dados da Alemanha, da Holanda, do Reino Unido, da França e da Itália, que igualmente agiram no mesmo sentido.

No dia 13 de maio de 2014, o Tribunal de Justiça da União Europeia reconheceu o direito ao esquecimento no caso acima, tendo como partes a Agência Espanhola de Proteção de Dados e a Google, de um lado, e, do outro, o cidadão espanhol Mario Costeja González, em relação ao fato de, nos idos de 1990, o imóvel de propriedade dele ter sido levado a leilão para o pagamento de dívidas com a previdência social da Espanha, não obstante o pagamento do débito tivesse posteriormente obstado a venda judicial. Durante quase quinze anos, o cidadão espanhol ficou estigmatizado nos buscadores como mau pagador da previdência social, não obstante o débito estivesse solvido.

Embora satisfeito o débito, as dívidas e a referência ao leilão continuaram aparecendo nas buscas pelo nome do interessado no *site* da Google, de maneira ofensiva à sua dignidade, privacidade e identidade pessoal, sem prejuízo do direito fundamental à proteção de dados pessoais, não obstante se tratasse de informação pretérita e sem relevância social.

O Tribunal de Justiça Europeu considerou que o operador de um motor de busca sofre a incidência do artigo 2º, "d", da Diretiva 95/46 da Comunidade Econômica Europeia, que definia o responsável pelo tratamento de dados pessoais como "a pessoa singular ou coletiva, a autoridade pública, o serviço ou qualquer outro organismo que, individualmente ou em conjunto com outrem, determine as finalidades e os meios de tratamento dos dados pessoais".[49]

---

48. La AEPD abre un procedimiento sancionador a Google por su política de privacidad. In: https://www.europapress.es/portaltic/sector/noticia-aepd-abre-procedimiento-sancionador-google-politica-privacidad-20130620172005.html. Acesso em: 30.05.2021.

49. Segue um trecho da fundamentação do acórdão do Tribunal de Justiça da Corte Europeia: "Ora, é o operador do motor de busca que determina as finalidades e os meios dessa atividade e, deste modo, do tratamento de dados pessoais que ele próprio efetua no contexto dessa atividade e que deve, consequentemente, ser considerado 'responsável' por esse tratamento por força do referido artigo 2º, alínea d. *Por outro lado, importa declarar que seria contrário não só à redação clara desta disposição mas também ao seu objetivo, que consiste em assegurar, através de uma definição ampla do conceito*

O caso envolveu a aplicação de um *direito à desindexação*[50], ou seja, a possibilidade de se pleitear a retirada de certos resultados (conteúdos ou páginas) relativos a uma pessoa específica de determinada pesquisa, em razão de o conteúdo apresentado ser prejudicial ao seu convívio em sociedade, expor fato ou característica que não mais se coaduna com a identidade construída pela pessoa ou apresente informação equivocada ou inverídica. A desindexação não atinge a publicação em si, pois não importa em remoção de conteúdo de página na *web,* mas, sim, na eliminação de referências a partir de pesquisas feitas com base em determinadas palavras-chave.

No entanto, o Tribunal de Justiça da Corte Europeia, na parte final da decisão, ressaltou que solução diversa poderia ser dada ao caso concreto por razões especiais, como o papel desempenhado pelo interessado na vida pública, caso em que "a ingerência nos seus direitos fundamentais é justificada pelo interesse preponderante do referido público em ter acesso à informação em questão, em virtude dessa inclusão".

Finalmente, deve ser mencionada uma terceira categoria de direito ao esquecimento, que abrange os conteúdos disponibilizados por terceiros: *"se alguém postar algo sobre mim, eu tenho o direito de deletar tal informação?"* Essa, com certeza, é a maior preocupação da ideia de livre expressão[51].

---

de 'responsável', uma proteção eficaz e completa das pessoas em causa, excluir dela o operador de um motor de busca pelo fato de não exercer controle sobre os dados pessoais publicados nas páginas web de terceiros. A esse respeito, deve-se salientar que o tratamento de dados pessoais efetuado no contexto da atividade de um motor de busca se distingue do efetuado pelos editores dos sítios web, que consiste em fazer figurar esses dados numa página web, e acresce ao mesmo. Além disso, é pacífico que essa atividade dos motores de busca tem um papel decisivo na difusão global dos referidos dados, na medida em que os torna acessíveis a qualquer internauta que efetue uma pesquisa a partir do nome da pessoa em causa, incluindo os internautas que, de outra forma, não teriam encontrado a página web onde esses mesmos dados estão publicados. Além disso, a organização e a agregação das informações publicadas na Internet, efetuadas pelos motores de busca com o objetivo de facilitar aos seus utilizadores o acesso às mesmas, podem conduzir, quando a pesquisa destes utilizadores é feita a partir do nome de uma pessoa singular, que estes obtenham, com a lista de resultados, uma visão global mais estruturada das informações sobre esta pessoa, que se podem encontrar na Internet, que lhes permita estabelecer um perfil mais ou menos detalhado da pessoa em causa. Por conseguinte, na medida em que a atividade de um motor de busca é suscetível de afetar, significativamente e por acréscimo à dos editores de sítios web, os direitos fundamentais à vida privada e à proteção dos dados pessoais, o operador desse motor, como pessoa que determina as finalidades e os meios dessa atividade, deve assegurar, no âmbito das suas responsabilidades, das suas competências e das suas possibilidades, que essa atividade satisfaça as exigências da Diretiva 95/46, para que as garantias nesta previstas possam produzir pleno efeito e possa efetivamente realizar-se uma proteção eficaz e completa das pessoas em causa, designadamente no seu direito ao respeito pela sua vida privada" (g.n. Tradução livre).

50. Acerca do tema, CALIXTO, Marcelo Junqueira. Desindexação total e parcial nos motores de busca. In: SCHREIBER, Anderson; MARTINS, Guiherme Magalhães; CARPENA, Heloísa. *Direitos fundamentais e sociedade tecnológica*. Indaiatuba: Foco, 2022. p.141 e seguintes.

51. MARTINS, Guilherme Magalhães. O direito ao esquecimento na Internet. op. cit., p. 79.

A Suprema Corte dos Estados Unidos definiu que os Estados não podem promulgar leis que restrinjam a liberdade de imprensa, salvo em casos de informações embaraçosas – como no caso das vítimas de estupro –, a não ser que a informação seja adquirida legalmente.

No sentido do fortalecimento dessa compreensão, a União Europeia, em março de 2011, confirmou e consolidou o direito ao esquecimento, em discurso da então Comissária Viviane Reding, que se referiu a ele como um pilar do direito à privacidade, garantindo o direito à exclusão de dados, a qualquer momento, invertendo-se o ônus da prova aos gerenciadores da informação, de modo que a eles passaria a incumbência de comprovar a necessidade de manutenção dos dados pessoais.[52]

É difícil imaginar que a Internet dos próximos anos será tão livre e aberta como é hoje em dia. Questão nodal para responder aos problemas aqui indagados é a seguinte: "será que o Facebook é um substituto dos velhos diários e das autobiografias?" O autor Sérgio Branco destaca, no momento atual, o deslocamento para o ambiente público de atos que eram eminentemente privados. Esse fato se potencializa com a democratização do acesso a meios tecnológicos, de modo que a narrativa de si mesmo (a "escrita de si") não é mais restrita à elite que sabia escrever ou que tinha recursos para fazer registros em áudio e vídeo. Todos são convidados a deixar seus registros, as evidências do ser humano que são (ou fingem ser, ou pretendem ser), para seus amigos e familiares.[53]

Por meio de diários e álbuns de fotografia, o indivíduo busca a narrativa de fatos muitas vezes organizados por tema (casamento, aniversário, viagem de férias etc.), naquilo que se denomina "arquivar a própria vida", que traz consigo as ideias de memória e esquecimento. Passamos o tempo todo selecionando o que deve ser conservado e o que deve ser posto na lata do lixo. Listas de compras, boletos, documentos, bilhetes, fotografias, tudo passa por um crivo classificatório. Arquivar a própria vida é se pôr no espelho, é contrapor a imagem social à imagem íntima de si mesmo. Logo, o arquivamento do eu é uma prática de construção de si mesmo e de resistência.[54]

O diário consiste em uma série de vestígios, devidamente datados, baseados na autenticidade do momento, na rememoração do dia a dia, enquanto a autobiografia é uma narrativa retrospectiva, que pode ter como base, inclusive, eventuais diários de seu autor. Nesta ocorre um espaço maior de tempo entre o

---

52. MALDONADO, Viviane Nóbrega. A evolução do direito ao esquecimento. In: PALHARES, Felipe (coordenação). *Temas atuais de proteção de dados*. São Paulo: Revista dos Tribunais, 2020. p. 286.
53. BRANCO, Sérgio, op. cit., p. 11.
54. BRANCO, Sérgio, op. cit., p. 24.

acontecido e o narrado, tornando o fato mais suscetível aos filtros e/ou enganos da memória.[55]

No entanto, com os suportes digitais, tudo mudou. Citando Andrew Keen, não há dúvida de que, para o bem ou para o mal, os átomos industriais dos séculos XIX e XX foram substituídos pelos *bytes* em rede do Século XXI. Mas, não: em vez de nos unirmos entre os pilares digitais de uma pólis aristotélica, a mídia social de hoje na verdade estilhaça nossas identidades, de modo que sempre existimos fora de nós mesmos, incapazes de nos concentrarmos no aqui e no agora, aferrados demais à nossa própria imagem, perpetuamente revelando nossa localização atual. É a nossa privacidade sacrificada à tirania utilitária de uma rede coletiva.[56]

A rede social é o romance que todos estamos escrevendo, e também coletivamente publicando para que os outros leiam. A Internet dá aos narcisistas a oportunidade de se apaixonarem por si mesmos repetidas vezes, criando assim um mundo *on-line* de infinita promoção pessoal e relacionamentos fugazes e rasteiros[57], para não dizer líquidos.

Seria esse excesso de compartilhamento, denotando toda uma mudança cultural, espontâneo ou de alguma forma estimulado pelos impérios da comunicação? Seria um livre arbítrio semelhante ao dos fumantes, incentivados por uma publicidade agressiva e por um comportamento disseminado na sociedade, ou inocentemente seria um comportamento buscado pelo consentimento livremente formado?[58]

Independentemente da resposta a ser dada à questão acima, pode-se afirmar com segurança que a divulgação de fatos que possam ou não ensejar o direito ao esquecimento é mais ampla do que a narrativa do diário ou da autobiografia do passado. Pode-se tratar de qualquer acontecimento isolado que, descontextualizado com a passagem do tempo, seja passível de causar danos ao sujeito, sem que haja interesse da coletividade apto a manter a divulgação daquela informação.

Entre os principais argumentos contrários ao acolhimento do direito do esquecimento, especialmente nos casos levados ao Superior Tribunal de Justiça,

---

55. BRANCO, Sérgio, op. cit., p. 25-26.
56. KEEN, Andrew. #*Vertigem digital;* por que as redes sociais estão nos dividindo, diminuindo e desorientando. Tradução de Alexandre Martins. Rio de Janeiro: Zahar, 2012. p. 23.
57. KEEN, Andrew, op. cit., p. 31-32.
58. Acerca do tema, leia-se MIRAGEM, Bruno; MARQUES, Claudia Lima. A constitucionalidade das restrições à publicidade de tabaco por lei federal: diálogo e adequação do princípio da livre iniciativa econômica à defesa do consumidor e da saúde pública. In: PASQUALOTTO, Adalberto (organizador). *Publicidade de tabaco;* frente e verso da liberdade de expressão comercial. São Paulo: Atlas, 2015.

e inclusive levados em conta pelo Supremo Tribunal Federal na Tese de Repercussão Geral 786, todos a seguir examinados, a doutrina destaca os seguintes[59]:

- a violação à liberdade de expressão;
- a possibilidade de perda da história;
- a privacidade como censura dos tempos atuais, sobretudo nos países ditatoriais, que não primam pelo respeito à liberdade de expressão;
- o privilégio da memória individual em detrimento daquela da sociedade;
- a ausência de registro sobre crimes, além da proteção da saúde e da moral;
- a inexistência de ilicitude do ato;
- a preservação do interesse coletivo;
- a extinção de programas policiais;
- a neutralidade da Internet.

O interesse público não se confunde com o interesse do público. Este pode ser entendido como a soma de preferências subjetivas dos destinatários da informação, ao passo que aquele reflete valores que transcendem interesses individuais. A alegação de existência de interesse do público pode muitas vezes mascarar interesses econômicos na divulgação de fatos desprovidos de atualidade ou relevância. Assim, é importante averiguar em cada caso se o direito à privacidade se contrapõe efetivamente ao interesse público.[60]

Como observa o Ministro do STJ Ricardo Cueva, o direito de informação contém vários elementos incindíveis, abarcando os atos de buscar, receber e difundir informações, que correspondem aos direitos de se informar, de ser informado e de informar. Tais direitos são assegurados na Constituição Federal (art. 5º, IV, IX, XIV e 220) na forma das liberdades públicas de pensamento, de expressão e de informação. Conclui-se que o ônus argumentativo para a sua relativização é muito alto, impondo a verificação, no caso concreto, de várias circunstâncias, tais como a ausência de contemporaneidade/atualidade e exatidão da informação, a sua veracidade, a manutenção presente do interesse público na divulgação dela, a pertinência na divulgação e a completa ausência de abuso no seu uso.[61]

Para o professor Gustavo Binenbojm, em alentada monografia sobre a liberdade de expressão, numa visão crítica do direito ao esquecimento:

---

59. BUCAR, Daniel, op. cit., p. 05. FRAJHOF, Isabella, op. cit, p. 45. MARTINS, Guilherme Magalhães. O direito ao esquecimento na Internet, op. cit., p. 81.
60. CONSALTER, Zilda Maria, op. cit., p. 301.
61. CUEVA, Ricardo Villas Bôas. Evolução do direito ao esquecimento no Judiciário. In: SALOMÃO, Luis Felipe; TARTUCE, Flávio. *Direito Civil;* Diálogos entre a doutrina e a jurisprudência. São Paulo: Atlas, 2018. p. 96.

Quanto vale o poder de reescrever a própria história? Quanto um político inescrupuloso estaria disposto a pagar para despejar sobre os eleitores uma espécie de *efeito amnésia*, como uma onda a suprimir suas pegadas na areia? Quantos criminosos de guerra não gostariam de viver sob nova identidade, sem deixar vestígios de sua pretérita monstruosidade? Afinal, é humano pensar na vida como um filme a ser editado, no qual o protagonista é sempre o herói e o final é sempre feliz. Pois não estamos falando de uma obra de ficção, em que o sonho do regresso ao passado costuma se materializar por meio de alguma máquina do tempo. Nos dias que correm, existe mecanismo produzido pelo arsenal jurídico capaz de alcançar idêntico objetivo, só que no mundo real: o direito ao esquecimento.[62]

Em referência ao caso Google Spain, conclui o autor que, dada a amplitude dos termos utilizados no precedente da Corte europeia, o direito ao esquecimento poderá ser utilizado para objetivos menos nobres, como a retirada de notícias sobre fatos de interesse público dos *sites* de jornais, revistas e redes de TV. Além disso, a produção de documentários de inestimável valor histórico e a veiculação das retrospectivas jornalísticas também poderão estar em risco.[63]

A mesma crítica é formulada por Daniel Sarmento, que, em consulta a pedido das Organizações Globo, considerando os julgamentos do Superior Tribunal de Justiça nos casos Aida Curi e Chacina da Candelária, afirma que o direito ao esquecimento representa uma grave ameaça para a pesquisa, o estudo e a divulgação da História, por considerar que a gramática dos direitos fundamentais envolve uma pretensão de universalização. Em outras palavras, os direitos fundamentais devem ser assegurados, de forma igual, para todos os que se encontrarem na mesma situação, em decorrência do princípio da igualdade. Para o autor, afirmar que há um direito fundamental a não ser lembrado, contra a sua vontade, por fatos passados constrangedores ou desagradáveis, é o mesmo que impedir o conhecimento da História.[64]

Diversos argumentos contrários ao direito ao esquecimento terminaram acolhidos pelo Supremo Tribunal Federal no julgamento do Recurso Extraordinário 1.010.606, (j. 11.02.2021, rel. Min. Dias Toffoli), dando origem ainda ao Tema de Repercussão Geral 786, em cujos termos: "Tema 786 – É incompatível com a Constituição a ideia de um direito ao esquecimento, assim entendido como o poder de obstar, em razão da passagem do tempo, a divulgação de fatos ou dados verídicos e licitamente obtidos e publicados em meios de comunicação social analógicos ou digitais. Eventuais excessos ou abusos no exercício da liberdade de expressão e de informação devem ser analisados caso a caso, a partir dos

---

62. BINENBOJM, Gustavo. *Liberdade igual*; o que é e por que importa. Rio de Janeiro: História Real, 2020. p. 31.
63. BINENBOJM, Gustavo. *Liberdade igual*, op. cit., p. 31.
64. SARMENTO, Daniel. Liberdades comunicativas e "Direito ao esquecimento" na ordem constitucional brasileira. *Revista Brasileira de Direito Civil*. Rio de Janeiro, v. 7, jan./mar.2016. p. 200.

parâmetros constitucionais – especialmente os relativos à proteção da honra, da imagem, da privacidade e da personalidade em geral – e as expressas e específicas previsões legais nos âmbitos penal e cível". Tal decisão, embora vincule todo o Poder Judiciário brasileiro, merece ser analisada do ponto de vista crítico.

A autoexposição promovida pela própria vítima ou seus familiares afasta o direito ao esquecimento, pois rompe o nexo causal entre o exercício da liberdade de informação e a potencial lesão àquele direito. Em outras palavras, o direito ao esquecimento não pode ser invocado por quem, por ato próprio, projeta o acontecimento sobre a esfera pública, pois isso implicaria uma visão proprietária dos fatos e um controle do fluxo de informações da sociedade contra os quais o próprio direito ao esquecimento se insurge. Seria o caso, por exemplo, de a própria vítima ou seus familiares projetarem o acontecimento sobre a esfera pública, por meio de livros, entrevistas ou outros instrumentos, dando sua versão dos acontecimentos. Se o assim fizerem, não podem impedir que outros entes capazes de efetuar projeções sobre a esfera pública tratem do mesmo episódio.[65] À luz do princípio da boa-fé objetiva, nesse caso, haveria limites para a responsabilidade civil e, sobretudo, para a tutela inibitória, quando o próprio titular do direito fundamental o expõe e o disponibiliza na rede sem controle algum.[66]

Outro argumento contrário ao direito ao esquecimento frequentemente lembrado pela doutrina é o chamado *Efeito Streisand*. Barbra Streisand, famosa atriz e cantora norte-americana, no ano de 2003, processou o fotógrafo Kenneth Adelman sob a alegação de invasão de privacidade, formulando, entre os pedidos, indenização no valor de cinquenta milhões de dólares. O fotógrafo divulgou uma fotografia da casa da atriz em Malibu, Califórnia, mas, pela foto, não é possível ver o interior da mansão. A foto foi tirada de um helicóptero, a uma distância considerável. A foto terminou divulgada no *California Coastal Records Project*, fundado em 2002 com o objetivo de documentar todo o litoral da Califórnia.[67]

Antes do processo, a fotografia somente tinha seis visualizações, mas, em razão da publicidade decorrente da judicialização da questão, o número de acessos subiu, somente em um mês, para 420 mil – ou seja, um aumento percentual de quase 7 milhões. Esse é o *Efeito Streisand*, quando a tentativa de censurar ou remover algum tipo de informação acaba por aumentar ainda mais a sua publicidade,

---

65. SCHREIBER, Anderson, Direito ao esquecimento, In SALOMÃO, Luis Felipe; TARTUCE, Flávio. *Direito Civil,* op. cit., p. 76-77.

66. GOLDHAR, Tatiane Gonçalves Miranda. Direito ao esquecimento e o *venire contra factum proprium*: os efeitos da autoexibição na era digital. *Revista Fórum de Direito Civil*. Belo Horizonte, número 24, maio/ago. 2020, p. 57.

67. MARTINS, Guilherme Madeira. Esquecendo o esquecimento: tentativas de driblar o efeito Streisand. In: MORAES, Maria Celina Bodin; MULHOLLAND, Caitlin. *Privacidade hoje;* Anais do I Seminário de Direito Civil da PUC-RJ. Rio de Janeiro: PUC-RIO, 2017, pos. 670 (*e-book*).

atingindo, assim, o efeito inverso do inicialmente pretendido.[68] Como será visto mais adiante, a facilitação do exercício do direito ao esquecimento, por exemplo, por meio de formulários como aqueles disponibilizados pela Google na Europa, esvazia o denominado *Efeito Streisand*, normalmente gerado pela judicialização de demandas rumorosas. O uso dos meios alternativos de resolução de conflitos, mais uma vez, se impõe, como alternativa ao Judiciário.

Em cada caso ligado ao direito ao esquecimento, destaca-se ainda qual seria o papel da passagem do tempo, bem como a definição de como o tempo interage com as ideias de interesse público/noticioso e privacidade.[69]

Outra crítica feita ao direito ao esquecimento refere-se ao fato de que a possibilidade da retirada de *links* de outros domínios abriria espaço para que países que oferecem um regime de liberdade de expressão contestado em várias frentes possam fazer com que certo conteúdo seja eliminado não apenas de suas fronteiras físicas, mas de todo o mundo. Em outras palavras, a preocupação é a de que a liberdade de expressão seja igualada pelo seu mais baixo nível de proteção, sobretudo em casos envolvendo pedidos de desindexação em países autoritários.[70] Essa parece ser uma preocupação específica dos possíveis desdobramentos do caso Google Spain, mas que não pode ser oposta como um argumento obstativo do direito ao esquecimento, visto que em países ditatoriais ou onde a liberdade de expressão se mostra mais restrita trata-se de algo endêmico ao sistema, inclusive muito anteriormente àquela decisão do Tribunal de Justiça da União Europeia, integrando a própria arquitetura da Internet naqueles países. Trata-se, portanto, de um problema específico, que não pode ser generalizado sob o argumento de se combater a decisão do Tribunal de Justiça da União Europeia.

Parte da doutrina, além do próprio Supremo Tribunal Federal, que colocou uma verdadeira pá de cal na matéria ao acolher tal argumento no julgamento do Recurso Extraordinário 1.010.066 (Caso Aida Curi), aponta ainda uma identidade entre o direito ao esquecimento e o caso das biografias não autorizadas[71], caso em que, por unanimidade, o Plenário do Supremo Tribunal Federal, no dia 10 de junho de 2015, julgou procedente o pedido na Ação Direta de Inconstitucio-

---

68. MARTINS, Guilherme Madeira, op. cit., p. 683.
69. MONCAU, Luiz Fernando Marrey, op. cit., p. 43.
70. FRAJHOF, Isabella, *O direito ao esquecimento*, op. cit., p. 50-52: "aqueles que defendem um bloqueio global de conteúdo, baseado na legislação europeia, não poderão se opor quando Estados não democráticos também assim fizerem(...)Esta possibilidade, mais uma vez, tem a capacidade de distorcer a Internet enquanto fonte comum de acesso à informação, sendo importante indagar o que restará de informação *online* se qualquer conteúdo (legal ou ilegal) poderá ser removido globalmente".
71. ROSENVALD, Nelson. Direito ao esquecimento: incidirá o STF no *venire*? In: ROSENVALD, Nelson. *O Direito Civil em movimento*; desafios contemporâneos. Salvador: Juspodivm, 2017. p. 61.

nalidade 4.815[72], declarando inexigível a autorização prévia para a publicação de biografias. Como visto no início deste capítulo, o âmbito de aplicação do direito ao esquecimento é mais amplo do que o do diário ou da autobiografia, embora haja uma zona cinzenta comum, do ponto de vista das liberdades de expressão e de informação.

Com base no voto da relatora, Ministra Cármen Lúcia, a mencionada decisão concedeu interpretação conforme a Constituição aos artigos 20 e 21 do Código

---

72. A ementa é a seguinte: EMENTA: AÇÃO DIRETA DE INCONSTITUCIONALIDADE. ARTS. 20 E 21 DA LEI N. 10.406/2002 (CÓDIGO CIVIL). PRELIMINAR DE ILEGITIMIDADE ATIVA REJEITADA. REQUISITOS LEGAIS OBSERVADOS. MÉRITO: APARENTE CONFLITO ENTRE PRINCÍPIOS CONSTITUCIONAIS: LIBERDADE DE EXPRESSÃO, DE INFORMAÇÃO, ARTÍSTICA E CUL-TURAL, INDEPENDENTE DE CENSURA ADI 4815 / DF AUTORIZAÇÃO PRÉVIA (Art. 5º INCS. IV, IX, XIV; 220, §§ 1º E 2º) E INVIOLABILIDADE DA INTIMIDADE, VIDA PRIVADA, HONRA E IMAGEM DAS PESSOAS (Art. 5º, INC. X). ADOÇÃO DE CRITÉRIO DA PONDERAÇÃO PARA INTERPRETAÇÃO DE PRINCÍPIO CONSTITUCIONAL. PROIBIÇÃO DE CENSURA (ESTATAL OU PARTICULAR). GARANTIA CONSTITUCIONAL DE INDENIZAÇÃO E DE DIREITO DE RESPOSTA. AÇÃO DIRETA JULGADA PROCEDENTE PARA DAR INTERPRETAÇÃO CONFOR-ME À CONSTITUIÇÃO AOS ARTS. 20 E 21 DO CÓDIGO CIVIL, SEM REDUÇÃO DE TEXTO. 1. A Associação Nacional dos Editores de Livros – Anel congrega a classe dos editores, considerados, para fins estatutários, a pessoa natural ou jurídica à qual se atribui o direito de reprodução de obra literária, artística ou científica, podendo publicá-la e divulgá-la. A correlação entre o conteúdo da norma impugnada e os objetivos da Autora preenche o requisito de pertinência temática e a presença de seus associados em nove Estados da Federação comprova sua representação nacional, nos termos da jurisprudência deste Supremo Tribunal. Preliminar de ilegitimidade ativa rejeitada. 2. O objeto da presente ação restringe-se à interpretação dos arts. 20 e 21 do Código Civil relativas à divulgação de escritos, à transmissão da palavra, à produção, publicação, exposição ou utilização da imagem de pessoa biografada. 3. A Constituição do Brasil proíbe qualquer censura. O exercício do direito à liber-dade de expressão não pode ser cerceada pelo Estado ou por particular. 4. O direito de informação, constitucionalmente garantido, contém a liberdade de informar, de se informar e de ser informado. O primeiro refere-se à formação da opinião pública, considerado cada qual dos cidadãos que pode receber livremente dados sobre assuntos de interesse da coletividade e sobre as pessoas cujas ações, público-estatais ou público-sociais, interferem em sua esfera do acervo do direito de saber, de aprender sobre temas relacionados a suas legítimas cogitações. 5. Biografia é história. A vida não se desenvolve apenas a partir da soleira da porta de casa. 6. Autorização prévia para biografia constitui censura prévia particular. O recolhimento de obras é censura judicial, a substituir a administrativa. O risco é próprio do viver. Erros corrigem-se segundo o direito, não se coartando liberdades conquistadas. A reparação de danos e o direito de resposta devem ser exercidos nos termos da lei. 7. A liberdade é constitucional-mente garantida, não se podendo anular por outra norma constitucional (inc. IV do art. 60), menos ainda por norma de hierarquia inferior (lei civil), ainda que sob o argumento de se estar a resguardar e proteger outro direito constitucionalmente assegurado, qual seja, o da inviolabilidade do direito à intimidade, à privacidade, à honra e à imagem. 8. Para a coexistência das normas constitucionais dos incs. IV, IX e X do art. 5º, há de se acolher o balanceamento de direitos, conjugando-se o direito às liberdades com a inviolabilidade da intimidade, da privacidade, da honra e da imagem da pessoa biografada e daqueles que pretendem elaborar as biografias. 9. Ação direta julgada procedente para dar interpretação conforme à Constituição aos arts. 20 e 21 do Código Civil, sem redução de texto, para, em consonância com os direitos fundamentais à liberdade de pensamento e de sua expressão, de criação artística, produção científica, declarar inexigível autorização de pessoa biografada relativamente a obras biográficas literárias ou audiovisuais, sendo também desnecessária autorização de pessoas retratadas como coadjuvantes (ou de seus familiares, em caso de pessoas falecidas ou ausentes).

Civil, em consonância com os direitos fundamentais à liberdade de expressão da atividade intelectual, artística, científica e de comunicação, independentemente de censura ou licença de pessoa biografada (ou de seus familiares, relativamente a pessoas falecidas), relativamente a obras biográficas literárias ou audiovisuais. No caso, o Ministro Luís Roberto Barroso ressaltou que os direitos do biografado não ficarão desprotegidos; qualquer sanção pelo uso abusivo da liberdade de expressão deverá dar preferência aos mecanismos de reparação *a posteriori*, como a retificação, o direito de resposta, a indenização e, em último caso, a responsabilidade penal.

A decisão, portanto, apenas entendeu desnecessária a autorização prévia do biografado, de coadjuvantes ou de seus familiares (no caso de pessoa falecida ou ausente), tanto nas obras literárias como audiovisuais, com base nos direitos fundamentais à liberdade de pensamento e de expressão, de criação artística e de produção científica.[73]

Por outro lado, é certo que o Supremo Tribunal Federal, em diversos casos, afirmou a prevalência dos direitos fundamentais à expressão e à informação em hipóteses que envolvam restrições aos meios de comunicação social, como ocorreu quando a Lei de Imprensa (Lei 5.250/1967) foi declarada incompatível com a Constituição de 1988, mais de vinte anos depois, no julgamento da Arguição de Descumprimento de Preceito Fundamental 130/DF, proposta pelo Partido Democrático Trabalhista (PDT). O relator foi o Ministro Carlos Ayres Britto, tendo o julgamento ocorrido no dia 30 de abril de 2009.[74]

Já em um dos mais importantes julgamentos do Supremo Tribunal Federal, o caso Ellwanger (*Habeas Corpus* 82.424-2/RS, Tribunal Pleno, Min. Maurício Corrêa, j. 17.09.2003), no qual se discutiu sobre crime de racismo e antissemitismo, constitucionalmente agravado pela imprescritibilidade(artigo 5º, XLII,

---

73. FERRIANI, Luciana de Paula Assis. *Direito ao esquecimento*. São Paulo: Instituto dos Advogados de São Paulo, 2017. p. 79.
74. STF, Tribunal Pleno, ADPF 130, rel. Min. Carlos Ayres Britto, j. 30.04.2009. Segundo um trecho da ementa, "os direitos que dão conteúdo à liberdade de imprensa são bens de personalidade que se qualificam como sobredireitos. Daí que, no limite, as relações de imprensa e as relações de intimidade, vida privada, imagem e honra são de mútua excludência, no sentido de que as primeiras se antecipam, no tempo, às segundas; ou seja, antes de tudo prevalecem as relações de imprensa como superiores bens jurídicos e natural forma de controle social sobre o poder do Estado, sobrevindo as demais relações como eventual responsabilização ou consequência do pleno gozo das primeiras. A expressão constitucional 'observado o disposto nesta Constituição' (parte final do art. 220) traduz a incidência dos dispositivos tutelares de outros bens da personalidade, é certo, mas como consequência ou responsabilização pelo desfrute da 'plena liberdade de informação jornalística' (parágrafo primeiro do mesmo art. 220 da Constituição Federal. ROTHENBURG, Walther Claudius. Direitos de expressão e de informação: posição preferencial, biografias desautorizadas e esquecimento. In: SARLET, Ingo Wolfgang; MARTOS, José Antonio Montilla; RUARO, Regina Linden (coord.). *Acesso à informação como direito fundamental e dever estatal*. Porto Alegre: Livraria do Advogado, 2014. p. 160.

Constituição da República), por parte de um autor e editor que publicou um livro em que negava a ocorrência histórica do holocausto judeu durante a Segunda Grande Guerra no Século XX, o entendimento foi diferente. Foi afirmada, no caso, a limitação da liberdade de expressão, que não pode ser absoluta.[75]

Conforme reconheceu o Superior Tribunal de Justiça no julgamento do Recurso Especial 1.736.803-RJ (3ª Turma, rel. Min. Ricardo Villas Bôas Cueva, j. 28.04.2020), que faz menção ao julgamento pelo STF da ADPF 4.815/DF, a liberdade deve ser a regra, como elemento central do funcionamento do sistema democrático, desde que não haja colisão com outros direitos fundamentais e outros valores constitucionalmente estabelecidos.[76]

Convém destacar que o Supremo Tribunal Federal, ao julgar o Caso Aida Curi, Recurso Extraordinário 1.010.606, dando origem ao Tema de Repercussão Geral 786, feita uma ressalva aos casos de desindexação, não abrangidos por aquele julgamento[77], levou em conta o *hard case* das biografias não autorizadas[78], hipótese específica em que, como já reconhecido por aquela Corte, exigir prévia autorização poderia significar a própria extinção do gênero. O relator do Caso Aida Curi, Ministro Dias Toffoli, fez referência ao voto da Ministra Cármen Lúcia, relatora da ADI 4.815, no sentido da proeminência da liberdade de expressão, por seu caráter propulsor dos demais direitos fundamentais.[79]

---

75. STF, Tribunal Pleno, HC 82.424-2/RS, rel. Min. Maurício Corrêa, j. 17.09.2003. Segundo a ementa: "Liberdade de expressão. Garantia constitucional que não se tem como absoluta. Limites morais e jurídicos. O direito à livre expressão não pode abrigar, em sua abrangência, manifestações de conteúdo imoral que impeçam ilicitude penal. As liberdades públicas não são incondicionais, por isso devem ser exercidas de maneira harmônica, observados os limites definidos na própria Constituição Federal (CF, artigo 5º, parágrafo segundo, primeira parte). O preceito fundamental da liberdade de expressão não consagra o 'direito à incitação ao racismo', dado que um direito individual não pode constituir-se em salvaguarda de condutas ilícitas, como sucede com os delitos contra a honra. Prevalência dos princípios da dignidade da pessoa humana e da igualdade jurídica".

76. MENDES, Gilmar Ferreira; BRANCO, Paulo Gustavo Gonet. *Curso de Direito Constitucional*. 12. ed. São Paulo: Saraiva, 2017. p. 264.

77. STF, Pleno, Recurso Extraordinário 1.010.606, rel. Min. Dias Toffoli, j. 11.02.2021.

78. José Joaquim Gomes Canotilho, Jónatas E. M. Machado e Antônio Pereira Gaio Júnior assim definem as biografias não autorizadas: "a obra que, como o nome indica, abrange textos onde se pretende narrar, total ou parcialmente, com um grau razoável de sistematicidade e completude, a vida de uma pessoa, ou aspectos específicos da mesma, do ponto de vista espacial ou temporal. Diz-se *não autorizada* a biografia que não conta com a autorização expressa ou tácita do visado, prescindindo da sua colaboração e pretendendo subtrair-se aos pedidos ou ditames. De um modo geral, estas biografias incidem sobre figuras públicas, tendo por isso interesse público e suscitando o interesse do público. No entanto (...) não está excluída a possibilidade de versarem mesmo sobre figuras privadas". CANOTILHO, José Joaquim Gomes; MACHADO, Jónatas E. M.; GAIO JÚNIOR, Antônio Pereira. *Biografia não autorizada versus liberdade de expressão*. 3. ed. Curitiba: Juruá, 2017. p. 35-36.

79. Foram suas palavras: "A atualidade apresenta desafios novos quanto ao exercício desse direito. A multiplicidade dos meios de transmissão da palavra e de qualquer forma de expressão sobre o outro amplia as definições tradicionais cogitadas nos ordenamentos jurídicos e impõe novas formas de pensar o pensamento sem o esvaziamento de outros direitos, como o da intimidade e da privacidade. Em toda

A doutrina aponta, em relação às biografias não autorizadas, as seguintes circunstâncias relevantes: (i) a repercussão emocional do fato sobre o biografado; (ii) a atitude mais ou menos reservada do biografado em relação ao fato; (iii) a importância daquele fato para a formação da personalidade do biografado (e, portanto, a necessidade de sua divulgação no âmbito da biografia); (iv) o eventual envolvimento de terceiros e seu grau de identificação no relato; (v) o formato da apresentação do fato, que pode ser mais ou menos sensacionalista; e (vi) os riscos para outros direitos do biografado, como o seu direito à honra, que, como já visto, pode ser atingido indevidamente mesmo pela divulgação de fatos verdadeiros.[80]

Esses parâmetros poderiam constar da própria legislação, como ocorreu no artigo 79 do Código Civil Português[81], que estabeleceu critérios específicos para os Tribunais nessa matéria. Na omissão legislativa, a doutrina busca diretrizes, como se verifica do Enunciado 279, aprovado na IV Jornada de Direito Civil, relativo ao direito à imagem:

> "A proteção à imagem deve ser ponderada com outros interesses constitucionalmente tutelados, especialmente em face do direito de amplo aceso à informação e à liberdade de imprensa. Em caso de colisão, levar-se-á em conta a notoriedade do retratado e dos fatos abordados, bem como a veracidade destes, ainda, as características da sua utilização (comercial, informativa, biográfica), privilegiando-se medidas que não restrinjam a divulgação de informações".

Mesmo nas biografias não autorizadas, portanto, não há uma solução pronta para todos os casos. Não necessariamente prevalecerá a circulação de informações, visto que "se é certo que a restrição à circulação da obra representa uma medida extrema, a conservação da lesão à personalidade do biografado não encontra justificativa em nossa ordem constitucional, pautada pela tutela à dignidade humana. Vale dizer: concluindo-se que a privacidade do biografado deve prevalecer sobre a liberdade de expressão/informação no caso concreto, a retirada de circulação é medida cabível e até recomendável como fruto da ponderação".[82]

---

a história da humanidade, entretanto, o fio condutor de lutas de direitos fundamentais é exatamente a liberdade de expressao. Quem, por direito, nao é senhor do seu dizer não se pode dizer senhor de qualquer direito". Mas, em seguida, o relator cita um trecho do voto do Ministro Luís Roberto Barroso, ainda no caso da ADIn 4.815, no sentido de que "a liberdade de expressão, na democracia brasileira, deve ser tratada como uma liberdade preferencial", o que, esclareceu, *não significa hierarquizá-la em relação a outros direitos fundamentais*" (g.n.).

80. SCHREIBER, Anderson. *Direitos da personalidade*. 2. ed. São Paulo: Atlas, 2013. p. 149-150.

81. Artigo 79, Código Civil Português. "Não é necessário o consentimento da pessoa retratada quando assim o justifiquem a sua notoriedade, o cargo que desempenhe, exigências de polícia ou de justiça, finalidades científicas, didácticas ou culturais, ou quando a reprodução da imagem vier enquadrada na de lugares públicos, ou na de factos de interesse público ou que hajam decorrido publicamente".

82. SCHREIBER, Anderson. *Direitos da personalidade*, 2. ed., op. cit., p. 151.

Não se pode falar, nas biografias não autorizadas, genericamente, em uma preferência de publicação em caso de dúvida, cabendo sempre a ponderação ao magistrado, para verificar, no caso, qual dos interesses protegidos há de prevalecer. Se é certo que a restrição é medida traumática para a editora e o biógrafo, não seria menos drástica a decisão judicial que afirmasse que, mediante o pagamento de indenização, a lesão à privacidade, à honra ou à imagem poderia continuar sendo perpetrada pela circulação da obra. Isso seria equivalente a atribuir um preço à intimidade do biografado, com efeitos nefastos.[83] Raciocínio semelhante pode ser aplicado ao direito ao esquecimento.

Parte da doutrina defende a distinção entre os fatos já exauridos ou definidos, e os fatos em evolução ou em definição. Os fatos já exauridos seriam aqueles cujos acontecimentos já ocorreram. O fato em evolução é aquele cujos acontecimentos que o formatam ainda não se exauriram e, portanto, estão em evolução. No primeiro caso, seria exemplo o cometimento de assassinatos em massa na Segunda Guerra Mundial. Por outro lado, seria exemplo de fato em evolução aquele retratado em informação de um agente público alvo de investigação por improbidade administrativa, considerando que o procedimento não é um fim em si, reclamando atos subsequentes. Para os defensores de tal visão, os fatos exauridos, estando findos, restariam protegidos pela liberdade de informação. Já os fatos em evolução admitiriam atualização, porque a liberdade de informação exige a veracidade como requisito.[84]

Embora engenhosa a construção, não há como excluir o direito ao esquecimento sobre os fatos já consolidados ou exauridos, como ocorreu, por exemplo, no caso da Chacina da Candelária, julgado pelo Superior Tribunal de Justiça, sendo que o mais importante é verificar os valores envolvidos, ou seja, a liberdade de expressão e de informação, de um lado, e, do outro, a dignidade da pessoa humana e a identidade pessoal. Não se pode atribuir ao direito ao esquecimento a condição de um "cheque em branco" que vise à impunidade de maus políticos processados no passado por improbidade ou corrupção, caso em que o interesse público sempre prevalecerá. Deve-se, da mesma forma, evitar visões que enalte-

---

83. SCHREIBER, Anderson. *Direitos da personalidade*, 2. ed., op. cit., p. 151.

84. FARAH, André. Direito ao esquecimento: algumas ideias à luz da liberdade de informação. *Revista Jurídica Unigran*. Dourados, v. 20, n. 40, jul./dez. 2018. p. 57-58. Conclui o autor que: "1. a informação já postada na Internet, relacionada a fato definitivo de transcendência pública, não deve sofrer os efeitos a que se propõe o direito ao esquecimento, sendo este um espaço para a liberdade de informação. 2. a informação já inserida no meio digital, referente a fato de transcendência pública em definição, deve ser atualizada ou retificada, para que a veracidade da mesma seja mantida, figurando esta situação um espaço para a liberdade de informação. 3. A informação já encontrada no universo online e caracterizada como privada pode ser atingida pelo direito ao esquecimento".

çam critérios que priorizem a qualquer custo a liberdade de expressão, considerando ainda que o direito ao esquecimento pode incidir sobre fato verdadeiro.

A especificidade do direito ao esquecimento na Internet não se restringe à forma de tutela. O próprio conceito de esquecimento sofre profundas transformações, na medida em que não se trata apenas de limitar a divulgação de informações pessoais destituídas de interesse social ou informativo por terceiros, como também de se reapropriar do controle dos dados muitas vezes fornecidos pelo próprio interessado, como condição para o exercício de determinado serviço. Trata-se, portanto, da pretensão de apagar uma informação muitas vezes voluntariamente tornada pública.[85]

Para os críticos, abraçando posicionamento que terminou acolhido pelo Supremo Tribunal Federal no Tema 786 de Repercussão Geral, a possibilidade de que determinadas informações sejam desindexadas permite que o desejo de um único indivíduo sobressaia sobre o interesse da coletividade.[86] Não há, no entanto, uma fórmula pronta para todas as hipóteses.

Em qualquer caso, portanto, deve haver uma ponderação de interesses entre o direito ao esquecimento e a liberdade de imprensa, somente podendo ocorrer o seu reconhecimento caso se trate de ofensa suficientemente grave à pessoa humana, de modo a restringir a disseminação de determinada informação.

Cumpre, aqui, distinguir as liberdades de conteúdo intelectual, separando o pensamento não exteriorizado daquele já manifestado. Surge assim uma divisão entre a liberdade de pensamento, configurada na liberdade de opinião, ainda que não manifestada, e liberdade de opinião, por meio da qual se tutela a livre manifestação do pensamento.[87]

A liberdade de opinião pode ser considerada o ponto de partida para todas as outras espécies de liberdade de pensamento, pois representa a possibilidade de o indivíduo adotar a atitude intelectual que melhor lhe aprouver.[88]

---

85. HEYLLIARD, Charlotte. *Le droit à l'oubli sur l'Internet*, op. cit., p. 41.

86. FRAJHOF, Isabella, *O direito ao esquecimento*, op, cit., p 56. Para a autora, op. cit., p. 57, uma possível alternativa à desindexação seria a obrigação de que os provedores de busca disponibilizassem em sua página de resultados de pesquisa um asterisco com um *hiperlink*, direcionando os usuários para uma página em que as versões das histórias pudessem ser esclarecidas. Essa espécie de direito de resposta evitaria a descontextualização das informações retornadas e uma restrição indevida à liberdade de expressão e ao acesso à informação, aumentando a transparência dos tipos de pedidos direcionados aos provedores de busca.

87. SOUZA, Carlos Affonso Pereira de. As cinco faces da proteção à liberdade de expressão no Marco Civil da Internet. In: DE LUCCA, Newton; SIMÃO FILHO, Adalberto; LIMA, Cintia Rosa Pereira de. *Direito & Internet*. v. III. Tomo II. São Paulo: Quartier Latin, 2015. p. 380-381.

88. SOUZA, Carlos Affonso Pereira de. As cinco faces, op. cit., p. 381.

A proteção constitucional à liberdade de opinião está contemplada na parte inicial do art. 5º, VI, da Constituição Federal, segundo o qual "é inviolável a liberdade de consciência e de crença", bem como na redação do art. 5º, VIII, que garante a liberdade de crença religiosa e de convicção filosófica.

Já a liberdade de expressão aparece contemplada no artigo 5º, IV, da Constituição da República, que garante a livre manifestação do pensamento, sendo vedado o anonimato, e no artigo 5º, XIV, segundo o qual "é assegurado a todos o acesso à informação e resguardado o sigilo da fonte, quando necessário ao exercício profissional". O artigo 220 da Constituição, da mesma forma, enuncia que "a manifestação do pensamento, a criação, a expressão e a informação, sob qualquer forma, processo ou veículo não sofrerão qualquer restrição, observado o disposto nesta Constituição".

Por um lado, conceder a cada cidadão ou empresa a prerrogativa de decidir o que pode ou não ser dito a seu respeito, ao menos potencialmente, viola o direito coletivo à informação. Em um exemplo, um artista teria a oportunidade de apagar de seus registros as críticas negativas feitas a seu trabalho.[89] E, em grau de maior risco à sociedade, agentes públicos e pessoas notórias poderiam apagar todas as referências a seus atos ilícitos ou desairosos à sua personalidade. Logo, os limites do direito ao esquecimento exigem todo um exercício interpretativo.[90]

---

89. Nesse sentido, a pertinente observação de Gustavo Binenbojm: "o parâmetro da 'inadequação ou irrelevância' da informação é problemático. Em primeiro lugar, porque há informações que podem soar inadequadas aos ouvidos de quem se sinta atingido, mas cuja divulgação seja do mais cristalino interesse social. Por exemplo, no Brasil há decisões judiciais que consideram *inadequada* a veiculação de documentários e obras romanceadas de viés histórico sobre pessoas que, condenadas pela Justiça, já tenham cumprido a pena. A margem de subjetividade sobre o *valor histórico* da informação em cada caso é enorme, dando azo a insegurança e incongruências.

Em segundo lugar, porque nem sempre é possível distinguir, de antemão, os dados que se tornarão *irrelevantes* e poderão ser descartados daqueles que são essenciais à preservação da memória coletiva e da historiografia social. Em geral, a relevância é associada à contemporaneidade da notícia aos fatos, o que às vezes não é um critério válido. Quem poderia imaginar, por exemplo, que uma fotografia, publicada pelo jornal *O Globo* no dia seguinte ao do suposto acidente automobilístico que causou a morte da estilista Zuzu Angel, revelaria anos depois o rosto de um ex-agente da ditadura militar provavelmente envolvido no episódio? Aqui, caso tivessem sido aplicados os critérios de relevância e contemporaneidade da notícia, a foto certamente teria sido descartada.

Em interessante postura intermediária, a Corte Constitucional italiana procurou harmonizar a liberdade de imprensa e o direito difuso à informação com a proteção à honra e à imagem, mediante decisão de ponderação que impôs a um veículo de comunicação o dever de *atualizar* a notícia acerca de determinada pessoa. Por considerar que seria uma forma de censura exigir que um portal de notícias retirasse do ar uma matéria de interesse público, a Corte exigiu a atualização da notícia, evitando que se cristalizasse para o leitor uma informação antiga que já não expressava a realidade sobre o assunto em questão". BINENBOJM, Gustavo. *Liberdade igual,* op. cit., p. 32.

90. MACHADO, José Eduardo Marcondes. O direito ao esquecimento e os direitos da personalidade. In: GUERRA, Alexandre Dartanhan de Mello (coord.). *Estudos em homenagem a Clóvis Beviláqua por ocasião do centenário do Direito Civil codificado no Brasil.* São Paulo: Escola Paulista da Magistratura, 2018. p. 249.

O âmbito de proteção do direito à informação, observa Daniel Sarmento na mencionada consulta a pedido das Organizações Globo, é amplo. Ele abarca todas as questões que apresentam algum interesse público, sendo que esse deve ser concebido de maneira alargada, para abranger a mais ampla variedade de matérias que tenham relevo para a vida social. Há interesse público na atividade política, bem como na atuação dos poderes públicos e de seus agentes. Mas ele também está presente nos temas relativos a costumes, criminalidade, práticas e relações sociais, vida econômica, esportes, entretenimento, artes, religião etc. Citando decisões do Supremo Tribunal Federal[91], o autor menciona uma presunção de interesse público nas informações transmitidas por aqueles que integram o Poder Judiciário – "o papel de definir o que a sociedade tem ou não o direito de saber".[92]

Boa parte da doutrina publicista defende uma prevalência *a priori* da liberdade de expressão, sobretudo quando estiver relacionada com um tema de interesse público, o que atenderia a diversos propósitos constitucionais: evidenciar a importância da democracia, em face do Estado e da sociedade, bem como fomentar o princípio da confiança do povo nos seus governantes, garantindo que a coletividade seja bem-informada, podendo, a partir daí, escolher melhor seus representantes.[93]

O constitucionalismo norte-americano, sob o véu da Primeira Emenda à Constituição, considera, portanto, que a liberdade de expressão é fundamental para o funcionamento da moderna democracia deliberativa, consagrando-a enquanto condição necessária para a autonomia privada. Já os sistemas europeus, provavelmente em virtude das experiências vividas na primeira metade do século XX, em especial o poderoso efeito da retórica nazista que custou tantas vidas durante o Reich e a Segunda Guerra Mundial, conferem maior peso à dignidade,

---

91. Reclamação 18638 MC, Rel. Min. Luís Roberto Barroso, j. 17.09.2014: "o interesse público na divulgação e informações (...) é presumido. A superação dessa presunção, por algum outro interesse público ou privado, somente poderá ocorrer, legitimamente, nas situações-limite, excepcionalíssimas, de quase ruptura do sistema".

92. SARMENTO, Daniel. Liberdades comunicativas e "Direito ao esquecimento" na ordem constitucional brasileira, op. cit., p. 197. Segundo o voto do Ministro Dias Toffoli no Recurso Extraordinário 1.010.606, j. 11.02.2021, "é de potencial interesse público o que possa ser licitamente obtido e divulgado. Desse modo, um dado que não possa ser objeto de divulgação não é, em qualquer circunstância, dotado de interesse público. Interesse público pressupõe licitude. E licitude implica respeito aos direitos da personalidade. Nossa Constituição é rica em previsões protetivas dos direitos da privacidade e de inviolabilidades do indivíduo. Vide: 'Art. 5º Todos são iguais perante a lei, sem distinção de qualquer natureza, garantindo-se aos brasileiros e aos e estrangeiros residentes no País a inviolabilidade do direito à vida, à liberdade, à igualdade, à segurança e à propriedade, nos termos seguintes (...) V – é assegurado o direito de resposta, proporcional ao agravo, além da indenização por dano material, moral ou à imagem (...) X – são invioláveis a intimidade, a vida privada, a honra e a imagem das pessoas, assegurado o direito a indenização pelo dano material ou moral decorrente de sua violação'".

93. CHEQUER, Cláudio. *A liberdade de expressão como direito fundamental preferencial prima facie*. 2. ed. Rio de Janeiro: Lumen Juris, 2017. p. 292.

quando essa entrar em conflito, ainda que aparente, com a liberdade de expressão, havendo inclusive legislação específica nesse sentido, no tocante ao Holocausto ou à negação da memória nacional.[94]

No entanto, como bem pondera a professora Silmara Chinellato, o direito à informação não é absoluto.[95] A Constituição Federal o garante em face do Estado, completado pelo direito de petição aos órgãos públicos (inciso XXXIII do art. 5º.), mas o direito à informação relativo a qualquer pessoa encontra maiores limitações. A informação com verdadeiro interesse público diz respeito, por exemplo, à saúde, à segurança, à prevenção contra mensagens que abalem ou iludam a confiança do público e à destinação de verbas públicas.[96] Em relação ao chamado "direito dos juízes", garantia de uma ordem jurídica democrática e justa, deve-se ter em conta ainda a garantia do princípio do Livre Acesso à Justiça, como direito fundamental, evitando-se tentativas de impor obstáculos de acesso ao Judiciário, na forma do Art. 5º, XXXV, da Constituição da República: "a lei não excluirá da apreciação do Poder Judiciário lesão ou ameaça a direito". Em um país que passou por uma experiência ditatorial ainda recente, com juízes da Suprema Corte cassados por perseguição político-ideológica, um dos principais pilares da democracia reside justamente no Judiciário, que é o poder constitucionalmente vocacionado a solucionar conflitos de interesses.

Ademais, a liberdade de expressão, em sua origem, está ligada à livre manifestação de crítica ao antigo regime, mas a sua evolução deve ser acrescida à dimensão coletiva em que a liberdade de exprimir suas convicções contribui para a formação de uma opinião pública pluralista. Isso condiciona a democracia, bem como o exercício de outros direitos fundamentais.[97]

A liberdade de expressão não existe como um fim em si mesma ou como um direito natural; não existe sem o homem, esse sim o fim em si mesmo e de todas as

---

94. MURRAY, Andrew. *Information technology law;* the law and society. 2. ed. Oxford: Oxford University Press, 2013. p. 114-115.

95. No mesmo sentido, defende Luis Gustavo Grandinetti Castanho de Carvalho que, "tanto a liberdade de expressão como a de informação encontram limites constitucionais. A diferença básica é que, enquanto na primeira há maior licença para a criação e a opinião, a segunda deve prestar obediência à verdade objetiva. Mas nenhuma delas é totalmente imune de controle, do mesmo modo que nenhum direito é absoluto. Vivemos em um Estado de Direito em que o exercício dos vários direitos devem ser harmônicos entre si e em relação ao ordenamento jurídico". CARVALHO, Luis Gustavo Grandinetti Castanho de. *Direito de informação e liberdade de expressão.* Rio de Janeiro: Renovar, 1999. p. 49.

96. CHINELLATO, Silmara Juny de Abreu. Liberdade de expressão: direitos da personalidade, op. cit., p. 214.

97. MAURMO, Júlia Gomes Pereira. *Direito ao esquecimento:* um imperativo de saúde. Curitiba: CRV, 2019. p. 46.

CAPÍTULO 2 • MODALIDADES DE EXERCÍCIO DO DIREITO AO ESQUECIMENTO

coisas.[98] Entre os propósitos da liberdade de expressão, podem ser destacados: a busca pela verdade, que, em regra, se traduz em fatos históricos; o direito fundamental à memória; a participação democrática, enquanto troca de ideias imprescindíveis à construção da sociedade; e a manifestação da personalidade individual.[99]

Não se pode deixar de observar que as empresas midiáticas visam ao aumento da demanda de capitais que, não raro, são reflexo das pesquisas de opinião, de modo que, quanto maior a possibilidade de se aumentar a audiência – IBOPE –, maior o interesse pela divulgação de determinada notícia, programa, propaganda, seja na Internet, seja nos meios de comunicação tradicionais, entre outras informações. O público igualmente deseja exercer sua liberdade de expressão, na medida em que deseja ser informado, seja por utilidade, seja por simples entretenimento.[100]

A utilidade informativa da divulgação da notícia deve ser sempre sopesada com os riscos trazidos pela recordação do fato à pessoa envolvida.[101]

A proteção não é limitada aos fatos sigilosos, abrangendo ainda informações que ampliem a divulgação e o despertar da memória, de modo que acontecimentos largamente divulgados no passado, e que se encontram adormecidos no presente, potencialmente podem ser tutelados pelo direito ao esquecimento.[102]

Conforme admitido no caso *Google Spain*, o direito ao esquecimento, assim como outros direitos da personalidade, pode ser relativizado em relação às pessoas públicas, em geral, e aos políticos, em especial, considerados estes como aqueles que gerem a coisa pública ou representam a verdade popular, agindo, assim, em nome e no interesse da coletividade.

Sua atividade se desenvolve de forma pública, sob a fiscalização da sociedade. Podem ser ainda consideradas a necessidade de autoexposição, de promoção pessoal ou do interesse público na transparência de determinadas condutas.[103] É por esse motivo que a divulgação, a discussão e a crítica de atos ou decisões do poder público, ou de seus agentes, não vêm sendo considerados um abuso de liberdade de imprensa, desde que não se trate de matéria reservada ou sigilosa e a crítica inspirada no interesse público, não estando presente o ânimo de injuriar, de caluniar ou difamar.[104]

---

98. MACHADO, Jónatas E.M. *Liberdade de expressão, dimensões constitucionais da esfera pública no sistema social.* Coimbra: Coimbra Editora, 2002. p. 238.
99. MAURMO, Júlia Gomes Pereira. *Direito ao esquecimento,* op. cit., p. 46-47.
100. MAURMO, Júlia Gomes Pereira. *Direito ao esquecimento,* op. cit., p. 48.
101. SCHREIBER, Anderson. *Direitos da personalidade.* São Paulo: Atlas, 2011. p. 166.
102. MACHADO, José Eduardo Marcondes, op. cit., p. 265.
103. BARROSO, Luís Roberto, Liberdade de expressão, op. cit., p. 76.
104. GODOY, Claudio Luiz Bueno de. *A liberdade de imprensa e os direitos da personalidade.* 3. ed. São Paulo: Atlas, 2015. p. 72.

É preciso ter cautela, visto que, por vezes, mesmo fatos relativos à vida estritamente pessoal do político podem ostentar relevância ou interesse do conhecimento do público. Primeiro, pelo próprio processo de escolha daqueles ocupantes de cargos que sejam eletivos. É perfeitamente lícita a referência pública ao passado, ao modo de se portar e de ser de alguém que almeja ocupar cargo público, sem o que, afinal, o que se estará limitando é a própria livre opção de escolha ou fiscalização do cidadão.[105]

Como observa Claudio Luiz Bueno de Godoy, há dados da vida pessoal do gestor público que, aparentemente reservados, concernentes à sua vida privada e por vezes familiar, podem bem interessar ao conhecimento público, para relevância ao julgamento da aptidão para a função pública de que se encontra investido ou se pretende investir.[106] O autor cita o exemplo do "Caso Profumo", ministro da defesa britânico que mantinha relacionamento íntimo com uma jovem que, por sua vez, mantinha idênticos contatos com adido militar soviético. Ou o caso de prática agressiva, em relação aos filhos, de quem seja o responsável, por exemplo, por alguma função pública educativa ou de formação de jovens.[107]

Para Gustavo Tepedino, mesmo o homem público tem o sagrado direito de ver resguardada sua vida sentimental ou sexual; a manter em sigilo quem a exibe ou a frequenta. O mesmo não pode ser dito, contudo, se ele expressa um moralismo exacerbado e é visto, pela imprensa, em situação que contradiga sua pregação e a de seu partido. É, aí, interesse do público e do eleitor ser bem-informado. No caso, autoriza-se a informação, a bem do interesse público.[108]

No entanto, a redução da esfera existencial dessas pessoas não significa seu completo aniquilamento. Deve-se preservar ainda uma área nuclear inviolável,

---

105. GODOY, Claudio Luiz Bueno de, op. cit., p. 73.
106. No mesmo sentido, ensina a professora Silmara Chinellato: "Questão bastante delicada que merece ponderação é a divulgação de fatos da intimidade da pessoa notória biografada ou de alguma forma retratada em obra, os quais não guardem pertinência com o motivo pelo qual se tornou notória ou célebre. A pessoa notória, impropriamente denominada 'pessoa pública', não perde a privacidade nem a intimidade, sofrendo restrições quanto a fatos ligados ao interesse público, assim os considerados relativos à *res publica*, como o são os agentes políticos, os servidores públicos, no exercício da função. *Res publica* que legitima o interesse público não se confunde com o interesse do público, esse sempre presente nas bisbilhotagens, na curiosidade pela vida alheia.
    Interessam os amores de um Governante? A resposta depende de quanto esse relacionamento interferiu no Governo. Se não interferiu, se não houve aproveitamento de recursos públicos, se não existiu o denominado 'tráfico de influência', a resposta inclina-se para a não configuração do interesse público. Se, ao contrário, esse relacionamento interfere no Governo, nas decisões do Governante, há interesse público na divulgação da biografia". CHINELLATO, Silmara Juny de Abreu. Liberdade de expressão: direitos da personalidade, op. cit., p. 221.
107. GODOY, Claudio Luiz Bueno de, op. cit., p. 73.
108. TEPEDINO, Gustavo. Informação e privacidade. In: TEPEDINO, Gustavo. *Temas de Direito Civil*. Rio de Janeiro: Renovar, 1999. p. 474.

representada, antes de tudo, pela indevassabilidade da sua vida privada em seu ambiente familiar.[109]

Portanto, mesmo as pessoas públicas e notórias devem estar a salvo da perseguição sensacionalista. O sensacionalismo não se amolda à natureza institucional da atividade de comunicação, exigindo-se dela objetividade e probidade intelectual. Da mesma forma, as pessoas públicas ou notórias têm direito a que não mais se divulguem e noticiem eventos ou imagens que, embora de interesse da coletividade quando ocorrem, com o tempo perdem esse sentido institucional.[110]

Ao lado das pessoas da história de seu tempo em sentido absoluto, há também aquelas que o são em sentido relativo, por ganharem notoriedade por sua participação em um acontecimento da atualidade, que se revista de interesse à coletividade. Pode ser o caso de pessoas atingidas por uma catástrofe natural, vítimas de perseguição racial ou social ou, ainda, de grandes acidentes.[111]

Pode ser ainda o caso das pessoas envolvidas em fatos de interesse cultural ou científico, por exemplo, um indivíduo acometido de uma doença rara ou nova. Por causa disso, ou do interesse da coletividade aí suscitado, abre-se maior campo à devassa da sua vida. Pode ainda se tratar da pessoa submetida a uma revolucionária técnica médica, cirúrgica ou terapêutica que induz interesse coletivo, que deve ser ponderado com a esfera existencial do paciente.

Consoante o artigo 4º, III, da Lei 8.078/90, que se aplica aos provedores de redes sociais, considerando a remuneração indireta dos respectivos serviços (art. 3º, § 2º, do Código de Defesa do Consumidor), constitui princípio da Política Nacional das Relações de Consumo a "harmonização dos interesses dos participantes das relações de consumo e compatibilização da proteção do consumidor com a necessidade de desenvolvimento econômico e tecnológico".

As vozes contrárias ao direito ao esquecimento argumentam, muitas vezes, que é necessário atribuir preferência à liberdade de informação, resolvendo-se a questão em futura indenização por danos causados. Afirma-se que haveria uma imprevisibilidade quanto à possibilidade jurídica de realização de programas televisivos, edição de livros e daí por diante, instaurando-se uma insegurança generalizada que poderia prejudicar a liberdade de informação em detrimento de toda a sociedade.[112]

---

109. GODOY, Claudio Bueno de, op. cit., p. 74.
110. GODOY, Claudio Bueno de, op. cit., p. 74.
111. GODOY, Claudio Bueno de, op. cit., p. 78.
112. SCHREIBER, Anderson. Direito ao esquecimento. In: SALOMÃO, Luis Felipe; TARTUCE, Flávio. *Direito Civil*, op. cit., p. 77-78.

Em qualquer hipótese de colisão de direitos fundamentais, não se pode falar em uma previsibilidade absoluta, nada obstando à técnica da ponderação, no caso da liberdade de informação.

Não há dúvida de que os casos de colisão entre liberdade de informação e outros direitos fundamentais têm chegado com frequência cada vez maior aos tribunais, inclusive no Supremo Tribunal Federal, que tem tido, por isso mesmo, a oportunidade de fixar critérios ou parâmetros, fornecendo para o futuro uma cartilha de quais os cuidados a serem adotados nas situações limítrofes (por exemplo, não descrever em minúcias a prática de violências sexuais ou não expor imagens da família em enterros).[113]

E não pode ser negado que, embora a liberdade de expressão seja um dos elementos fundantes da democracia, não se trata do único, devendo conviver com a igualdade, a solidariedade e o direito ao livre desenvolvimento da personalidade de cada indivíduo, igualmente reconhecidos pela Constituição da República.[114]

A disciplina dos direitos da personalidade exige técnica legislativa fundada em cláusulas gerais, que, escapando aos rigores de uma técnica excessivamente regulamentar, se mostre capaz de acompanhar a evolução tecnológica e científica, revelando-se ainda compatível com o fato de que as lesões a interesses existenciais protegidos pelo ordenamento jurídico provêm, muitas vezes, de condutas que procuram realizar interesses existenciais outros, igualmente tutelados. A dignidade humana, em não raras oportunidades, pode ser invocada em lados opostos de uma mesma disputa. A extensão de cada direito da personalidade só pode ser medida em face do interesse com o qual colide.[115]

Para Anderson Schreiber, a "solução" consubstanciada na oferta de indenização posterior, deixando-se de impedir a conduta lesiva no momento em que ocorre, contraria toda a evolução da responsabilidade civil contemporânea, que pretende prevenir os danos em vez de simplesmente indenizá-los pecuniariamente.[116] A deturpação da projeção do ser humano sobre a esfera pública é, frequentemente, irremediável, e a "marca" que lhe é atribuída publicamente não se apaga com o recebimento de qualquer soma de dinheiro. Indenizações pecuniárias são

---

113. SCHREIBER, Anderson. Direito ao esquecimento. In: SALOMÃO, Luis Felipe; TARTUCE, Flávio. *Direito Civil*, op. cit., p. 78.

114. COELHO, Júlia Costa de Oliveira, op. cit., p. 30.

115. SCHREIBER, Anderson. Os direitos da personalidade e o Código Civil de 2002. In: SCHREIBER, Anderson. *Direito Civil e Constituição*. São Paulo: Atlas, 2013. p. 28.

116. No mesmo sentido, observa com precisão a professora Silmara Juny Chinellato: "A tutela é preventiva também e não só a posteriori, para se converter em indenização como se pretende, o que não se coaduna com a defesa da pessoa humana". CHINELLATO, Silmara Juny de Abreu. Liberdade de expressão: direitos da personalidade, op. cit., p. 225.

CAPÍTULO 2 • MODALIDADES DE EXERCÍCIO DO DIREITO AO ESQUECIMENTO

ineficazes na reparação de um dano que se liga à própria identificação social do indivíduo e que pode acompanhá-lo, de modo permanente, por toda a vida.[117]

Mas a principal consequência do exercício do direito ao esquecimento, tendo em vista o princípio da precaução, deve ser a imposição de obrigações de fazer e não fazer, consagrando o "direito de não ser vítima de danos", tendo em vista, após a ponderação dos interesses envolvidos, a retirada do material ofensivo. O contrário vai de encontro à principiologia de toda a responsabilidade civil contemporânea, de modo que a deturpação da projeção do ser humano sobre a esfera pública é frequentemente irremediável e a "marca" que lhe é atribuível publicamente não se apaga com o recebimento de qualquer soma em dinheiro. Segundo Anderson Schreiber, indenizações pecuniárias são ineficazes na reparação de um dano que se liga à própria identificação social de um indivíduo e que pode acompanhá-lo de modo permanente por toda a vida.[118]

Nesse sentido, o comando do artigo 12 e parágrafo único do Código Civil: "Pode-se exigir que cesse a ameaça, ou a lesão, a direito da personalidade, e reclamar perdas e danos, sem prejuízo de outras sanções pecuniárias".[119]

"Mais vale prevenir do que remediar", já dizia o velho adágio. A própria premissa da responsabilidade civil repressiva (dever de indenizar os danos "causados pelo infrator" ou, mais modernamente, os danos "sofridos pela vítima" parece insuficiente e até mesmo inadequada para fundamentar um instituto atualmente predestinado – como todo o direito privado – a proteger os direitos fundamentais e transindividuais.[120]

Se algum dos interesses em conflito deve contar com uma preferência apriorística, certamente é o interesse ligado à dignidade da pessoa humana. O argumento de que o interesse da sociedade pela livre informação prevalece sobre interesses individuais reedita perigosamente uma equação tipicamente autoritária, que defende o coletivo como sendo superior ao individual. Em se tratando de atributos essenciais da personalidade humana, ocorre o oposto: o individual é que deve prevalecer, em sintonia com a ideia de autonomia existencial do ser humano, que não pode sofrer intervenções fundadas no interesse alheio. O corpo do ser humano é inviolável, ainda que a sociedade possa ser beneficiada por tra-

---

117. SCHREIBER, Anderson. Direito ao esquecimento. In: SALOMÃO, Luis Felipe; TARTUCE, Flavio. *Direito Civil*, op. cit., p. 78.
118. SCHREIBER, Anderson. Direito ao esquecimento. In: SALOMÃO, Luis Felipe; TARTUCE, Flávio. *Direito Civil*, op. cit., p. 78.
119. DINIZ, Maria Helena. *Curso de Direito Civil Brasileiro*. 27. ed. v. 1. Teoria Geral do Direito Civil. São Paulo: Saraiva, 2010. p. 139.
120. VENTURI, Thais Goveia Pascoaloto. *Responsabilidade civil preventiva*. São Paulo: Malheiros, 2014. p. 30.

tamentos médicos compulsórios; a privacidade e a imagem do ser humano não podem ser usurpadas, ainda que um banco de dados universal pudesse dar mais segurança à coletividade contra a prática de crimes; e assim sucessivamente. O utilitarismo social não justifica violações a interesses existenciais do ser humano, que são importante conquista da humanidade.[121]

A reparação de danos somente ocorrerá excepcionalmente, caso se trate de ofensa consumada a situação jurídica existencial, não passível de remédio por meio da execução específica.[122]

De forma cirúrgica, conclui Luiz Guilherme Marinoni, sobre a tutela inibitória em matéria de direitos fundamentais:

> "Perceba-se, enfim, que a possibilidade de se requerer uma tutela independentemente da existência de dano tem relação com o próprio conceito de norma jurídica, uma vez que se a única sanção contra o ilícito fosse a obrigação de ressarcir, a própria razão de ser da norma estaria comprometida. Só isso demonstra a necessidade de o processo abandonar a indevida associação entre ilícito e dano, que até hoje faz pensar que a tutela contra o ilícito futuro é tutela contra a probabilidade de dano e a tutela contra o ilícito passado é tutela ressarcitória".[123]

Os novos desafios do direito ao esquecimento estão ligados à inteligência artificial, visto que os sistemas de *Machine Learning*, ao aprender sobre as pessoas, usam bases de dados colhidas acerca delas, incluindo números de cartões de crédito, e-mails e registros de empregados.[124]

Além disso, a neurociência, que se dedica ao estudo do cérebro e do sistema nervoso, aliada a tecnologias de ponta, como a inteligência artificial, está possibilitando a medição, o monitoramento e a decodificação de pensamentos, memórias, sentimentos e estados internos por meio da coleta e do tratamento de dados cerebrais. Falamos, de modo geral, de neurotecnologias[125], cujas capacidades são

---

121. SCHREIBER, Anderson. Direito ao esquecimento. In: SALOMÃO, Luis Felipe; TARTUCE, Flávio. *Direito Civil*, op. cit., p. 78.

122. Como já tivemos a oportunidade de escrever, o princípio da precaução volta-se à "eliminação prévia (anterior à produção do dano) dos riscos da lesão, paralelamente ao espaço já ocupado pela reparação dos danos já ocorridos, cujo monopólio deixa de existir". MARTINS, Guilherme Magalhães. Risco, solidariedade e responsabilidade civil. In: _____. (coord.). *Temas de responsabilidade civil*. Rio de Janeiro: Lumen Juris, 2012. p. xiii.

123. MARINONI, Luiz Guilherme. *Tutela inibitória e remoção do ilícito*. 7. ed. São Paulo: Revista dos Tribunais, 2019. p. 20.

124. ZHANG, Dawen et al. To be forgotten or to be fair: unveiling fairness implications of machine unlearning methods. *AI and Ethics*. 2024. Disponível em: < **https://link.springer.com/article/10.1007/ s43681-023-00398-y** > Acesso em : 02 fev. 2025. p..83.

125. Neurotecnologia é o termo utilizado para abranger uma variedade de métodos, sistemas e instrumentos que estabelecem uma conexão direta com o cérebro humano. Esses recursos permitem o registro e/ ou influência da atividade neuronal e cerebral. (Ienca, Marcelo. On neurorights. *Frontiers in Human Neuroscience*, v. 15, p. 1-11, set. 2021, p. 2).

CAPÍTULO 2 • MODALIDADES DE EXERCÍCIO DO DIREITO AO ESQUECIMENTO

utilizadas para estimular o cérebro de maneiras específicas, visando influenciá-lo, modulá-lo, manipulá-lo ou mesmo modificá-lo, alterando processos cognitivos.

A concepção de liberdade cognitiva representa uma atualização do conceito tradicional de liberdade de pensamento para o século XXI, levando em conta as capacidades reais de monitorar e influenciar as funções cognitivas e, em última análise, comportamentos. Trata-se de um direito fundamental de pensar de forma independente, de controlar seus processos cerebrais, de empregar plenamente o potencial da mente e sobre esses atributos exercer autonomia[126], dizendo respeito à proteção que deve ser conferida a indivíduos contra abusos e interferências mentais por parte de terceiros e à promoção de sua autodeterminação mental. É, portanto, um direito oponível *erga omnes* e um dever de respeito ao interesse protegido, a não intervenção na mente[127].

O conceito, apesar de aparentemente simples, é complexo devido a sua multidimensionalidade, que engloba pelo menos três aspectos basilares: a liberdade de mudar de ideia, opinião ou pensamento e escolher a forma como essa mudança ocorrerá; a proteção contra intervenções externas visando a preservar a integridade mental; e a obrigação ética e legal de promover a liberdade cognitiva[128]. Igualmente, comporta dois sentidos, um negativo e outro positivo. No negativo, refere-se à capacidade de fazer escolhas sobre o próprio domínio cognitivo sem encontrar obstáculos, barreiras ou proibições externas (sejam elas de natureza privada ou governamental), bem como o direito de preservar a integridade mental para evitar constrangimentos ou violações externas. Já no sentido positivo, refere-se à capacidade e ao direito de agir e assumir o controle da própria vida mental, a autodeterminação mental[129].

Exatamente porque existem outros elementos dignos de proteção que se sobrepõem aos pensamentos, inclusive em termos de autogoverno, autoconsciência, autonomia e responsabilidade, e devido à limitada capacidade de proteção da mente diante de todas as especificidades das neurotecnologias, a liberdade cognitiva está intrinsecamente ligada a outros direitos fundamentais e outros neurodireitos. Isso inclui a privacidade mental, integridade mental, continuidade psicológica e proteção contra vieses e discriminações algorítmicas, entre outras

---

126. SENTENTIA, Wrye. Neuroethical considerations: cognitive liberty and converging technologies for improving human cognition. *Annals New York Academy of Sciences*, 2004. p. 221-228. p. 222-223.
127. BUBLITZ, Jan-Christoph. My Mind Is Mine!? Cognitive Liberty as a Legal Concept. In Hildt, Elisabeth; Franke, Andreas G. (Eds.). *Cognitive Enhancement*: as interdisciplinar perspective. Springer: Dodrecht, 2013. p. 233-264. p. 252.
128. IENCA, Marcello; ADORNO, Roberto. Towards new human rights in the age of neuroscience and neurotechnology. *Life Sciences, Society and Policy*, v. 13, n. 1, 2017, p. 1-27. p. 11.
129. LIGHTART, Sjors et al. Minding Rights: Mapping Ethical and Legal Foundations of 'Neurorights'. *Cambridge Quarterly of Healthcare Ethics*, vol. 32, n. 4, p. 461-481, 2023. p. 468.

possibilidades que estão sendo identificadas, que passarão por considerações também acerca da proteção de dados pessoais e modificações que se fizerem necessárias, como se já está propondo em nível legislativo.

Em síntese, o direito à integridade mental visa proteger o sujeito contra formas específicas de interferência indesejada ou não justificada na mente; o direito à privacidade mental diz respeito à salvaguarda contra determinadas formas de acesso a processos e estados mentais; o direito à liberdade cognitiva busca preservar a autodeterminação mental de uma pessoa; a continuidade psicológica refere-se à preservação da identidade pessoal e da coerência do comportamento individual contra modificações não consentidas e, por fim, o direito de proteção contra vieses e discriminações algorítmicas.

Não há dúvidas de que os direitos humanos estabelecidos em diversos instrumentos e, entre nós, os fundamentais se aplicam a uma variedade de contextos envolvendo neurotecnologias, abrangendo a integridade corporal, privacidade, identidade pessoal, liberdade de pensamento e de consciência e autonomia. No entanto, o que está em discussão é a possibilidade de ampliar de forma específica os direitos existentes ou criar novos, além de se interpretar todo esse conjunto de forma coerente e sistemática, o que geralmente é considerado em três posições majoritárias.

A abordagem afirmativa-propositiva argumenta que a proteção legal atual não é adequada para preservar a mente e o cérebro diante das complexidades das neurotecnologias. Isso resulta em uma brecha que justifica a necessidade de introduzir novos direitos dedicados especificamente à mente e ao cérebro. Por outro lado, a posição afirmativa-reformista sustenta que a essência dos direitos humanos e fundamentais é suficiente para garantir uma tutela eficaz, desde que haja interpretações atualizadas conforme o contexto contemporâneo. Já a terceira corrente, negativa-conservadora, entende que não é necessário atualizar nem reinterpretar os direitos existentes, pois considera que o instrumental atual é adequado e apto para proteger a mente e o cérebro[130].

Apesar das divergências, parece haver um ponto de consenso entre as três correntes: é, sim, necessária a proteção da privacidade mental, da integridade mental, da continuidade psicológica, da não discriminação e proteção contra vieses e da liberdade cognitiva. O que diverge é, porém, a estratégia de implementação dessa proteção.

---

130. LIGHTART, Sjors et al. Minding Rights: Mapping Ethical and Legal Foundations of 'Neurorights'. *Cambridge Quarterly of Healthcare Ethics*, vol. 32, n. 4, p. 461-481, 2023. p. 464 e seguintes. MARTINS, Guilherme Magalhães; MUCELIN, Guilherme. Inteligência artificial e pensamento como bem juridicamente tutelável: neurodireito fundamental à liberdade cognitiva. *Revista Luso-Brasileira de Direito do Consumo.* v. 1, n o. 1, 2024

O Brasil adota, até o momento, uma abordagem afirmativa-propositiva. Podemos observar tal constatação através das recentes iniciativas nesse campo, como exemplificado pela Proposta de Emenda à Constituição (PEC) nº 29, de 2023, que pretende acrescentar como direitos fundamentais representativos dos neurodireitos a integridade mental e a transparência algorítmica no art. 5º, da Constituição Federal, o inciso LXXX.

O conceito de neurodireitos é central na justificativa da emenda. Esses direitos compreendem a proteção à privacidade mental, à autonomia, ao livre arbítrio e à não discriminação por processos algorítmicos[131]. A PEC busca alinhar o Brasil com iniciativas globais, como a legislação chilena que já reconhece formalmente esses direitos em sua constituição.

Cabe ainda mencionar alguns projetos de lei, em tramitação no Congresso Nacional, que visam delimitar o instituto do direito ao esquecimento, nem sempre de maneira técnica.

O Projeto de Lei da Câmara 1589/2015, apensado ao PL 215/2015, de autoria da Deputada Soraya Santos – aprovado na Comissão de Constituição e Justiça em 06.10.2015, propõe a introdução de um § 3º-A ao artigo 19 do Marco Civil da Internet, da seguinte forma:

> § 3º-A O indivíduo ou seu representante legal poderá requerer judicialmente, a qualquer momento, a indisponibilização de conteúdo que ligue seu nome ou sua imagem a crime de que tenha sido absolvido, com trânsito em julgado, ou a fato calunioso, difamatório ou injurioso.

Trata-se de uma iniciativa legislativa de técnica duvidosa, por igualar a absolvição criminal a fatos que poderiam ser objeto de ação penal privada, somente fortalecendo os argumentos daqueles que se manifestam contrariamente ao direito ao esquecimento, que é um instituto excepcional.

Deve ser feita referência ainda ao Projeto de Lei da Câmara 2712/2015, de autoria do Deputado Jefferson Campos, com redação proposta para o art. 7º, XIV, da Lei 12.965/2014, estabelecendo como direito do usuário a remoção, por solicitação do interessado, de referências a registros sobre sua pessoa em sítios de busca, redes sociais ou outras fontes de informação na Internet, desde que não haja interesse público atual na divulgação da informação e que a informação não se refira a fatos genuinamente históricos.

O Projeto de Lei 4418/20 institui e regulamenta o chamado direito ao esquecimento penal. A proposta garante o direito de não ser citado nominalmente, ou de forma que facilite sua identificação, à pessoa que cumpriu integralmente as

---

131. POSSA, Alisson Alexsandro. *Era das neurotecnologias*: o papel dos neurodireitos. Rio de Janeiro: Lumen Juris, 2023, p. 53-55.

penalidades, em processo na esfera da justiça penal ou administrativa, após seis anos. O texto prevê que esse prazo será dobrado para crimes hediondos ou crimes de corrupção[132], o que somente corrobora as críticas ao direito ao esquecimento, no sentido da tentativa de apagar rastros e fomentar impunidade.

Já o Projeto de Lei da Câmara 10.860/2018 simplesmente introduz um parágrafo único na norma geral do artigo 11 do Código Civil, nos seguintes termos: "A tutela da dignidade humana na sociedade da informação inclui o direito ao esquecimento". A justificativa do mencionado projeto de lei faz referência à chamada "posição intermediária", que não admite a hierarquia prévia entre liberdade de informação e expressão e os direitos da personalidade, devendo ser aplicado o método da ponderação, com vistas à obtenção do menor sacrifício possível para cada um dos interesses em colisão.

Por fim, o Projeto de Lei da Câmara 8443/2017 modifica os artigos 7º e 19 da Lei 12.965/2014 – Marco Civil da Internet, estabelecendo o direito do usuário, conforme o artigo 7º, XIV, à "remoção, por solicitação do interessado, de referências a registros sobre sua pessoa em aplicações de internet, desde que não haja interesse público atual na divulgação da informação e o interessado não seja detentor de mandato eletivo, agente político e não responda a processo criminal ou tenha contra ele sentença penal condenatória". Tal Projeto de Lei, conforme o artigo 2º, estabelece um procedimento de retirada de dados pessoais que sejam considerados indevidos ou prejudiciais à sua imagem, honra e nome, de qualquer veículo de comunicação de massa. A verificação do que seria considerado ofensivo caberia em primeira análise ao órgão de comunicação, e em segunda análise ao Poder Judiciário, em caso de recusa, o que se afigura positivo.[133]

---

132. Fonte: Agência Câmara de Notícias. Disponível em: https://www.camara.leg.br/noticias/689545-projeto-institui-direito-ao-esquecimento-penal-para-ex-detentos. Acesso em: 21.07.2021.

133. Segue a íntegra do aludido Projeto de Lei, a partir do artigo 2º: "Art. 2º Todo cidadão tem o direito de requerer a retirada de dados pessoais que sejam considerados indevidos ou prejudiciais à sua imagem, honra e nome, de qualquer veículo de comunicação de massa. Art. 3º O requerimento de retirada de dados pessoais será apresentado ao veículo de comunicação, devendo ser analisado no prazo de quarenta e oito horas. §1º A petição virá acompanhada de prova da lesão de direitos fundamentais e dos possíveis danos que virão a ser causados pela divulgação da informação, sob pena de nulidade. § 2º As pessoas públicas deverão pleitear o seu direito ao esquecimento por via judicial, sendo-lhes facultado requerer a tramitação em segredo de justiça, com base no art. 189, III, do CPC. § 3º A decisão será comunicada ao requerente até vinte e quatro horas após ser proferida. §4º Esta Lei não se aplica a detentores de mandato eletivo, a agentes políticos e a pessoas que respondam a processos criminais ou tenham contra elas sentença penal condenatória. Art. 4º Ao deferir o pedido, o veículo de comunicação deverá retirar a informação indevida, tendo o prazo máximo de um ano para deixar de armazenar os dados pessoais atingidos pela decisão. Art. 5º O art. 19 da Lei nº 12.965, de 23 de abril de 2014, passa a vigorar com a seguinte redação e acrescido dos seguintes §§ 5º e 6º: "Art. 19 Com o intuito de assegurar a liberdade de expressão e impedir a censura, o provedor de aplicações de internet somente poderá ser responsabilizado civilmente por danos decorrentes de conteúdo gerado por terceiros se, após o prazo de quarenta e oito horas de notificação, judicial ou extrajudicial, de retirada do conteúdo ilícito, não

No seu Livro VI (Do Direito Civil Digital), o Projeto de Lei 04/2025, que dispõe sobre a atualização do Código Civil, institui uma nova modalidade de direito ao esquecimento, ao estabelecer, em seu artigo...., que

"Art.2027-K . A pessoa pode requerer a exclusão permanente de dados ou de informações a ela referentes, que representem lesão aos seus direitos de personalidade, diretamente no site de origem em que foi publicado. Parágrafo único. Para os fins deste artigo, são requisitos para a concessão do pedido: I – a demonstração de transcurso de lapso temporal razoável da publicação da informação verídica; II – a ausência de interesse público ou histórico relativo à pessoa ou aos fatos correlatos; III – a demonstração de que a manutenção da informação em sua fonte poderá gerar significativo potencial de dano à pessoa ou aos seus representantes; IV – demonstração de que a manutenção da informação em sua fonte poderá gerar significativo potencial de dano à pessoa ou aos seus representantes legítimos e nenhum benefício para quem quer que seja; V – a presença de abuso de direito no exercício da liberdade de expressão e de informação; VI – a concessão de autorização judicial".

---

o remover. § 1º No referido prazo de quarenta e oito horas, o provedor deverá promover a suspensão preventiva da informação e, posteriormente, analisar o teor do requerimento no prazo máximo de um mês. § 2º Após a análise, o provedor poderá excluir a informação, caso entenda ser indevida, ou permitir que esta tenha livre circulação novamente. § 3º A notificação de que trata o caput deverá conter, sob pena de nulidade, identificação clara e específica do conteúdo apontado como infringente, que permita a localização inequívoca do material. § 4º A aplicação do disposto neste artigo para infrações a direitos autorais ou a direitos conexos depende de previsão legal específica, que deverá respeitar a liberdade de expressão e demais garantias previstas no art. 5º da Constituição Federal. § 5º As causas que versem sobre ressarcimento por danos decorrentes de conteúdos disponibilizados na internet relacionados a honra, a reputação ou a direitos da personalidade, bem como sobre a indisponibilização desses conteúdos por provedores de aplicações de internet, poderão ser apresentadas perante os juizados especiais. § 6º O juiz, inclusive no procedimento previsto no § 3º, poderá antecipar, total ou parcialmente, os efeitos da tutela pretendida no pedido inicial, existindo prova inequívoca do fato e considerado o interesse da coletividade na disponibilização do conteúdo na internet, desde que presentes os requisitos de verossimilhança da alegação do autor e de fundado receio de dano irreparável ou de difícil reparação. § 7º Os conteúdos relacionados a detentores de mandato eletivo, a agentes políticos e a pessoas que respondam a processos criminais ou tenham contra elas sentença penal condenatória não estão sujeitos a suspensão preventiva ou retirada do banco de dados do provedor de internet" (NR) Art. 6º Em caso de recusa administrativa por parte do veículo de comunicação, ou no caso de o afetado ser uma pessoa pública, o interessado poderá pleitear o direito ao esquecimento por via judicial. § 1º A petição, além de atender os requisitos do artigo 319 do Código de Processo Civil, deverá ser instruída com prova. I – da recusa da retirada dos dados pessoais ou do decurso de mais de setenta e duas horas sem decisão; II – da prova inequívoca de lesão ou fundado receio de lesão aos direitos fundamentais ou direitos da personalidade; III – da inexistência de interesse público vinculado com a informação que se deseja retirar dos provedores. Art. 7º O procedimento administrativo para a retirada da informação indevida nos provedores de aplicações de internet ou em qualquer outro meio de comunicação deverá ser gratuito. Art. 8º O art. 7º da Lei nº 12.965, de 23 de abril de 2014, passa a vigorar acrescido do seguinte inciso XIV: 'Art. 7º (...) XIV – remoção, por solicitação do interessado, de referências a registros sobre sua pessoa em aplicações de internet, desde que não haja interesse público atual na divulgação da informação e o interessado não seja detentor de mandato eletivo, agente político e não responda a processo criminal ou tenha contra ele sentença penal condenatória.' (NR) Art. 9º Esta Lei entra em vigor após sessenta dias de sua publicação oficial."

Seguem-se, nos §§ 1º e 2º, uma relação (não exauriente) de dados suscetíveis de exclusão e de uma lista de fatores impeditivos do exercício do assim intitulado direito .

No entanto, o requisito da autorização judicial deve ser melhor revisto ao longo da tramitação do PL, haja vista dissociar-se da regulamentação do artigo 17 do GDPR, que permite o requerimento administrativo, além de dificultar a vida das vítimas, consistindo, portanto, num verdadeiro retrocesso. O próprio *caput* do dispositivo dá a entender que o pedido pode ser formulado "diretamente no site de origem em que foi publicado". Espera-se que a proposta amadureça ao longo da sua tramitação no Congresso Nacional. O parágrafo primeiro do mesmo dispositivo contém enunciado que se dissocia do direito ao esquecimento, ao prever que

> "§ 1º Se provado pela pessoa interessada que a informação veio ao conhecimento de quem levou seu conteúdo a público, por erro, dolo, coação, fraude ou por outra maneira ilícita, o juiz deverá imediatamente ordenar sua exclusão, invertendo-se o ônus da prova para que o site onde a informação se encontra indexada demonstre razão para sua manutenção"

Se a publicação de determinada informação é motivada por vício dos negócios jurídicos, caberá a sua invalidação, na forma dos dispositivos da Parte Geral do Código, mas não se trata tecnicamente de uma modalidade de direito ao esquecimento.

O Artigo 2027-L prevê o direito à desindexação, o que se mostra bem vindo:

> "Art.2027-L. À pessoa é possível requerer a aplicação do direito à desindexação, que consiste na remoção do link que direciona a busca para informações inadequadas, não mais relevantes, abusivas ou excessivamente prejudiciais ao requerente e que não possuem utilidade ou finalidade para a exposição, de mecanismos de busca, websites ou plataformas digitais, permanecendo o conteúdo no site de origem.
>
> Parágrafo único. São hipóteses de remoção de conteúdo, entre outras, as que envolvem a exposição de:
>
> I – imagens pessoais explícitas ou íntimas;
>
> II – a pornografia falsa involuntária envolvendo o usuário;
>
> III – informações de identificação pessoal dos resultados da pesquisa;
>
> IV – conteúdo que envolva imagens de crianças e de adolescentes."

Capítulo 3
A FORMAÇÃO DO DIREITO AO ESQUECIMENTO NA JURISPRUDÊNCIA ESTRANGEIRA

Diversos debates já marcaram época na discussão quanto à reexibição de dados passados da vida dos indivíduos, como no caso *Melvin vs. Reid*, enfrentado pelo Tribunal de Apelação da Califórnia, em 1931, reconhecendo, então, o que hoje se concebe como direito ao esquecimento, sem o uso daquela nomenclatura.[1] O caso acabou sendo citado em alguns precedentes do Superior Tribunal de Justiça, como nos acórdãos dos casos Aida Curi e Chacina da Candelária.

O caso foi enfrentado em 1931 pelo Tribunal de Apelação da Califórnia[2], envolvendo Gabrielle Darley, jovem que foi processada por homicídio e, em 1918, considerada inocente, abandonando então a atividade de meretrício anteriormente exercida. Bernard Melvin, marido de Gabrielle, buscou na justiça a reparação por violação da vida privada, ao ver produzido pela ré, Dorothy Davenport Reid, o filme "*Red Kimono*", que retratava exatamente a vida pregressa de sua esposa, utilizando o seu nome real e imagens de arquivo com cenas reais do seu julgamento[3], anos após ter ela readquirido o prestígio social.

A Corte, ao analisar o caso, fez menção ao conhecido artigo de Louis Brandeis e Samuel Warren, *The Right to Privacy,* publicado na *Harvard Law Review* em 1890, em que o direito à privacidade foi compreendido como o direito a ficar só ("*right to be let alone*").[4]

O pedido foi julgado procedente, tendo em vista a impossibilidade de que fatos que restaram no passado de uma pessoa assombrem eternamente sua vida, impedindo o desenvolvimento da sua personalidade: "Any person living a life of rectitude hás that right to hapinesse which includes a freedom from unnecessary attacks on his character, social standing, or reputation". A decisão da Corte de

---

1. Cf. MORAES, Maria Celina Bodin; KONDER, Carlos Nelson, *Dilemas...*, op. cit., p. 289-290.
2. EUA, Corte de Apelações da Califórnia, Melvin v. Reid 112 Cal. App. 285(Cal. Ct. 1931). Disponível em: https://casetext.com/pdf-email?slug=melvin-v-reid. Acesso em: 21.04.2020.
3. MONCAU, Luiz Fernando Marrey, op. cit., p. 40.
4. FRAJHOF, Isabella, op. cit., p. 67.

Apelação da Califórnia reconheceu a utilização indevida do nome e da imagem de Gabrielle Devin Melvin diante da ausência de autorização específica para utilizá-los no filme, mencionando que a autora teria o direito a buscar um ideal de felicidade, embora sem referência expressa ao direito ao esquecimento, o que se justifica pelo pioneirismo do caso. Em relação à acusação de homicídio, no entanto, não foi reconhecido o direito ao esquecimento, por se tratar de dados inseridos em registros públicos, não cabendo qualquer limitação à divulgação específica.

Posteriormente, a ideia de uma função reabilitadora da privacidade foi afastada em outro julgado oriundo dos Estados Unidos, no caso *Sidis v. F-R Publishing Corporation* (1940). William Sidis foi submetido por seu pai a um processo de superestimulação mental, chegando seu genitor a afirmar que o filho lia o *The New York Times* com apenas dezoito meses de idade, compartilhando com a imprensa informes sobre suas façanhas. Seria, há cerca de oitenta anos atrás, um caso de *sharenting*. William teria ingressado em Harvard com apenas onze anos de idade, e o *New York Times* o descreveu como o resultado maravilhosamente bem-sucedido de um experimento científico forçado. Ocorre que, posteriormente, Sidis teria se rebelado contra o pai, buscando a obscuridade.[5]

Ocorre que, em 1937, a revista *New Yorker* resgatou a história em um artigo intitulado *"where they are now"* (*"onde eles estão agora"*), com o subtítulo *"April Fool"*, perfilando Sidis como um sujeito estranho e recluso e tratando-o com desdém, inclusive revelando aspectos de sua vida privada como adulto. Apesar da vida reclusa que ele passou a levar, decidiu-se manter a informação disponível, na medida em que os fatos do seu passado remoto bastavam para tornar o assunto noticiável ou *newsworthy*.[6] Diante da reportagem, Sidis ingressou com ação em face da F-R publishing Corporation, alegando violação da sua privacidade. O Segundo Circuito das Cortes de Apelação dos Estados Unidos, entretanto, entendeu que Sidis teria alcançado a condição de figura pública. Segundo o magistrado Lewis, responsável pelo caso, a condição de figura pública teria sido imposta a Sidis, o que não se perderia com o tempo.[7]

O juiz Clark, em seu voto, embora tenha demonstrado compaixão por Sidis, à luz do conceito de privacidade construído por Brandeis e Warren, destacou que a Corte ainda não estaria disposta a garantir uma imunidade absoluta a todos os detalhes da vida privada de uma pessoa, mas que estaria disposta a garantir "um escrutínio limitado à vida privada de qualquer indivíduo que alcançou, ou

---

5. MONCAU, Luiz Fernando Marrey, op. cit., p. 42.
6. COELHO, Julia Costa de Oliveira, op. cit., p. 11.
7. MONCAU, Luiz Fernando Marrey, op. cit., p. 43. O voto está disponível em: https://www.ca2.uscourts. gov/. Acesso em: 21.04.2020.

à qual foi imposto, o questionável e indefinível *status* de figura pública". Afirmou que o desenvolvimento do futuro promissor de Sidis ainda levantava interesse do público, e que, de maneira lamentável ou não, os infortúnios e as fragilidades de vizinhos e figuras públicas estão sujeitos a considerável interesse e discussão pelo resto da população, de forma que não seria prudente que a Corte censurasse informações a seu respeito.

Tendência semelhante, ainda nos Estados Unidos, foi seguida em 1971, pelo Tribunal de Justiça da Califórnia, no julgamento do caso *Briscoe v. Reader´s Digest Assoc.,* no qual uma revista foi acionada por ter publicado informações sobre o roubo de caminhões na década de 1950, crime pelo qual o autor (Briscoe) teria cumprido pena. Insatisfeito com a publicação, o autor acionou a revista, apresentando o argumento de que a matéria impediria sua reabilitação. O pedido foi julgado improcedente e as notícias, mesmo que distantes no tempo, foram consideradas como de interesse público ou noticioso (*newsworthy*).[8]

A pior situação já vivenciada por um profissional em início de carreira pode ser vinculada com a primeira e mais importante informação a seu respeito, como ocorreu no caso da professora Stacy Synder, cuja carreira foi arruinada pela postagem, na rede social My Space, de uma foto sua em uma festa, tirada há muito tempo, segurando uma bebida e utilizando chapéu de pirata, com a legenda "pirata bêbado". Embora a professora estivesse em horário de folga e sua idade à época da fotografia permitisse o uso de bebidas alcoólicas, foi-lhe negado por esse motivo um cargo de ensino em dedicação exclusiva, tendo sido então obrigada a mudar de carreira.[9]

Hipótese semelhante foi a do psicoterapeuta canadense Andrew Felmar, com então sessenta e seis anos que, em 2006, foi retido ao tentar entrar nos Estados Unidos da América porque o funcionário da alfândega encontrou na Internet um artigo de sua autoria, redigido em uma revista multidisciplinar em 2001, no qual descrevia sua experiência utilizando LSD nos anos 60, ou seja, havia quase quarenta anos, uma das mais importantes substâncias alucinógenas. O professor Felmar, sem antecedentes criminais, ficou detido por quatro horas, teve as impressões digitais extraídas e, após assinar uma declaração de que teria usado entorpecentes quatro décadas atrás, ficou ainda impedido em qualquer posterior tentativa de ingressar nos Estados Unidos.[10]

---

8. MONCAU, Luiz Fernando Marrey, op. cit., p. 43.
9. LAGONE, Laura. The right to be forgotten: a comparative analysis. In: http://ssrn.com/abstract=2229361. Acesso em: 21.04.2020. MAYER-SCHÖNBERGER, Viktor. *Delete*, op. cit., p. 1.
10. MAYER-SCHÖNBERGER, Viktor. *Delete*, op. cit., p. 1-15.

Grande parte da ofensa sofrida por Stacy Snyder, muitos diriam, foi autoinfligida. Talvez ela não tenha percebido que o mundo inteiro poderia encontrar sua página *web*, e que sua fotografia poderia permanecer acessível através dos arquivos da Internet, mesmo depois de apagada. Como parte da chamada "geração da Internet", contudo, talvez ela pudesse ter uma maior cautela acerca dos conteúdos disponibilizados *online*. O mesmo não pode ser dito em relação a Andrew Feldmar. Chegando quase aos setenta anos de idade, ele não era exatamente nenhum adolescente *nerd* conhecedor da arquitetura da Internet, e provavelmente jamais poderia prever que um artigo em uma revista relativamente obscura poderia se tornar tão facilmente acessível na *web*. Para ele, tornar-se vítima da memória digital deve ter sido uma absoluta e chocante surpresa.[11]

É frequentemente lembrada a decisão do Tribunal Constitucional Federal da Alemanha no Caso Lebach, que entrou para a história dos grandes crimes, despertando o clamor da opinião pública, e foi tema de um documentário produzido pela rede alemã ZDF (*Zweites Deutsches Ferbsehen*), cuja exibição foi impedida por aquela Corte.[12]

Em lugarejo situado a oeste da República Federal da Alemanha, chamado Lebach, no ano de 1969, quatro soldados que guardavam um depósito de munições foram brutalmente assassinados, e um quinto restou gravemente ferido, em latrocínio que envolveu ainda o roubo de armas e munições do exército alemão. Os três suspeitos foram julgados e presos no ano seguinte, em 1970, tendo sido dois deles condenados à pena perpétua, e o terceiro, que apenas ajudou na preparação da ação criminosa, foi condenado a seis anos de reclusão. Tendo em vista o interesse da opinião pública no caso, a rede alemã ZDF (*Zweites Deutsches Ferbsehen*) produziu um documentário detalhado, trazendo à tona não apenas os fatos que levaram à condenação dos criminosos, retratados por atores, como também exibindo seus nomes, sua imagem e, inclusive, destacando as relações homossexuais que restaram comprovadas à época dos fatos.

O documentário deveria ser transmitido numa noite de sexta-feira, pouco antes de ser libertado o terceiro integrante da quadrilha, que fora preso em virtude do auxílio à preparação do crime. Visando obstar a exibição do documentário, sob a alegação de que a veiculação dificultaria sobremaneira a sua ressocialização, além de violar de forma frontal seus direitos da personalidade, este terceiro integrante buscou em juízo medida liminar para que o documentário não fosse transmitido.

---

11. MAYER-SCHÖNBERGER, Viktor. *Delete,* op. cit., p. 3.
12. Conforme já relatado na **página 9, nota 14.**

Todavia, o Tribunal Estadual de Mainz e o Superior Tribunal Estadual de Koblenz julgaram improcedente o pedido do reclamante, sob o fundamento de que o envolvimento no fato delituoso o tornara um personagem da história alemã recente, conferindo à divulgação do episódio inegável interesse público, prevalente inclusive sobre a legítima pretensão de ressocialização. Em sede de Reclamação Constitucional, o caso foi levado ao conhecimento do Tribunal Constitucional Federal alemão, que revogou as decisões anteriores, impedindo que o documentário da ZDF fosse exibido e dando provimento à reclamação, sob pena de violação aos direitos da personalidade do interessado, consubstanciados na garantia da ressocialização. No caso, o Tribunal Constitucional Federal alemão afastou qualquer referência ao fim da liberdade de expressão, ou mesmo a censura prévia, ao reconhecer o importante papel da imprensa na divulgação da informação de interesse público. O principal argumento de tal decisão foi o controle temporal dos dados, sendo que, à época dos fatos, não poderia ser feita qualquer restrição à veiculação do programa, diferentemente do que ocorreu no caso, pois o documentário seria exibido quatro anos após, pouco antes do fim do cumprimento da pena pelo interessado, obstando à sua ressocialização.

A decisão, portanto, afirmou que, no caso da reportagem de eventos recentes, as necessidades de informação do público sobrepõem-se aos direitos da personalidade do indivíduo. Entretanto, como o exercício dos direitos constitucionais deveria estar de acordo com o princípio da proporcionalidade, isso poderia mudar com o tempo. Em outras palavras, uma reportagem veiculando informações sobre fatos ocorridos há um longo tempo poderia ser considerada ilícita na medida em que colocasse em risco a pessoa retratada, especialmente ao limitar a capacidade de reabilitação de um criminoso que já cumpriu sua pena.[13]

A reabilitação, concluiu-se no Caso Lebach, é um dos objetivos da pena, e tanto o indivíduo apenado quanto a sociedade devem estar preparados para receber o indivíduo na comunidade. A decisão do Tribunal Constitucional Alemão foi fundamentada em concepções de privacidade que antecediam a ideia de autodeterminação informacional, que viria a ser reconhecida por aquele mesmo Tribunal naquele ano. Realçando a necessidade de proporcionalidade, concluiu a Corte que a invasão da esfera pessoal do indivíduo deveria ser limitada à necessidade de satisfazer adequadamente o interesse do público em receber a informação, enquanto o dano causado ao indivíduo deveria ser proporcional à gravidade da ofensa ou à importância do fato para o público. Diante disso, chegou-se à

---

13. MONCAU, Luiz Fernando Marrey, op. cit., p. 45.

conclusão de que nem sempre deve ser permitido divulgar o nome, a imagem ou usar outros meios de identificar o autor do crime ao reportar fatos antigos.[14]

Concluiu-se que o direito geral de personalidade é protetivo dos indivíduos em face de situações como a representação da pessoa, que distorçam ou desfigurem sua imagem em público, de modo a impedir o livre desenvolvimento da personalidade, o que se revela de modo evidente quando há sério risco de estigmatização. Outra hipótese de ofensa a esse direito fundamental se dá quando essas representações ameaçam, de modo efetivo, a reintegração dos delinquentes à sociedade, desde que esses hajam cumprido suas penas.[15]

O caso Lebach foi revisitado em 1990 (Caso Lebach-2). Nessa ocasião, no entanto, o Tribunal Constitucional Alemão chegou a resultado diverso. No caso Lebach-2, outra emissora de televisão (SAT) produziu uma série de nove episódios chamada "crimes que fizeram história". O episódio piloto da série se referia ao Caso Lebach, informando-se a audiência de que a história era real, mas os autores do crime não teriam os nomes divulgados. O mesmo envolvido, que conseguiu impedir o primeiro documentário em 1973, ingressou com uma ação em face da SAT, mas, neste caso, o Tribunal Regional de Sarre considerou haver uma diferença crucial entre o primeiro e o segundo documentário, visto que o filme a ser exibido pela SAT não veiculava o nome e nem a imagem do ex-detento. Além disso, o tempo transcorrido também deveria ser considerado, visto que as emoções em torno do crime já teriam se dissipado, de modo que haveria menos motivos para crer que a audiência investigaria ou buscaria saber mais sobre os autores do crime.[16]

Outro dos condenados, no entanto, obteve resultado de julgamento diferente perante o Tribunal de Koblenz, fazendo com que a SAT apresentasse uma reclamação constitucional. No caso, o Tribunal Constitucional Alemão afirmou que em nenhum momento restou decidido que havia sido assegurada uma imunização completa contra a reportagem dos fatos. O Tribunal também apontou que o fato de o tempo de condenação ter sido ou não cumprido seria igualmente despiciendo. O fator decisivo seria apenas o risco de se prejudicar a ressocialização do preso. A decisão destacou, ainda, algumas diferenças em face do Caso Lebach 1, onde o documentário da ZDF teria um caráter sensacionalista, e a circunstância de sua veiculação próximo ao fim do cumprimento da pena do ex-detento tornaria sua ressocialização muito difícil, se não impossível. O

---

14. MONCAU, Luiz Fernando Marrey, op. cit., p. 45.

15. RODRIGUES JÚNIOR, Otavio Luiz. Não há tendências na proteção do direito ao esquecimento. *Consultor Jurídico*. 25 de dezembro de 2013, 02. Disponível em: https://www.conjur.com.br/2013-dez-25/direito-comparado-nao-tendencias-protecao-direito-esquecimento. Acesso em: 02.04.2020.

16. MONCAU, Luiz Fernando Marrey, op. cit., p. 46.

CAPÍTULO 3 • A FORMAÇÃO DO DIREITO AO ESQUECIMENTO NA JURISPRUDÊNCIA ESTRANGEIRA **115**

Tribunal Constitucional Alemão, no caso Lebach 2, assegurou a veiculação do filme pela SAT, apontando não apenas para a não identificação dos autores do crime, mas também para o fato de que, com o passar do tempo, transcorridos quase trinta anos do fato,[17] a percepção social do crime estaria amenizada, não colocando em risco os ex-detentos.[18]

Ainda na Alemanha, outros casos foram discutidos. Em 2007, dois assassinos condenados à prisão perpétua em 1993 pelo homicídio do ator alemão Walter Sedlmeyer, ajuizaram ação para impedir que uma estação de rádio mantivesse em seu arquivo *online* uma reportagem sobre evento ocorrido cerca de 10 anos antes. O Tribunal de Justiça Federal da Alemanha decidiu que o direito à ressocialização não implicava em um direito de ser confrontado com seu crime, bem como que, com o passar do tempo, tal reportagem teria um apenas limitado interesse do público. O caso foi decidido em julho de 2018 pela Corte Europeia de Direitos Humanos, que apontou que a notícia poderia ser mantida integralmente no sítio eletrônico da rádio, sem a necessidade de exclusão do nome dos autores do crime.[19]

O caso Seldmeyer é frequentemente lembrado pelos críticos do direito ao esquecimento sob o ponto de vista do risco quanto à desconfiança das informações que são disponibilizadas na Internet. Passados 10 anos, foi requerido à Wikipedia alemã que o nome de um dos condenados fosse retirado da página que continha informações do autor. O mesmo pedido foi dirigido à Wikipedia Foundation, organização norte-americana que administra a Wikipedia, para que também retirasse a informação da versão em inglês do artigo. Enquanto a enciclopédia *online* alemã cumpriu com a sua obrigação, a americana se absteve de suprimir aquela informação, tendo em vista sobretudo a perspectiva liberal da liberdade de expressão nos Estados Unidos da América.[20]

Para os críticos, a não convergência de dados sobre a pesquisa realizada com a mesma palavra-chave afeta a ideia de uma Internet universal, pois cria conteúdos e regimes diferentes de responsabilidade diferentes para cada país, impondo uma fragmentação da rede. Embora reconhecida a existência de diversas fontes de informação na Internet, bem como o fato de ser a Wikipedia uma enciclopédia colaborativa, com diferentes informações em cada versão de seus artigos, a transferência deste mesmo problema é de fácil visualização.

Na França, o caso da atriz Marlene Dietrich é frequentemente lembrado como uma das mais importantes decisões sobre direito ao esquecimento. No

---

17. FRAJHOF, Isabella, *Direito ao esquecimento*, op. cit., p. 66.
18. MONCAU, Luiz Fernando Marrey, op. cit., p. 46-47.
19. MONCAU, Luiz Fernando Marrey, op. cit., p. 48.
20. FRAJHOF, Isabella, *Direito ao esquecimento*, op. cit., p. 54.

ano de 1950, uma revista semanal editada pela *Societé France-Dimanche* passou a publicar uma série de artigos sob o título "Minha vida, por Marlene Dietrich", induzindo o leitor a crer que Marlene Dietrich seria a autora dos artigos.

Dietrich se insurgiu contra a publicação, alegando que não havia concedido autorização para a publicação das suas memórias, bem como que a publicação sugeria que tais memórias teriam sido ditadas pela atriz, inclusive com alguns trechos aparecendo entre aspas.

Mesmo considerando o *status* de pessoa pública de Dietrich, o Tribunal de Paris concedeu-lhe indenização no valor de R$ 1.200.000,00 francos, pois alguns aspectos de natureza íntima haviam sido publicados sem consentimento, bem como a publicação comprometeria a divulgação das memórias pela própria atriz. O Tribunal apontou ainda que o conteúdo havia sido apresentado de modo a dar a impressão de que seriam citações ditadas por Dietrich.[21]

A hipótese envolve mais do que uma simples biografia não autorizada, pois, além de tratar de eventos passados, os fatos se referem, sobretudo, a aspectos íntimos da vida da atriz, além da busca para evitar a rediscussão de fatos públicos pretéritos.

Há um caso histórico de direito ao esquecimento envolvendo o líder francês Charles de Gaulle que, ao deixar o governo da França, no final da década de 1960, mudou-se para uma aldeia na Irlanda (Parknasilla, subúrbio de Cork), onde permaneceu no anonimato por vontade própria. Sua decisão foi interpretada como uma busca de recolhimento, de paz, de solidão, assegurada pelo governo irlandês, que mandou cortar a linha telefônica do hotel onde se hospedou o *Premier* francês, colocando um cordão de isolamento em torno dele.[22]

Sua vontade só foi desrespeitada quando voltou à França e colocou aviso de "Entrada Proibida" em sua propriedade localizada em Colombey-les-deus-Églises, mas os repórteres invadiram os jardins para fotografá-lo sem permissão e às escondidas, contra a sua vontade, pois não pretendia manter-se como pessoa pública após deixar o poder.[23] Ele queria, de fato, ser esquecido. Porém, o caso De Gaulle não trata da recordação de fatos antigos, ou seja, não cuida da situação em que se relembram fatos passados de um indivíduo contra a sua vontade. Trata-se, na verdade, de caso em que um indivíduo com protagonismo público no passado busca preservar um espaço de privacidade e isolamento no presente.[24]

---

21. MONCAU, Luiz Fernando Marrey, op. cit., p. 48-49.
22. CONSALTER, Zilda Maria. *Direito ao esquecimento*. Proteção da intimidade e ambiente virtual. Curitiba: Juruá, 2017. p. 192.
23. CONSALTER, Zilda Maria, op. cit., p. 193.
24. MONCAU, Luiz Fernando Marrey, op. cit., p. 50.

CAPÍTULO 3 • A FORMAÇÃO DO DIREITO AO ESQUECIMENTO NA JURISPRUDÊNCIA ESTRANGEIRA **117**

Outros casos franceses que entraram para a história foram o Landru (*Delle Secret v. Soc. Rome Filme*), de 1965, *Madame M.* contra *Filipacchi et Société Cogedipress* (1983) e *Mamère*.

O caso Landru (*Delle Secret v. Soc. Rome Filme*) foi julgado pelo *Tribunal de Grande Instance* (TGI) de Seine em 1965 e, em 1967, pelo Tribunal de Apelações de Paris. O caso envolvia pedido de reparações de danos por parte da ex-amante de um famoso *serial killer* (Henri Désiré Landru), em função da exibição de um filme que retratava fatos do seu passado. Landru teria assassinado pelo menos dez mulheres. Preso em 1919, foi condenado à morte, em 1921, por guilhotina, pena essa cumprida em 1922.[25]

Em 1963, o diretor de cinema Claude Chabrol e a Société Rome-Paris Films lançaram o filme Landru, distribuído pela empresa *Lux Compagnie Cinématographique* de France. Por ocasião da exibição do filme, a companhia de Landru, *Mademoiselle Segret,* ajuizou ação em face dos responsáveis, alegando que o filme lembraria um fato dramático do passado, causando-lhe prejuízos, pelo fato de representá-la como amante de Landru, indicando o seu nome, sem a sua autorização.

Embora considerasse que as memórias publicadas pela autora não estivessem protegidas, foi reconhecida a ilicitude da conduta da produtora, condenada a indenizar a autora na quantia de 10.000 francos, pelo fato de ter sido a autora representada nua, ou quase, ao lado de Landru, o que constituiria um atentado ao seu pudor, falando-se pela primeira vez, a partir desse acórdão, em *droit à l´oubli,* na França,[26] tendo sido igualmente usada a expressão "a prescrição do silêncio".[27]

No dia 15 de março de 1967, a decisão foi reformada pela Corte de Apelação de Paris, para afastar a responsabilidade da produtora, haja vista a impossibilidade de se proibir o resgate de momentos do passado que já tenham se tornado conhecidos amplamente por um processo judicial ou mesmo por um relato feito pelo próprio interessado.[28]

Em 1983, o TGI de Paris acolheu expressamente o *droit à l´oubli* no caso *Madame M.c.Filipacchi et Société Cogedipresse.* Na hipótese, M. demandou reparação pela publicação de sua fotografia na revista Paris Match. A revista identificou-a como assassina da família do seu amante, em um crime cometido mais de 10 anos

---

25. MONCAU, Luiz Fernando Marrey, op. cit., p. 50.
26. MONCAU, Luiz Fernando Marrey, op. cit., p. 51.
27. LINDON, Raymond. *Les droits de la personnalité.* Paris: Dalloz, 1974. p. 25.
28. MONCAU, Luiz Fernando Marrey, op. cit., p. 51.

antes da publicação. Mesmo envolvida num evento público, a pessoa pode, com o decorrer do tempo, postular o direito ao esquecimento:[29]

"(...) a lembrança destes acontecimentos e do papel que ela possa ter desempenhado é legítima se não for fundada nas necessidades da história ou se for de natureza a ferir sua sensibilidade; visto que o direito ao esquecimento, que se impõe a todos, inclusive aos jornalistas, deve igualmente beneficiar a todos, inclusive aos condenados que pagaram sua dívida para com a sociedade e tentam reinserir-se nela".[30]

Mais tarde, viria o caso *Mamère*. O político e ex-jornalista francês Noel Mamère foi condenado a indenizar Pellerin devido a críticas veiculadas em um programa de televisão transmitido em outubro de 1999. As críticas se referiam à atuação de Pellerin como funcionário do SCPRI (*Service Central de protection contre les rayons ionissants*), estando suas funções relacionadas ao acidente na usina nuclear de Chernobyl. Com base na lei que impedia a aplicação da exceção da verdade a fatos ocorridos há mais de 10 anos, Mamère acabou condenado a indenizar Pellerin.[31]

Mamère recorreu da decisão à Corte Europeia de Direitos Humanos, que em 2006 reconheceu a violação do artigo 10 da Convenção Europeia de Direitos Humanos, e apontou que sua condenação não teria sido proporcional, necessária e nem adequada para uma sociedade democrática. Tal decisão influenciou o Conselho Constitucional Francês a posteriormente declarar a inconstitucionalidade dos dispositivos da Lei de Imprensa, em 2011 (ao apontar que atentar contra a liberdade de expressão a impossibilidade de se provar a verdade, e que tal limitação "afeta trabalhos históricos e científicos") e em 2013 (inconstitucionalidade do dispositivo que impedia a exceção da verdade para fatos relativos a condutas anistiadas, prescritas ou alcançadas pela reabilitação, também por violar a liberdade de expressão). Para Moncau, as leis que fundamentaram um *droit a l´oubli* na França acabaram julgadas inconstitucionais.[32]

Mais recentemente, a Corte infraconstitucional alemã (*Bundesgerichtshof – BGH*) julgou improcedente pedido de remoção de link de resultados de busca na Internet, afirmando que o direito ao esquecimento não é absoluto, mas precisa ser ponderado no caso concreto com outros direitos fundamentais conflitantes.[33]

---

29. MONCAU, Luiz Fernando Marrey, op. cit., p. 52.
30. Decisão do TGI Paris, 20 de abril de 1983.OST, François. *O tempo do direito*, op. cit., p. 161.
31. MONCAU, Luiz Fernando Marrey, op. cit., p. 53.
32. MONCAU, Luiz Fernando Marrey. op. cit., p. 53.
33. FRITZ, Karina Nunes. *Jurisprudência comentada dos tribunais alemães*. Indaiatuba: Foco, 2021. p. 119.

CAPÍTULO 3 • A FORMAÇÃO DO DIREITO AO ESQUECIMENTO NA JURISPRUDÊNCIA ESTRANGEIRA **119**

A ação foi movida pelo ex-diretor de uma das mais importantes instituições de caridade da Alemanha, a *Arbeiter-Samaritaner-Bund* (Associação dos Trabalhadores Samaritanos), cuja regional no Estado de Hessen dirigia, com cerca de 500 funcionários e 35 mil associados. Em 2011, relata Karina Fritz, a regional entrou em grave crise financeira, apresentando déficit de 1 milhão de euros, exigindo a intervenção da direção central. Pouco antes da intervenção, o autor da ação afastou-se da direção, alegando problemas de saúde, ficando afastado do posto até seu completo desligamento, em abril de 2012. O fato fora relatado em diversos jornais alemães.[34]

No dia 17 de maio de 2015, o ex-diretor requereu ao Google a retirada dos resultados de busca dos links de diversas notícias envolvendo seu nome e estado de saúde. A empresa atendeu parcialmente ao pedido, mas não desindexou todos os resultados, razão pela qual ele ingressou com ação postulando o direito ao esquecimento, nos termos do artigo 17 do GDPR.[35]

O autor perdeu em primeira e segunda instância. O Tribunal de Justiça de Frankfurt am Main entendeu, em suma, não se encontrarem preenchidos os requisitos do artigo 17 do GDPR, visto que a liberdade de expressão e informação do buscador (Google) se sobrepunha aos direitos à autodeterminação informacional e ao apagamento dos dados do autor.[36]

Em grau de recurso, o BGH ratificou o entendimento das instâncias inferiores, reafirmando a existência do direito ao esquecimento, mas negando-o no caso concreto, por não se tratar de direito absoluto, que precisa ser ponderado juntamente com os demais direitos fundamentais em colisão.[37]

A ausência e os motivos do afastamento do ex-diretor da Liga Samaritana durante a crise financeira por motivos de saúde são de grande interesse público, segundo o julgado, considerando ainda que os jornais não traziam informações específicas sobre a doença, não permitindo quaisquer conclusões sobre o tipo e gravidade da moléstia, não produzindo impacto sobre a vida privada do autor, que não teria a pretensão de ser percebido na esfera pública de acordo com suas aspirações pessoais.[38]

Concluiu o BGH que, embora a informação sobre o autor dissesse respeito a dados pessoais, inclusive dados sensíveis (saúde), a relevância social da notícia, aliada à sua baixa potencialidade lesiva, se sobrepõe ao direito ao esquecimento,

---

34. FRITZ, Karina Nunes, op. cit., p. 120.
35. FRITZ, Karina Nunes, op. cit., p. 120.
36. FRITZ, Karina Nunes, op. cit., p. 120.
37. FRITZ, Karina Nunes, op. cit., p. 120.
38. FRITZ, Karina Nunes, op. cit., p. 125.

afastando a pretensão de desindexar do resultado de buscas da Google os links de notícias de jornais informando que a instituição enfrentou, durante sua gestão, grave crise financeira, tendo o autor se afastado da direção por problemas de saúde.[39]

3.1 O CASO "GOOGLE SPAIN"

O caso mais emblemático que tem chamado a atenção dos acadêmicos e pesquisadores de Direito é o famoso *Google Spain*. No dia 13 de maio de 2014, em decisão inédita, a Grande Seção do Tribunal de Justiça da União Europeia reconheceu, em face da Google, o direito ao esquecimento na Internet, determinando a remoção de dados sensíveis dos resultados de busca na Internet.[40]

O caso teve como origem um litígio entre o Google e um cidadão espanhol, Mario Costeja González. Ele pretendia excluir seus dados pessoais da ferramenta de busca, especialmente com relação ao fato de que seu imóvel, nos anos 1990, foi levado a leilão para pagamento de dívidas com a previdência social da Espanha, sendo que o débito chegou a ser quitado de modo a evitar a venda judicial. Foi rejeitado o argumento do Google de que somente exibe conteúdos indexáveis (que estão online e são passíveis de serem encontrados) e não teria responsabilidade sobre o seu conteúdo.[41]

Embora satisfeito o débito, as dívidas e a referência ao leilão continuaram aparecendo nas buscas pelo nome do interessado no site do Google, de maneira ofensiva à sua dignidade, não obstante se tratasse de informação pretérita e sem relevância social, tendo em vista a publicação, em 1998, pelo jornal espanhol *La Vanguardia,* de dois editais de leilão do bem em questão. O Tribunal de Justiça Europeu considerou que o operador de um motor de busca sofre a incidência do Artigo 2.º, *d*, da Diretiva 95/46 da Comunidade Econômica Europeia, que define o responsável pelo tratamento de dados pessoais como "a pessoa singular ou coletiva, a autoridade pública, o serviço ou qualquer outro organismo que, individualmente ou em conjunto com outrem, determine as finalidades e os meios de tratamento dos dados pessoais".[42]

---

39. FRITZ, Karina Nunes, op. cit., p. 125.
40. LIMA, Cintia Rosa Pereira de; MARTINS, Guilherme Magalhães. A figura caleidoscópica do direito ao esquecimento e a inutilidade de um tema em repercussão geral. *Migalhas de Proteção de Dados.* p. 02. Disponível em: https://www.migalhas.com.br/coluna/migalhas-de-protecao-de-dados/334044/a-figu-ra-caleidoscopica-do-direito-ao-esquecimento-e-a--in-utilidade-de-um-tema-em-repercussao-geral. Acesso em: 30.08.2022.
41. LIMA, Cintia Rosa Pereira de; MARTINS, Guilherme Magalhães. A figura caleidoscópica do direito ao esquecimento e a inutilidade de um tema em repercussão geral, op. cit., p. 02.
42. LIMA, Cintia Rosa Pereira de; MARTINS, Guilherme Magalhães. A figura caleidoscópica do direito ao esquecimento e a inutilidade de um tema em repercussão geral, op. cit., p. 02.

O Tribunal entendeu que o Google fazia tratamento de dados, e não mero armazenamento. Apesar de o Google ter defendido que a sua atividade era meramente de indexação cega de todas as palavras carregadas online, ou seja, um processo automatizado sem intervenção editorial, o Tribunal considerou que, ao indexar dados online, o Google desenvolveu uma atividade comercial deliberada e geradora de responsabilidade.[43]

O Tribunal de Justiça da União Europeia entendeu que o tempo retira força ao argumento do interesse público da dita informação. No entanto, esta será uma avaliação casuística. Saber quando a informação é irrelevante dependerá essencialmente do tempo que passou desde que as referências originais foram publicadas.[44]

O Tribunal visou garantir ao cidadão, portanto, a possibilidade de exercer algum tipo de controle em relação às suas informações pessoais disponibilizadas na Internet. Com o intuito de garantir a proteção dos direitos à privacidade e à proteção dos dados pessoais dos cidadãos (artigos 7º e 8º da Carta de Direitos Fundamentais da União Europeia), foi justificada a possibilidade de uma pessoa requerer que uma informação associada a ela deixe de estar à disposição do grande público através da sua inclusão numa lista de resultados, quando estas forem inexatas, inadequadas, não sejam pertinentes ou sejam excessivas, atendendo às finalidades do tratamento em causa realizado pelo provedor de busca.

Em suma, com fundamento na Diretiva 95/46/CE, a Corte Europeia asseverou que os provedores de busca na Internet praticam atividade que se qualifica como de tratamento de dados e, portanto, são responsáveis por esse tratamento no âmbito de um Estado-membro, sempre que criem, nesse território, uma filial ou sucursal que promova e venda espaços publicitários, incumbindo-lhes, em consequência, de suprimir os *links* que remetam ao interessado, ainda que a informação em si seja lícita. O direito ao apagamento (ou, neste caso, desindexação ou "delistagem") deve prevalecer em face dos interesses econômicos do provedor e do interesse do público em ter acesso à informação, salvo situações especiais, quando se trate de pessoa pública e o interesse preponderante do público seja o acesso a tal informação.[45]

De fato, com base em tal decisão no caso *Google Spain,* pode-se afirmar que os provedores de pesquisa, por meio dos mecanismos de busca, não podem ser considerados pura e simplesmente meros intermediários entre os usuários e, por exemplo, os provedores de conteúdo, visto que os algoritmos utilizados

---

43. BOTELHO, Catarina Santos. "Novo ou velho direito", op. cit., p. 66.
44. BOTELHO, Catarina Santos. "Novo ou velho direito", op. cit., p. 53.
45. CUEVA, Ricardo Villas Boas. Evolução do direito ao esquecimento no Judiciário, op. cit., p. 87.

nas operações importam numa coleta e processamento de dados. Como observa Ingo Sarlet, os mecanismos de busca na Internet vasculham de modo automático, continuado e sistemático na busca de informações publicadas na Internet, para posteriormente proceder à sua seleção, armazenamento e organização, por exemplo, na hierarquização das informações buscadas em ordem de aparição nas suas páginas.[46]

O caso em questão envolveu a desindexação ou "de-listagem" de resultados de mecanismos de busca (do inglês, *right to be delisted*)[47].

Ao desindexar o conteúdo de um mecanismo de busca normal, considerando que o acesso a novo conteúdo pela Internet costuma ser intermediado pelos mecanismos de busca, diminui significativamente o potencial de disseminação deste conteúdo, diminuindo o eventual dano que sua disseminação possa causar ao envolvido. Isso não se confunde com o cancelamento da informação, mas corresponde apenas a dificultar o seu acesso.[48]

Posteriormente àquela decisão, o Google criou um formulário *online* para que os cidadãos possam requerer a desindexação, organizou e treinou uma equipe interna para avaliar esses requerimentos, além de ter constituído um Comitê Consultivo da empresa para estudar o direito ao esquecimento (*Advisory Council to Google on the Right to be Forgotten*), formado por diversos especialistas no assunto, sendo responsável por auxiliar a empresa na construção

---

46. SARLET, Ingo Wolfgang. Notas acerca do direito ao esquecimento, op. cit., p. 84.

47. LIMA, Henrique Cunha Souza, op. cit., p. 124-125.

48. VIOLA, Mario; DONEDA, Danilo; CÓRDOVA, Yasodara; ITAGIBA, Gabriel. Entre privacidade e liberdade de informação e expressão: existe um direito ao esquecimento no Brasil?, op. cit., p. 366-367. Acrescentam os autores: "extinguir conteúdo da Internet, por sua vez, pode significar que: (i) um URL não foi encontrado, o que retornaria como resposta do servidor para o usuário o código 404; (ii) que o conteúdo de um arquivo que poderia ser encontrado por determinado URL não existe, o que pode retornar o código 204. Há ainda o recém aprovado código 451, referente a URLs cujo conteúdo foi indisponibilizado por 'razões legais'. Em uma situação híbrida, o conteúdo pode ser modificado, e a depender da arquitetura do sistema que gerencia o conteúdo, pode ou não ter efeitos em ferramentas de busca no que tange à distribuição de metadados, que podem persistir apesar de o conteúdo ter sido modificado ou deletado, ou serem apagados junto com o conteúdo. O impacto disso é: a referência a determinado conteúdo pode ser encontrada apesar de o conteúdo não existir mais.

Ainda ocorre que muitos mecanismos de busca dispõem de cache, isto é, uma cópia da informação presente na *Web* que é armazenada para vários fins, inclusive o acesso a esta informação quando a sua fonte eventualmente não for capaz de exibi-la. A exibição do cache depende da existência da capacidade de *caching*, e o conteúdo que pode ser exibido originalmente em cache também possui um URL, o que significa que a informação pode persistir mesmo após o conteúdo ser apagado do servidor de origem.

Portanto, tecnicamente, para que um conteúdo esteja indisponível na *web*, é necessário que ambos os rastros (metadados) e fragmentos sejam apagados do servidor, e também o cache, se existir. Isso significa que as principais ferramentas de busca podem desindexar conteúdos, mas isso não implica o desaparecimento da referência, tampouco a indisponibilidade de consulta ao conteúdo, em caso de cache ativo".

de critérios a serem aplicados na análise de pedidos que envolvam o direito ao esquecimento.[49]

A criação de formulários *online* para facilitar o exercício do direito ao esquecimento, nas suas diversas modalidades, esvazia o inconveniente invocado por parte da doutrina, que associa o direito fundamental em questão ao chamado *Efeito Streisand*.[50]

Em decorrência da mencionada decisão judicial, no caso *Google Spain,* o *Google* passou a publicar as estatísticas relativas aos pedidos de remoção com similar fundamento, tornando públicos, ainda, os informes relativos aos deferimentos administrativos sob seus critérios, e o que pode ser facilmente visualizado no *Transparency Resort.* Nas informações coletadas na página, em junho de 2020, verifica-se que foram removidas administrativamente 3.673.703 URLs (*Uniform Resource Locator*), desde o advento daquela decisão, em 29 de maio de 2014, o que corresponde a 46,4% do material avaliado.[51]

No entanto, o Tribunal de Justiça da Corte Europeia, na parte final da decisão, ressaltou que solução diversa poderia ser dada ao caso concreto por razões especiais, como o papel desempenhado pelo interessado na vida pública, caso em que "a ingerência nos seus direitos fundamentais é justificada pelo interesse preponderante do referido público em ter acesso à informação em questão, em virtude dessa inclusão".

Com efeito, é necessário diferenciar entre a divulgação na Internet de fatos sobre indivíduos comuns ou célebres, como uma execução fiscal ou a condição de réu em ações civis públicas, em face de grandes delinquentes, cujos casos interessem ao direito, à sociologia ou à história.[52]

Neste importante *"leading case"*, o Tribunal Europeu reconheceu a responsabilidade das ferramentas de busca pelo processamento de dados pessoais exibidos nos resultados, devendo o direito ao esquecimento, na hipótese concreta, prevalecer sobre o direito do público de conhecer e ter fácil acesso à informação. A informação a ser excluída deve ser interpretada segundo o seu contexto, tendo

---

49. FRAJHOF, Isabella. *O Direito ao Esquecimento na Internet*. Conceito, aplicação e controvérsias. São Paulo: Almedina, 2019. A autora relata que, segundo o relatório disponibilizado pela Google, desde o dia 29.05.2014, a empresa recebeu 729.891 pedidos para remoção de conteúdo, que envolviam a análise de 2.064.278 de URLs, sendo que 56,9% dos pedidos para retirada das URLs foram concedidos, e 43,1% foram negados.

50. MARTINS, Guilherme Madeira, op. cit., p. 657.

51. Disponível em https://transparencyreport.google.com/eu-privacy/overview. Acesso em: 08 jun. 2020.

52. RODRIGUES JUNIOR, Otavio. Não há tendências, op. cit., p. 05.

sido considerada, no caso, ultrapassada e irrelevante, diante do que não seria necessária a sua preservação.[53]

Na mesma linha, considerando a capacidade criadora do Google, merece ser lembrada recente decisão do Tribunal federal alemão (*Bundesgerghtshof* ou BGH) em caso envolvendo a função "autocompletar" (ou, em inglês, *autocomplete*). De acordo com o BGH, os termos sugeridos pelo preenchimento automático do Google são de conteúdo próprio, já que se trata de resultados criados por seu algoritmo. Mesmo entendendo que o Google não tem o dever de controle prévio dos termos sugeridos pelo preenchimento automático, o Tribunal alemão determinou que a função "autocompletar" pode violar direitos da personalidade, gerando a responsabilidade civil do buscador quando ele tomar ciência de tal violação.[54]

Os buscadores, com efeito, não podem ser vistos como meras pontes entre o usuário e o objeto da sua pesquisa. Se eles criam conteúdo e interferem ativamente nas buscas através de previsões feitas por eles próprios, não há que se falar em atuação isenta e neutra.[55]

No dia 24 de setembro de 2019, a Grande Câmara do Tribunal de Justiça da União Europeia decidiu que o direito ao esquecimento, conforme previsto no art. 17 do RGPD, não pode ser aplicado fora dos seus limites territoriais, limitando sua eficácia fora daquele bloco de países.[56]

O pano de fundo desse julgado foi a aplicação, pela Comissão Nacional de Informática e de Liberdades (CNIL) da França, da Sanção de 100.000 euros à Google Inc., já que, ao cumprir certo pedido de supressão de referências em seu buscador, teria aquela empresa se negado a aplicar a supressão a todas as extensões de nome de domínio de seu motor de busca.

De acordo com a Comissão Internacional de Informática e de Liberdades francesa, a desindexação deveria ser implementada em todas as extensões relevantes dos provedores de busca, incluindo a versão .com, por duas razões: a)

---

53. MARTINS, Guilherme Magalhães. O direito ao esquecimento na Internet e a proteção dos consumidores. *Revista Luso-Brasileira de Direito do Consumo*. Curitiba, março 2017. Disponível em: https://vlex.com.br/vid/direito-ao-esquecimento-na-684893977. Acesso em: 30.08.2022.

54. BGH, Autocomplete: VI ZR 269/12, j. 14.05.2013. COELHO, Júlia Costa de Oliveira, op. cit., p. 15.

55. COELHO, Júlia Costa de Oliveira, op. cit., p. 15.

56. In: https://eur-lex.europa.eu/legal-content/PT/TXT/HTML/?uri=CELEX:62017CJ0136&from=EN. Acesso em: 25.10.2019. No considerando número 4, concluiu a decisão que: "4) O tratamento dos dados pessoais deverá ser concebido para servir as pessoas. O direito à proteção de dados pessoais não é absoluto; deve ser considerado em relação à sua função na sociedade e ser equilibrado com outros direitos fundamentais, em conformidade com o princípio da proporcionalidade. O presente regulamento respeita todos os direitos fundamentais e observa as liberdades e os princípios reconhecidos na Carta, consagrados nos Tratados, nomeadamente o respeito pela vida privada e familiar, [...] a proteção dos dados pessoais, a liberdade de pensamento, de consciência e de religião, a liberdade de expressão e de informação, a liberdade de empresa [...]".

extensões geográficas (como, .it, .es ou .fr) são apenas caminhos que dão acesso à mesma operação de processamento; e b) o direito à desindexação deve ser exercido em face do provedor de busca, independentemente da forma como a consulta é feita. Uma desindexação parcial não seria eficaz, pois qualquer usuário da Internet ainda poderia encontrar o resultado da pesquisa usando um nome de domínio não europeu.

No caso, iniciado em 2015, a CNIL (*Comission nationale de l'informatique et dês libertés)*, agência francesa que regula a proteção de dados, ingressou contra o Google para apagar dos resultados de busca alguns links para páginas de determinadas pessoas. Os magistrados afirmaram que os titulares de dados "deverão ter o 'direito a serem esquecidos' quando a conservação desses dados violar o presente regulamento ou o direito da União ou dos Estados-Membros aplicável ao responsável pelo tratamento".[57]

A disputa surgiu quando um indivíduo requereu ao Google a retirada de certos *hiperlinks* de seus resultados de busca quando as palavras-chave para a realização da pesquisa fossem o seu nome e sobrenome. O buscador, ao processar o pedido do autor, recebeu uma notificação da CNIL, requerendo a exclusão dos *hiperlinks* em todos os domínios que a ferramenta de pesquisa possuísse, em escala global.

Ocorre que o Google se recusou a cumprir tal exigência, retirando apenas os *hiperlinks* resultantes de buscas através de domínios correspondentes às versões daquele provedor de busca pertencentes aos Estados-membros da União Europeia, através da identificação de seus IPs. Em sequência, a CNIL apontou ser a sanção insuficiente, aplicando-lhe a multa de 100.000 euros.

Então, o Google apresentou requerimento ao Conselho de Estado francês, requerendo a anulação da sanção.

O Conselho de Estado ponderou que a controvérsia versava sobre a interpretação da Diretiva 95/26, no que se refere à forma pela qual os provedores de busca poderiam executar o direito ao apagamento de referências nos resultados de busca, decidindo submeter o caso ao Tribunal de Justiça da União Europeia.

Por fim, de acordo com os juízes do Tribunal de Justiça da União Europeia, atualmente não há obrigação prevista na legislação do bloco de que o administrador do mecanismo de busca deva "proceder a essa supressão de referências em todas as versões do motor de busca".

---

57. Direito ao esquecimento deve ser aplicado em toda a União Europeia. In: https://www.conjur.com. br/2019-set-24/direito-esquecimento-aplicado-toda-uniao-europeia. Acesso em: 25.10.2019.

Citando precedentes, eles apontaram que o mecanismo de busca e sua sede "estão indissociavelmente ligadas", já que eles dependem de publicidade para gerar receita, por exemplo.

Os casos mais emblemáticos julgados pelo Judiciário brasileiro acerca do direito ao esquecimento envolveram a apresentadora infantil Xuxa e o programa televisivo "Linha Direta Justiça", sendo ainda relacionado ao tema um episódio ligado a uma suposta fraude em um concurso público para a Magistratura.[58]

---

58. A ementa é a seguinte: "Ação de obrigação de fazer com pedido de antecipação de tutela para que os agravantes instalem 'filtros' em seus sites de pesquisa existentes na Internet, a fim de evitar a associação do nome da agravada a notícias que envolvam a suposta fraude no XLI Concurso da Magistratura. Deferimento dos efeitos da tutela. Agravo de instrumento. 1- O direito à intimidade e à vida privada, amparado na Carta constitucional (art. 5o, X), configura-se como tutela assegurada ao indivíduo para que possa repelir a interferência de terceiros na esfera de sua vida íntima e ter controle das informações sobre ele divulgadas, Desde que tais informações não veiculem manifesto interesse público. 2- Na hipótese concreta do conflito entre a garantia à intimidade e a chamada 'sociedade da informação', deve prevalecer a primeira, com vistas a evitar que o exercício da livre circulação de fatos noticiosos por tempo imoderado possa gerar danos à vida privada do indivíduo. 3- Prevalência, nesta fase, do direito à imagem, à personalidade e do direito ao esquecimento, garantias fundamentais do ser humano. 4- Os elementos trazidos aos autos indicam a possibilidade de dano irreparável à agravada, caracterizando-se a presença dos requisitos que ensejam o deferimento da antecipação de tutela. Provimento parcial do recurso para ampliar o prazo para o cumprimento da obrigação e reduzir a multa cominatória (TJ-RJ Agravo de Instrumento 0045786-53.2009.8.19.0000, relator Desembargador Antonio Saldanha Palheiro, j. 25.5.2010).

Capítulo 4
O DIREITO AO ESQUECIMENTO E SUA APLICAÇÃO NA JURISPRUDÊNCIA DOS TRIBUNAIS SUPERIORES BRASILEIROS

O Superior Tribunal de Justiça teve a oportunidade de enfrentar o direito ao esquecimento pela primeira vez ao julgar o caso Xuxa *vs.* Google, ocasião em que, em 1992, a atriz e apresentadora Xuxa Meneghel impediu judicialmente o lançamento em videocassete do vídeo "*Amor, estranho amor*", por recear que sua imagem com o público infantil ficasse definitivamente deturpada.[1]

O caso foi julgado pelo Tribunal de Justiça do Estado do Rio de Janeiro, tendo sido a pretensão da apresentadora reconhecida em voto da lavra do Desembargador Thiago Ribas Filho:

> Após o lançamento da fita (no cinema), ocorrido em 1982, Xuxa se projetou, nacional e internacionalmente, com programas infantis na televisão, criando uma imagem que muito justamente não quer ver atingida, cuja vulgarização atingiria não só ela própria como as crianças que são o seu público, ao qual se apresenta como símbolo de liberdade infantil, de bons hábitos e costumes, e da responsabilidade das pessoas.[2]

Em 2012, tendo em vista o ressurgimento das imagens do mencionado filme na Internet, a apresentadora ingressou com ação de rito ordinário objetivando que fossem removidos do *site* de pesquisas da ré denominado Google Search os resultados relativos à busca pela expressão "Xuxa pedófila" ou qualquer outra que associe o nome da autora, independentemente da grafia, se correta ou equivocada, a uma prática criminosa qualquer.[3]

O pedido de antecipação de tutela foi deferido pelo Juízo de primeiro grau, determinando que a Google se abstivesse de disponibilizar aos seus usuários, no seu *site* de buscas, os mencionados resultados, sob pena cominatória. Em sede

---

1. MORAES, Maria Celina Bodin; KONDER, Carlos Nelson, op. cit., p. 288-289. MARTINS, Guilherme Magalhães. O direito ao esquecimento na Internet, op. cit., p. 82.
2. TJRJ, 2ª CC, Ap.civ. 1991.001.03819, Des. Thiago Ribas Filho, j. 27.02.1992.
3. MARTINS, Guilherme Magalhães. O direito ao esquecimento na Internet, op. cit., p. 83.

de agravo de instrumento, o Tribunal de Justiça do Estado do Rio de Janeiro manteve em parte a decisão recorrida, restringindo a liminar apenas às imagens referidas na inicial, relativas ao filme em questão, mas sem exclusão dos *links* na apresentação dos resultados de pesquisas.[4]

A questão chegou ao Superior Tribunal de Justiça no Recurso Especial 1.316.921-RJ, tendo o voto da Ministra Fátima Nancy Andrighi rechaçado o pedido da atriz e apresentadora de filtragem do conteúdo das pesquisas de cada usuário, por considerar que

> 3. O provedor de pesquisa é uma espécie do gênero provedor de conteúdo, pois não inclui, hospeda, organiza ou de qualquer outra forma gerencia as páginas virtuais indicadas nos resultados disponibilizados, se limitando a indicar *links* onde podem ser encontrados os termos ou expressões de busca fornecidos pelo próprio usuário.
>
> 4. A filtragem de conteúdo das pesquisas feitas por cada usuário não constitui atividade intrínseca ao serviço prestado pelos provedores de pesquisa, de modo que não se pode reputar defeituoso, nos termos do art. 14 do CDC, o *site* que não exerce esse controle sobre os resultados das buscas.
>
> 5. Os provedores de pesquisa realizam suas buscas dentro de um universo virtual, cujo acesso é público e irrestrito, ou seja, seu papel se restringe à identificação de páginas na *web* onde determinado dado ou informação, ainda que ilícito, estão sendo livremente veiculados. Dessa forma, ainda que seus mecanismos de busca facilitem o acesso e a consequente divulgação de páginas cujo conteúdo seja potencialmente ilegal, fato é que essas páginas são públicas e compõem a rede mundial de computadores e, por isso, aparecem no resultado dos *sites* de pesquisa.
>
> 6. Os provedores de pesquisa não podem ser obrigados a eliminar do seu sistema os resultados que apontem para uma foto ou texto específico, independentemente da indicação da URL da página onde este estiver inserido.
>
> 7. Não se pode, sob o pretexto de dificultar a propagação de conteúdo ilícito ou ofensivo na *web,* reprimir o direito da coletividade à informação. Sopesados os direitos envolvidos e o risco potencial de violação de cada um deles, o fiel da balança deve pender para a garantia da liberdade de informação assegurada pelo art. 220, parágrafo primeiro da CF/88, sobretudo considerando que a Internet representa, hoje, importante veículo de comunicação social de massa.
>
> 8. Preenchidos os requisitos indispensáveis à exclusão, da *web,* de uma determinada página virtual, sob alegação de veicular conteúdo ilícito ou ofensivo – notadamente a identificação da URL dessa página – a vítima carecerá de interesse de agir contra o provedor de pesquisa, por absoluta falta de utilidade de jurisdição. Se a vítima identificou, via URL, o autor do ato ilícito, não tem motivo para demandar contra aquele que apenas facilita o acesso a esse ato que, até então, se encontra parcialmente disponível na rede para divulgação.[5]

---

4. MARTINS, Guilherme Magalhães. O direito ao esquecimento na Internet, op. cit., p. 83.

5. STJ, Recurso Especial 1.316.921-RJ, rel. Min. Nancy Andrighi, j. 26.06.2012. Em decisão posterior, de 11 de dezembro de 2013, ao julgar a Reclamação 5072/AC, que teve como relator o Ministro Marco Buzzi, a Segunda Seção do Superior Tribunal de Justiça manteve a mesma orientação acima,

relativamente à responsabilidade dos provedores de busca, sem referência específica ao direito ao esquecimento. Segundo esse último julgado, a Google Brasil Internet Ltda. restou isenta de arcar com multa cominatória ("astreinte") por descumprir decisão judicial que a obrigava a suprimir de seu *site* de pesquisa qualquer resultado que vinculasse o nome de um juiz à pedofilia. Por maioria, seguindo o voto vista da ministra Nancy Andrighi, aquele colegiado considerou a obrigação "impossível de ser efetivada". Consoante o mesmo voto, "a liminar que determinava a exclusão dos resultados de busca não fez referência explícita à retirada do conteúdo em cache, ainda que isso constasse do pedido formulado pelo autor da ação. A permanência em cache do conteúdo ofensivo pode ter feito com que o resultado indesejado ainda aparecesse na busca, mesmo após a retirada do ar da página original. O cache é uma espécie de memória temporária que armazena uma cópia do conteúdo da página original indicada no resultado da pesquisa, para agilizar os resultados de busca. O cache possibilita acesso rápido às páginas buscadas e retém temporariamente os dados, que são periodicamente substituídos por outras versões mais recentes, de modo a haver constante atualização. Não há como precisar por quanto tempo cada página fica na memória cache, variando caso a caso com base em diversos fatores, como a quantidade de acessos à página, a taxa de atualização do site, sua estabilidade e a largura da banda". No entanto, o voto-vista da Ministra Nancy Andrighi, reconhece que a manutenção em cache "prolonga os efeitos danosos à honra e à imagem da vítima". Assim, estando uma cópia do texto ofensivo em cache, deve o provedor de pesquisa, uma vez ciente do fato, providenciar a exclusão preventiva, desde que seja oferecido o URL da página original, bem como comprovado que esta já foi removida da internet. Para tanto, deve haver não só um pedido individualizado da parte, mas um comando judicial determinado e expresso no sentido de que a cópia em cache seja removida. Nancy Andrighi considera isso essencial, sob pena de se prejudicar o direito à informação. "No caso dos provedores de pesquisa virtual, a imposição de deveres subjetivos ou implícitos implicará, potencialmente, restrição dos resultados de busca, o que viria em detrimento de todos os usuários, que dependem desse serviço para conhecer todo o diversificado conteúdo das incontáveis páginas que formam a web", ponderou. A questão teve origem com a publicação, em 22 de novembro de 2009, de uma matéria na revista Istoé relacionando magistrados à pedofilia. O nome de um juiz era citado. Tratando diretamente com a revista, ele conseguiu a retirada da matéria digital do site da Istoé. No entanto, ao fazer busca com seu nome e o termo "pedofilia", o *site* da Google ainda trazia a versão completa da reportagem. Em 3 de dezembro de 2009, o juiz ingressou com ação no juizado especial, pedindo que a Google retirasse de seus registros públicos a página original da reportagem, ainda que em cache, bem como de todas as reproduções, ainda que albergadas em outros *sites*. Pediu também que a Google impedisse em seus mecanismos de busca a associação do seu nome com a matéria ou seu tema. No dia 4 de dezembro de 2009, o juiz obteve uma liminar obrigando a Google, em 24 horas, a retirar das páginas de resultado da pesquisa qualquer referência ao magistrado autor da ação, sob pena de multa diária de R$ 500. No dia 24 de fevereiro de 2010, a multa foi aumentada para R$ 5.000/dia. A Google ingressou com reclamação perante a Segunda Seção, sustentando que a liminar era teratológica, pois determinava uma ordem impossível de cumprir. Pediu a exclusão da multa total ou sua redução. Segundo cálculo do relator no STJ, ministro Marco Buzzi, a astreinte alcançaria, quando do ajuizamento da reclamação pela Google, a quantia de R$ 1,4 milhão. O ministro entendeu que o valor da multa era exorbitante e deveria ser reduzido para 40 salários mínimos, teto para as ações no juizado especial. Mas ele manteve a incidência da multa, por considerar que era possível à Google o controle do conteúdo disponibilizado aos usuários. "A Google possui ferramentas aptas a remover informações de conteúdo no resultado de busca", afirmou. "Pode ser uma ação de difícil cumprimento, mas não de impossível cumprimento, como alega", acrescentou. Divergindo do relator, a ministra Andrighi votou no sentido de afastar por completo a multa. Ela entendeu que a obrigação imposta à Google na condição de *site* de pesquisa se mostra impossível de ser efetivada, daí decorrendo a teratologia da decisão. Ela chamou atenção para a diferença entre provedores de conteúdo (que têm controle editorial) e provedores de pesquisa (que não o têm). A ministra explicou que os provedores de conteúdo têm facilidade para excluir material a pedido dos usuários, mas os provedores de pesquisa, não. É preciso a indicação do URL para que esse possa eliminar o aparecimento de resultado indesejado em pesquisa. Com o URL, identifica-se o *site*, e daí o IP, que localiza o computador de onde saiu o conteúdo. Assim, é possível agir diretamente contra

Os principais argumentos do voto em questão foram três: 1- a impossibilidade do cumprimento da obrigação em decorrência do estado da técnica atual; 2- A inconstitucionalidade do pleito em razão da imposição de censura prévia de conteúdo; 3- A relevância do serviço prestado pela Google, do qual dependeria o cotidiano de milhares de pessoas.[6]

A decisão baseou-se ainda no fato de que, se havia o conhecimento de onde estava o autor do ilícito com sua página na Internet, não haveria interesse em demandar contra o provedor de pesquisa, mas a ação deveria ser direcionada em face do alimentador da página.

Na visão do mencionado voto, as medidas tendentes à supressão do conteúdo ofensivo deveriam ser direcionadas diretamente contra a própria fonte desse conteúdo, ainda que a própria Turma tenha reconhecido a dificuldade técnica em se proceder dessa forma. Afinal, as páginas da Internet podem se multiplicar com facilidade, assim como proceder à sua triagem pode se revelar um desafio.

A decisão ressalva que a supressão direta de resultados no mecanismo de busca, com base em palavras-chave indicadas pelo ofendido, poderia levar até mesmo à exclusão de resultados sem qualquer relação com a ofendida.

Discordamos da posição adotada pelo julgado, visto que um filme produzido na juventude, em início de carreira, não pode ficar associado ao nome da atriz eternamente, por mais polêmico que seja o seu conteúdo. Deve-se levar em conta, especialmente, que a construção da carreira artística da envolvida ocorreu em outra direção – como apresentadora de programas infantis.[7]

A solução deve passar pela ponderação, no caso concreto, dos interesses em conflito e do potencial verdadeiramente lesivo do que é postado nos *sites* de

---

o autor. Os ministros João Otávio de Noronha, Sidnei Beneti, Paulo de Tarso Sanseverino e Villas Bôas Cueva acompanharam esse entendimento. Em seu voto vista, a ministra Isabel Gallotti ressaltou que concordava com a posição da ministra Andrighi, no sentido de que os provedores de pesquisa não podem ser obrigado a eliminar do resultado de busca palavras ou combinações de palavras, fotos ou textos, sem que tenha sido especificado pelo lesado o URL da página em questão. A ordem judicial, na extensão em que foi dada no caso, não foi corretamente dirigida ao responsável pelo dano, afirmou a ministra Gallotti: "A Google, apesar de ser uma gigante do setor, não é a dona da internet. O que se poderia exigir era retirar do resultado da pesquisa aquela página." Se, após a retirada da página pelo *site* responsável pelo conteúdo, ele ainda continuar aparecendo no resultado da busca, é cabível voltar-se contra a Google, disse. A ministra repeliu a argumentação da Google de que a liminar pediria uma ação impossível. Conforme os autos, no dia 21 de janeiro de 2010 já não havia mais referência na busca do Google nem mesmo na página em cache. Assim, a ministra entende que a astreinte no valor de R$ 500 deveria ser calculada de 5 de dezembro de 2009 (data em que terminou o prazo de 24 horas concedido pela decisão liminar) até aquela data.

6. BARBOSA, Fernanda Nunes. Internet e consumo: o paradigma da solidariedade e seus reflexos na responsabilidade do provedor de pesquisa. *Revista dos Tribunais*. V. 924, p. 555, out. 2012. MARTINS, Guilherme Magalhães. O direito ao esquecimento na Internet, op. cit., p. 85.

7. LIMBERGER, op. cit., p. 74.

busca[8], levando em conta os princípios constitucionais da dignidade da pessoa humana (art. 1º, III, CR) e da solidariedade social (art. 3º, I, CR).

Em maio de 2013, o Superior Tribunal de Justiça, no julgamento dos Recursos Especiais 1.334.097-RJ e 1.335.153-RJ, teve a oportunidade de apreciar o direito ao esquecimento, ambos fazendo referência em sua fundamentação ao Enunciado 531 do Conselho da Justiça Federal, aprovado na VI Jornada de Direito Civil (março de 2013).[9]

Ambos os precedentes têm relação com uma versão do programa Linha Direta, da Rede Globo, que teve sua criação inspirada em atrações norte-americanas como *Yesterday, Today and Tomorrow* e *The Unsolved Mysteries,* procurando trazer esse conceito para a televisão brasileira. De maneira sintética, pode-se dizer que o programa se estruturava da seguinte forma: toda semana, dois esquetes-reportagens envolvendo crimes hediondos de grande repercussão no Brasil eram levados ao público. Para ir ao ar, era necessário que faltasse aos delitos narrados alguma forma de solução, seja pelo fato de a Justiça não ter chegado a uma conclusão acerca do que verdadeiramente ocorrera, seja pelo fato de os acusados ou suspeitos se encontrarem foragidos.[10]

O objetivo central do programa consistia em representar uma verdadeira "linha direta" (por meio de central telefônica disponível 24 horas e, a partir do ano 2000, por página da Internet para receber denúncias, garantindo-se, em ambas, sigilo total aos denunciantes) entre o telespectador e o Estado, incitando-se a população a colaborar de algum modo na solução do crime – por exemplo, denunciando o esconderijo ou prestando alguma informação possivelmente útil.[11]

Os processos contra a TV Globo que evocam a tese do direito ao esquecimento, portanto, dizem respeito a uma versão específica do programa Linha Direta, denominada *Linha Direta Justiça.* Exibido uma vez por mês, nele eram apresentados crimes famosos, que haviam abalado o Brasil em alguma época do passado, mas já submetidos a julgamento. Apresentado pelo jornalista Domin-

---

8. Idem. Para a autora, "falar-se, portanto, de neutralidade, inviabilidade técnica e censura prévia apartados de uma ponderação com os direitos existenciais da pessoa humana e da distribuição dos riscos sociais a partir de um viés solidarista não se afigura a melhor maneira de se decidir em os casos difíceis que se apresentam para solução do intérprete (...). No julgamento em comentário, a Corte decidiu pela liberdade de informação, deixando de considerar, no entanto, que no caso concreto a informação é inverídica e extremamente desabonadora. Da mesma forma, deixou de reconhecer que o fiel da balança deve ser o valor da dignidade da pessoa humana e que, na sociedade de consumo pós-moderna em que se vive, a atribuição dos ônus deve dar-se conforme um paradigma de solidariedade."

9. MARTINS, Guilherme Magalhães. O direito ao esquecimento na Internet, op. cit., p. 85.

10. SILVA, Roberto Baptista Dias da; PASSOS, Ana Beatriz Guimarães. Entre lembrança e olvido, op. cit., p. 408.

11. SILVA, Roberto Baptista Dias da; PASSOS, Ana Beatriz Guimarães. Entre lembrança e olvido, op. cit., p. 408.

gos Meirelles, o *Linha Direta Justiça* foi ao ar entre maio de 2003 e novembro de 2007.Embora o Linha Direta representasse gênero no qual o Linha Direta Justiça estava inserido, as duas atrações se estruturavam de maneira distinta. A principal diferença se dava no fato de que, enquanto, no primeiro, o público era exposto, em uma mesma edição, a dois casos pendentes de solução, no segundo, apenas um caso famoso, já solucionado, era apresentado. Entre os casos famosos retratados pelo Linha Direta Justiça pode-se citar o assassinato de Ângela Diniz, o Roubo da Taça Jules Rimet e até mesmo crimes políticos, como as mortes de Zuzu Angel e de Wladimir Herzog.[12]

A Igreja de Nossa Senhora da Candelária, localizada na região central da cidade do Rio de Janeiro, é um dos templos católicos mais famosos do Brasil. Seu nome também está vinculado a um dos crimes mais bárbaros já vivenciados no país: na noite do dia 23 de julho de 1993, enquanto mais de 50 crianças e adolescentes dormiam em suas proximidades, um grupo de homens encapuzados abriu fogo contra elas, deixando um total de oito pessoas mortas, sendo seis delas menores de 18 anos.[13]

Em razão dos inúmeros protestos nacionais e internacionais gerados pela chacina, rapidamente as autoridades competentes realizaram investigações acerca do caso. Baseadas principalmente nos depoimentos dos sobreviventes, as acusações resultaram no envolvimento de nove homens relacionados no massacre: oito policiais militares, dos quais três foram condenados, e um serralheiro, Jurandir Gomes de França.

Depois de permanecer mais de três anos preso, Jurandir foi absolvido de forma unânime pelo Tribunal do Júri em dezembro de 1996. À época, afirmou que ingressaria com pedido de indenização contra o Estado, pleiteando reparação por danos morais e materiais decorrentes de erro judiciário. Então, decidiu processar a TV Globo, em razão da transmissão do Linha Direta Justiça, que, ao reconstituir a Chacina da Candelária, vinculou seu nome e sua imagem ao massacre.

O autor chegou a recusar convite para uma entrevista a ser veiculada naquele programa, que terminou por divulgar seu nome e sua imagem novamente em rede nacional, contra a sua vontade, tendo sido levado a público evento por ele já superado. Embora o episódio tenha mencionado a absolvição, a menção ao autor, treze anos após o evento, no dia 27 de julho de 2006, ensejou sua condena-

---

12. SILVA, Roberto Baptista Dias da; PASSOS, Ana Beatriz Guimarães. Entre lembrança e olvido, op. cit., p. 409.
13. SILVA, Roberto Baptista Dias da; PASSOS, Ana Beatriz Guimarães. Entre lembrança e olvido, op. cit., p. 411.

CAPÍTULO 4 • O DIREITO AO ESQUECIMENTO E SUA APLICAÇÃO NA JURISPRUDÊNCIA | **133**

ção a compensar os danos morais sofridos, arbitrados em R$ 50.000,00, pela 16ª Câmara Cível do Tribunal de Justiça do Estado do Rio de Janeiro.[14]

No Recurso Especial 1.334.097-RJ (STJ, 4ª T., j. 28.05.2013),[15] o autor obteve a condenação da Rede Globo de Televisão por danos morais por ter seu nome vinculado no programa Linha Direta-Justiça, relativo ao episódio conhecido

---

14. Em primeira instância, o pedido foi julgado improcedente pelo Juízo da 3ª Vara Cível da Comarca da Capital, Rio de Janeiro, que, ao sopesar, de um lado, o interesse público da notícia acerca de evento traumático da história nacional, que repercutiu de forma desastrosa na imagem do país junto à comunidade internacional, e, de outro, o direito ao anonimato e ao esquecimento, acabou por mitigar o segundo.

15. Segundo um trecho da ementa do voto, que enfrenta o tema de maneira lapidar: "2- Nos presentes autos, o cerne da controvérsia passa pela ausência de contemporaneidade da notícia de fatos passados, que reabriu antigas feridas já superadas pelo autor e reacendeu a desconfiança da sociedade quanto à sua índole. O autor busca a proclamação do seu direito ao esquecimento, um direito de não ser lembrado contra sua vontade, especificamente no tocante a fatos desabonadores, de natureza criminal, nos quais se envolveu, mas que, posteriormente, fora inocentado (...) 6- Não obstante o cenário de perseguição e tolhimento pelo qual passou a imprensa brasileira em décadas pretéritas, e a par de sua inegável virtude histórica, a mídia do século XXI deve fincar a legitimação de sua liberdade em valores atuais, próprios e decorrentes diretamente da importância e nobreza da atividade. *Os antigos fantasmas da liberdade de imprensa, embora deles não se possa esquecer jamais, atualmente, não autorizam a atuação informativa desprendida de regras e princípios a todos impostos.* 7- Assim, a liberdade de imprensa há de ser analisada a partir de dois paradigmas jurídicos bem distantes um do outro. O primeiro, de completo menosprezo tanto da dignidade da pessoa humana quanto da liberdade de imprensa; e o segundo, o atual, de dupla tutela constitucional de ambos os valores (...) 15- Ao crime, por si só, subjaz um natural interesse público, caso contrário nem seria crime, e eventuais violações de direito resolver-se-iam nos domínios da responsabilidade civil. E esse interesse público, que é, em alguma medida, satisfeito pela publicidade do processo penal, finca raízes essencialmente na fiscalização social da resposta estatal que será dada ao fato. Se é assim, o interesse público que orbita o fenômeno criminal tende a desaparecer na medida em que também se esgota a resposta penal conferida ao fato criminoso, a qual, certamente, encontra seu último suspiro, com a extinção da pena ou com a absolvição, ambas consumadas irreversivelmente. E é nesse interregno temporal que se perfaz também a vida útil da informação criminal, ou seja, enquanto durar a causa que a legitimava. Após essa vida útil da informação seu uso só pode ambicionar, ou um interesse histórico, ou uma pretensão subalterna, estigmatizante, tendente a perpetuar no tempo as misérias humanas. 16- Com efeito, o reconhecimento do direito ao esquecimento dos condenados que cumpriram integralmente a pena e, sobretudo, dos que foram absolvidos em processo criminal, além de sinalizar uma evolução cultural da sociedade, confere concretude a um ordenamento jurídico que, entre a memória – que é a conexão do presente com o passado – e a esperança- que é o vínculo do futuro com o presente – faz clara opção pela segunda. *E é por essa ótica que o direito ao esquecimento revela sua maior nobreza, pois afirma-se, na verdade, como um direito à esperança, em absoluta sintonia com a presunção legal e constitucional de regenerabilidade da pessoa humana.* 17. Ressalvam-se do direito ao esquecimento os fatos genuinamente históricos – historicidade essa que deve ser analisada em concreto – cujo interesse público e social deve sobreviver à passagem do tempo, desde que a narrativa desvinculada dos envolvidos se fizer impraticável. 18-*No caso concreto, a despeito de a Chacina da Candelária ter se tornado – com muita razão – um fato histórico, que expôs as chagas do País ao mundo, tornando-se símbolo da precária proteção estatal conferida aos direitos humanos da criança e do adolescente em situação de risco, o certo é que a fatídica história seria bem contada e de forma fidedigna sem que para isso a imagem e o nome do autor precisassem ser expostos em rede nacional. Nem a liberdade de imprensa seria tolhida, nem a honra do autor seria maculada, caso se ocultassem o nome e a fisionomia do recorrido, ponderação de valores que, no caso, seria a melhor solução ao conflito"* (g.n.).

como "Chacina da Candelária", não obstante ter sido absolvido criminalmente por negativa de autoria por unanimidade dos membros do Conselho de Sentença.

A Turma concluiu, no caso, que para contar a fatídica história não era necessário fazer referência ao nome do envolvido, expondo a sua imagem.

Os principais motivos acolhidos por unanimidade pelos Ministros foram os seguintes: 1- O caso em questão não se relaciona com censura, pois havia a possibilidade de se retratar a história da Chacina sem que fosse necessário, para tanto, expor a imagem e o nome verdadeiro de Jurandir Gomes de França em rede nacional; 2- Ainda que Jurandir tenha sido absolvido no processo relativo à Candelária, a exibição do programa teria reacendido a desconfiança da comunidade em que residia, dificultando a sua convivência, bem como a de sua família no local, tanto que foram obrigados a se mudar dali, e impedindo que ele conseguisse emprego; 3- Quando procurado pela TV Globo para gravar entrevista no Linha Direta Justiça, Jurandir já se recusara a concedê-la, além de haver manifestado desinteresse na veiculação da sua imagem no programa.[16]

Parte da doutrina identifica tal julgamento com uma acepção do direito ao esquecimento de "não ser lembrado contra a sua vontade", especificamente no tocante a fatos desabonadores, de natureza criminal, nos quais o sujeito se envolveu, mas de que, posteriormente, fora inocentado.[17]

A mídia não pode repristinar eternamente os mesmos acontecimentos, protraindo a exposição da pessoa com consequências temporais que vão além do julgamento. A narração do fato prescindia a exposição da pessoa que já tinha sido absolvida.

Como verificam Ingo Wolfgang Sarlet e Arthur M. Ferreira Neto, somente se poderá afirmar existir uma pretensão legítima ao esquecimento de fatos criminosos ocorridos no passado quando for possível argumentar que houve o atingimento da recomposição penal pela reabilitação e pelo perdão:

> A partir desse momento, não mais se justificará a divulgação e publicização de informações referentes ao cometimento de infrações por uma pessoa que já percorreu o trajeto da sanção-reabilitação-perdão.[18]

---

16. SILVA, Roberto Baptista Dias da; PASSOS, Ana Beatriz Guimarães. Entre lembrança e olvido, op. cit., p. 414.

17. SCHREIBER, Anderson. Direito ao esquecimento e proteção de dados pessoais na Lei 13.709/2018: distinções e potenciais convergências. In: TEPEDINO, Gustavo; FRAZÃO, Ana; OLIVA, Milena Donato. *Lei Geral de Proteção de Dados pessoais* e suas repercussões no direito brasileiro. São Paulo: Revista dos Tribunais, 2019. p. 371.

18. SARLET, Ingo Wolfgang; FERREIRA NETO, Arthur. *Direito ao 'esquecimento'*, op. cit., p. 203-204.

No caso, o critério do esgotamento da função sancionatória e da necessidade de reabilitação e reinserção social dos condenados e absolvidos superaria o peso argumentativo da historicidade dos fatos objeto da reportagem jornalística, bem como da liberdade de expressão inerente à atividade de imprensa.[19]

Tal decisão foi alvo de embargos infringentes, que foram rejeitados, tendo o Superior Tribunal de Justiça, no mencionado julgamento, mantido, por unanimidade, o pleito indenizatório.[20] O Ministro Gilson Dipp, então vice-presidente do Superior Tribunal de Justiça, em decisão monocrática de 25 de outubro de 2013, inadmitiu recurso extraordinário interposto pela Rede Globo, tendo em vista a ausência de prequestionamento dos artigos 220 e 221 da Constituição da República, bem como a ausência de violação direta à Constituição da República. No dia 10 de dezembro de 2013, foi protocolado no Supremo Tribunal Federal o Recurso Extraordinário com Agravo (ARE) 789.246, ainda pendente de julgamento por ocasião da publicação deste trabalho.

Já no Recurso Especial 1.335.153-RJ[21], os irmãos da jovem Aida Curi, que faleceu vítima de estupro em 1958, em crime que ficou nacionalmente conhecido por força do noticiário da época, igualmente obtiveram o reconhecimento do direito ao esquecimento em virtude da exploração comercial indevida da imagem da vítima no programa Linha Direta Justiça, com objetivo econômico, mas foi julgado improcedente o pedido de compensação por danos morais.[22]

---

19. SARLET, Ingo Wolfgang. Notas acerca do direito ao esquecimento, op. cit., p. 75.

20. Em decisão monocrática do dia 25 de outubro de 2013, o então vice-presidente do Superior Tribunal de Justiça, Ministro Gilson Dipp, não admitiu recurso extraordinário interposto em face daquele acórdão da Quarta Turma, tendo em vista a ausência de prequestionamento dos dispositivos constitucionais apontados como violados, em especial os arts. 220 e 221 da Constituição da República. Concluiu ainda o vice-presidente que "no que diz respeito ao art. 5º, X da Constituição Federal, o Supremo Tribunal Federal tem entendido que a verificação da indenização por danos morais depende da análise da legislação infraconstitucional, caracterizando-se como possibilidade de ofensa meramente indireta à Constituição da República", conforme entendimento consolidado naquele Tribunal.

21. A ementa é a seguinte: "RECURSO ESPECIAL. DIREITO CIVIL-CONSTITUCIONAL. LIBERDADE DE IMPRENSA VS. DIREITOS DA PERSONALIDADE. LITÍGIO DE SOLUÇÃO TRANSVERSAL. COMPETÊNCIA DO SUPERIOR TRIBUNAL DE JUSTIÇA. DOCUMENTÁRIO EXIBIDO EM REDE NACIONAL. LINHA DIRETA-JUSTIÇA. HOMICÍDIO DE REPERCUSSÃO NACIONAL OCORRIDO NO ANO DE 1958. CASO " AIDA CURI". VEICULAÇÃO, MEIO SÉCULO DEPOIS DO FATO, DO NOME E IMAGEM DA VÍTIMA. NÃO CONSENTIMENTO DOS FAMILIARES. DIREITO AO ESQUECIMENTO. ACOLHIMENTO. NÃO APLICAÇÃO NO CASO CONCRETO. RECONHECIMENTO DA HISTORICIDADE DO FATO PELAS INSTÂNCIAS ORDINÁRIAS. INEXISTÊNCIA, NO CASO CONCRETO, DE DANO MORAL INDENIZÁVEL. VIOLAÇÃO AO DIREITO DE IMAGEM. SÚMULA N. 403/STJ. NÃO INCIDÊNCIA (...).

22. Segundo um trecho do voto do relator, "Cabe desde logo separar o joio do trigo e assentar uma advertência. A ideia de um direito ao esquecimento ganha ainda mais visibilidade – mas também se torna mais complexa – quando aplicada à Internet, ambiente que, por excelência, não esquece o que nele é divulgado e pereniza tanto informações honráveis quanto aviltantes à pessoa do noticiado, sendo desnecessário lembrar o alcance potencializado de divulgação próprio desse *cyberespaço*. Até

Filha de imigrantes sírios, Aida Jacob Curi nasceu em Belo Horizonte, em dezembro de 1939. Na noite do dia 14 de julho de 1958, foi achada morta na Avenida Atlântica, próximo à rua Miguel Lemos, no bairro de Copacabana, da Zona Sul do Rio de Janeiro. Embora muitas dúvidas pairassem sobre o caso, concluíram as investigações que a jovem fora jogada do 12º andar do edifício Rio-Nobre, localizado no número 3.888 da Avenida Atlântica, onde teria sido levada a convite de Ronaldo Guilherme de Souza Castro, de 19 anos de idade. O menor de idade Cássio Murilo da Silva, filho do síndico do edifício, e Antonio João de Souza, porteiro do prédio, estariam acompanhando Ronaldo. Em processo bastante tumultuado, acompanhado de perto pela imprensa e pela população, o porteiro Antonio João veio a ser absolvido no segundo julgamento ao qual foi submetido, enquanto Ronaldo Guilherme foi condenado, em um terceiro julgamento, à pena de oito anos de reclusão, aliada à imposição de medida de segurança. Cássio Murilo não foi submetido a julgamento em função de sua menoridade, tendo respondido na forma da lei especial.[23]

O Caso Aida Curi tornou-se nacionalmente famoso, havendo inúmeros livros e reportagens a seu respeito. No dia 29 de abril de 2004, quase meio século após o seu falecimento, o Programa Linha Direta Justiça dedicou um episódio à morte da jovem, fato que motivou a interposição de ação de reparação por danos morais, materiais e à imagem por seus quatro irmãos – Nelson, Roberto, Waldir e Maurício Curi, em face da TV Globo Ltda. Sustentam os autores que o crime havia sido esquecido com o passar dos anos e sua exibição reabrira feridas antigas na vida da família, pois rememorava a vida, a morte e a pós-morte de sua irmã,

---

agora, tem-se mostrado inerente à Internet – mas não exclusivamente a ela – a existência de um 'resíduo informacional' que supera a contemporaneidade da notícia e, por vezes, pode ser, no mínimo, desconfortante àquele que é noticiado". No tocante ao argumento contrário de que o direito ao esquecimento implicaria censura à atividade de imprensa, conclui o julgado que "(...) o cenário protetivo da atividade informativa que atualmente é extraído diretamente da Constituição converge para a 'liberdade de expressão, da atividade intelectual, artística, científica e de comunicação, independentemente de censura ou licença' (art. 5º, IX), mas também para a inviolabilidade da 'intimidade, vida privada, honra e imagem das pessoas, assegurado o direito a indenização pelo dano material ou moral decorrente da sua violação' (art. 5º, X). Nesse passo, a explícita contenção constitucional à liberdade de informação, fundada na inviolabilidade da vida privada, honra, imagem e, de resto, nos valores da pessoa e da família, prevista no art. 220, parágrafo primeiro, art. 221 e no parágrafo terceiro do art. 222 da Carta de 88, parece sinalizar que, no conflito aparente entre esses bens jurídicos de especialíssima grandeza, há, de regra, *uma inclinação ou predileção constitucional para soluções protetivas da pessoa humana*, embora o melhor equacionamento seja sempre observar as peculiaridades do caso concreto. Essa constatação se mostra consentânea, a meu juízo, com o fato de que, a despeito de a informação livre de censura tenha sido inserida no seleto grupo dos direitos fundamentais (art. 5º., inciso IX), a Constituição Federal mostrou sua vocação antropocêntrica no momento em que gravou, já na porta de entrada (art. 1º, III), a dignidade da pessoa humana como – mais que um direito – um fundamento da República, uma lente pela qual devem ser interpretados todos os direitos posteriores" (grifos do original).

23. SILVA, Roberto Baptista Dias da; PASSOS, Ana Beatriz Guimarães. Entre lembrança e olvido, op. cit., p. 410.

CAPÍTULO 4 • O DIREITO AO ESQUECIMENTO E SUA APLICAÇÃO NA JURISPRUDÊNCIA   137

inclusive com uso de sua imagem. Alegam, ainda, que a exploração do caso pela rede de televisão foi ilícita, uma vez que ela fora notificada pelos autores para não o fazer.[24]

No caso, portanto, os irmãos de Aida Curi, vítima de homicídio nacionalmente conhecido, ocorrido em 1958, postularam a reparação dos danos morais e materiais em face da Rede Globo, tendo em vista a lembrança do trágico episódio no mesmo programa Linha Direta Justiça. Quanto ao dano moral, o fundamento do pedido foi o fato de se reviver o passado; já em relação ao dano material, a postulação reparatória foi a exploração da imagem da falecida irmã com objetivo comercial e econômico.

Em primeira instância, os pedidos dos autores foram julgados improcedentes pelo Juízo de Direito da 47ª Vara Cível da Capital do Rio de Janeiro, tendo sido a sentença mantida em grau de apelação pela 15a Câmara Cível do Tribunal de Justiça, sob o fundamento de que o homicídio de Aida Curi foi amplamente divulgado pela imprensa no passado e ainda é discutido e noticiado nos presentes dias.

Os dois embargos de declaração opostos foram rejeitados. Em seguida, sobrevieram os Recursos Especial e Extraordinário, este último não admitido pelo Supremo Tribunal Federal.[25]

No Recurso Especial, alega-se, no tocante ao mérito, que a exibição do programa em questão violou o direito ao esquecimento acerca da tragédia pela qual passara a família Curi na década de 1950. Por maioria de votos (três votos a dois), a Quarta Turma do STJ acompanhou o relator, Ministro Luis Felipe Salomão, negando provimento ao Recurso Especial.

Segundo um trecho da ementa do julgado no Superior Tribunal de Justiça,

> A reportagem contra a qual se insurgiram os autores foi ao ar 50 (cinquenta) anos depois da morte de Aida Curi, circunstância da qual se conclui não ter havido abalo moral apto a gerar responsabilidade civil. Nesse particular, fazendo-se indispensável a ponderação de valores, o acolhimento do direito ao esquecimento, no caso, com a consequente indenização, consubstancia desproporcional corte à liberdade de imprensa, se comparado ao desconforto gerado pela lembrança.

O voto vencedor, do Ministro Luis Felipe Salomão, considerou que, no caso, a liberdade de imprensa (art. 220, Constituição da República) deveria preponderar sobre a inviolabilidade da intimidade, vida privada, honra e imagem das pessoas (art. 5º, X e 220, § 1º, da Constituição da República), vez que, além de a matéria

---

24. SILVA, Roberto Baptista Dias da; PASSOS, Ana Beatriz Guimarães. Entre lembrança e olvido, op. cit., p. 410.
25. SILVA, Roberto Baptista Dias da; PASSOS, Ana Beatriz Guimarães. Entre lembrança e olvido, op. cit., p. 410.

não estar incrementada de artificiosidade, os fatos revelaram notícia histórica de repercussão nacional. Afirmou-se, na conclusão, que a divulgação da foto da vítima, mesmo sem o consentimento da família, não configuraria dano indenizável.

Concluíram os Ministros, por maioria, que "o direito ao esquecimento, que ora se reconhece para todos, ofensor e ofendidos, não alcança o caso dos autos, em que se reviveu, décadas depois do crime, acontecimento que entrou para o domínio público, de modo que se tornaria impraticável a atividade da imprensa para o desiderato de retratar o caso Aida Curi, sem Aida Curi".[26]

No entanto, a decisão não foi unânime, havendo dois votos vencidos, dos Ministros Marco Buzzi e Maria Isabel Galotti, que reconheceram o direito à indenização defendido pelos recorrentes, com fundamento no artigo 20 do Código Civil. Nos votos vencidos, há uma maior ênfase às situações existenciais dos envolvidos, em especial sua intimidade e privacidade, sendo ressaltado que houve manifestação expressa dos autores contrariamente à transmissão televisiva do caso, mediante notificação enviada à emissora.

No caso Aida Curi, três ministros entenderam inexistir o dever de indenizar, sob as seguintes justificativas: 1- impossibiidade de se retratar as circunstâncias que envolvem a morte da vítima sem mencionar seu nome, tendo o crime, ademais, entrado para o domínio público, tornando-se um fato de natureza histórica, não podendo ser transformado em fato inacessível à imprensa e à coletividade; 2- ausência de dano moral, pelo fato de que a reportagem foi transmitida 50 anos após o ocorrido, de modo que o acolhimento da tese do direito ao esquecimento representaria um tolhimento desproporcional à liberdade de imprensa se comparado ao dano gerado pela lembrança; 3- o direito ao esquecimento só se aplica aos agentes do crime, e não às suas vítimas, as quais, pelo contrário, normalmente costumam desejar manter viva – até mesmo para que sirva de alerta – a memória do fato criminoso; 5- não houve uso de informação ou imagem com a intenção de denegrir ou atingir a dignidade de Aida Curi.[27]

Por sua vez, os dois ministros que entenderam ser cabível a procedência do pedido inicial se valeram, principalmente, dos seguintes argumentos: 1- a exibição do programa não seria necessária à boa administração da justiça, tampouco à manutenção da ordem pública, uma vez que o crime ocorrera há muitas décadas e sua persecução penal já se encerrara; 2- por se tratar de um crime antigo, ine-

---

26. MARTINS, Guilherme Magalhães. Direito ao esquecimento no STF: a Tese de Repercussão Geral 786 e seus efeitos. *Migalhas*. Disponível em: https://www.migalhas.com.br/coluna/migalhas-de-responsa-bilidade-civil/340463/direito-ao-esquecimento-no-stf-repercussao-geral-786-e-seus-efeitos. Acesso em: 30.08.2022.

27. SILVA, Roberto Baptista Dias da; PASSOS, Ana Beatriz Guimarães. Entre lembrança e olvido, op. cit., p. 413.

xiste a atualidade necessária para se caracterizar o programa transmitido como uma matéria jornalística; 3- Aida Curi era uma jovem comum, e não uma pessoa famosa, circunstância que impede a mitigação da sua privacidade; 4- a família havia se manifestado expressamente contra a exibição do programa; 5- a morte de Aida não se encontra inserida em algum contexto político ou social para o Brasil, inexistindo assim interesse público suficiente a autorizar a mitigação do direito à privacidade em detrimento do direito de informar.[28]

O interesse histórico, nesse caso, seria demonstrado pela difusão do estudo daquele crime nos meios acadêmicos, tendo sido o mesmo fato divulgado em mais de 470.000 *links* na Internet. Já no caso da Chacina da Candelária, embora o fato divulgado seja conexo a evento histórico, rememorar o nome e a imagem do autor não é essencial para a compreensão dos fatos, motivo pelo qual foi reconhecido o direito ao esquecimento.

Merece ser criticada, nos últimos dois acórdãos acima, a tutela diferenciada do esquecimento nas mídias televisivas, em que sua aplicabilidade foi reconhecida, e na Internet, ao argumento de que a questão seria muito mais complexa, descabendo a sua incidência no ambiente virtual, levando a um indesejável tratamento fracionado e, por que não dizer, discriminatório de tão relevante direito fundamental.

O argumento da impossibilidade de se aplicar o direito ao esquecimento à Internet, em virtude de supostas barreiras técnicas, enfraquece a cláusula geral de proteção à dignidade da pessoa humana, levando à conclusão de que o espaço virtual estaria imune a quaisquer limites.

Apartar a mídia televisiva de outros meios de comunicação significa dar à informação tratamento fragmentado, desconsiderando que, afora as técnicas específicas de cada mídia, deve haver uma disciplina unitária, independentemente do veículo, não se justificando a exclusão do direito de arrependimento na Internet.

O terceiro caso enfrentado pelo Superior Tribunal de Justiça foi julgado em 09 de dezembro de 2014, no Recurso Especial 1.434.498, tendo como relator para o acórdão o Ministro Paulo de Tarso Sanseverino. Na hipótese, os ministros da Terceira Turma, por maioria, negaram provimento ao recurso interposto contra acórdão da 1ª Câmara de Direito Privado do Tribunal de Justiça de São Paulo, que confirmou a decisão oriunda da 23ª Vara Cível Central de São Paulo, que julgou procedente o pedido formulado pelos autores para "declarar que entre eles e o

---

28. SILVA, Roberto Baptista Dias da; PASSOS, Ana Beatriz Guimarães. Entre lembrança e olvido, op. cit., p. 413-414.

réu Carlos Alberto Brilhante Ustra existe relação jurídica de responsabilidade civil, nascida da prática de ato ilícito, gerador de danos morais". O recorrente, no período da ditadura militar, comandava as instalações do DOI-CODI do II Exército e, segundo constante da prova dos autos, práticas de tortura ocorriam no local sob seu comando. Os aspectos relativos ao direito ao esquecimento, negado corretamente no caso, haja vista o interesse coletivo à preservação da história, que prevaleceu, por maioria, foram abordados no voto vencido da Ministra Fátima Nancy Andrighi.[29]

Afirmam os autores Ingo Wolfgang Sarlet e Arthur M. Ferreira Neto que, nos casos Aida Curi, Chacina da Candelária e Brilhante Ustra, há situações que demandam particular atenção e que, em virtude de suas peculiaridades e impactos, poderão não justificar um direito ao esquecimento, assim como ocorre nos crimes contra a humanidade, crimes imprescritíveis em geral e, como naquelas três hipóteses, nos crimes que alcançaram relevância histórica. Defendem os autores que uma solução compensatória, a depender das circunstâncias, tal como aventado no caso da Chacina da Candelária, seria suprimir a identidade de determinadas pessoas sem deletar as informações sobre os fatos ocorridos ou restringir o acesso às mesmas.[30]

Discordamos da posição acima, sob pena de se esvaziar o direito fundamental ao esquecimento, decorrente da cláusula geral da dignidade da pessoa humana, sendo a melhor solução a adotada pelo Superior Tribunal de Justiça nos casos da Chacina da Candelária e Brilhante Ustra. No caso Aida Curi, por se tratar de situação continuada de ofensa à situação existencial dos irmãos da falecida vítima, o tempo decorrido entre o fato e o programa televisivo não obstaria a invocação do direito ao esquecimento.

Outra decisão relevante foi tomada pelo Superior Tribunal de Justiça no Recurso Especial 1.407.271/SP, julgado em 21.11.2013, que teve como relatora a Ministra Fátima Nancy Andrighi. Tratava-se de ação movida por funcionária

---

29. "23. È preciso reconhecer, ademais, o direito ao esquecimento dos anistiados políticos – sejam eles agentes públicos, seja aqueles que lutaram contra o regime posto – direito esse que, no particular, se revela como o de não ser pessoalmente responsabilizado por fatos pretéritos e legitimamente perdoados pela sociedade, ainda que esses fatos sobrevivam como verdade histórica e, portanto, nunca se apaguem da memória do povo. 24. Insta ressaltar que o direito ao esquecimento não representa leniência com os crimes cometidos, mas o reconhecimento de que a Lei da Anistia, como pacto social firmado e reafirmado, ´confere concretude a um ordenamento jurídico que, entre a memória – que é a conexão do presente com o passado – e a esperança – que é o vínculo do futuro com o presente –, fez clara opção pela segunda'. 25. A eternização de conflitos entre particulares, como o de que ora se cuida, traz em si mesmo um efeito pernicioso àquele ideal de reconciliação e pacificação nacional pretendido com o fim do regime militar; é a própria jurisdicionalização da vendeta, que não deve ser chancelada pelo Poder Judiciário, sobretudo passados mais de 40 anos dos acontecimentos".

30. SARLET, Ingo Wolfgang; FERREIRA NETO, Arthur. O direito ao 'esquecimento', op. cit., p. 204.

demitida de empresa após ter sido encontrado, no seu *e-mail* corporativo, vídeo contendo cenas íntimas gravadas nas dependências da empresa, vídeo que foi postado na Internet, disponibilizado no Orkut e acessível pelos mecanismos de busca do Google. A autora da ação pretendia obter a desvinculação de todas as URLs relativas ao vídeo, a remoção do Orkut de qualquer menção ao seu nome e o fornecimento de dados de todos os responsáveis pela publicação das mensagens ofensivas.[31]

O pedido da autora não foi acolhido, tendo sido realizada ponderação em favor da liberdade de informação, argumentando que o pedido seria juridicamente impossível pelo fato de ser desarrazoado no caso concreto. Houve referência ainda ao comportamento da autora como tendo sido ingênuo e displicente por ter mantido no seu correio eletrônico vídeos com imagens íntimas.

Em 22 de setembro de 2016, a tutela do direito ao esquecimento foi novamente enfrentada pela Terceira Turma do Superior Tribunal de Justiça, que, por maioria, acompanhou o voto do relator para o acórdão Paulo de Tarso Sanseverino. No caso, um homem foi acusado, em uma entrevista concedida a um jornal de Pernambuco sobre comunismo e ditadura, de ter participado de um atentado no aeroporto do Estado, em 1966, por ocasião do regime militar no Brasil. O entrevistado imputou ao recorrente a autoria do atentado.

Foi dado parcial provimento ao Recurso Especial, para reconhecer o direito ao esquecimento, considerando o voto condutor que "mesmo no desempenho da função jornalística, as empresas de comunicação não podem descurar de seu compromisso com a veracidade dos fatos ou assumir uma postura displicente ao divulgar fatos que possam macular a integridade moral de terceiros, especialmente em se tratando de fatos graves devidamente apurados na sua época. Consoante a sentença de piso, verifica-se que a empresa jornalística, ao publicar a entrevista do Sr. WW, deveria ter feito as ressalvas necessárias no sentido de se preservar a integridade moral do recorrente ou, ao menos, conceder-lhe espaço para que pudesse exercitar o direito de resposta às imputações firmadas pelo entrevistado".[32]

---

31. SARLET, Ingo Wolfgang. Notas acerca do direito ao esquecimento, op. cit., p. 78.
32. A ementa é a seguinte: "RECURSO ESPECIAL. PROCESSUAL CIVIL AÇÃO DE INDENIZAÇÃO POR DANOS MORAIS. MATÉRIA JORNALÍSTICA. REVALORAÇAO DE PROVAS. POSSIBILIDADE. NÃO INCIDÊNCIA DO ENUNCIADO n. 7 /STJ. FUNDAMENTO CONSTITUCIONAL DO ACÓRDÃO RECORRIDO. AUSENTE. NÃO INCIDÊNCIA DO ENUNCIADO N. 126/STJ. DIREITO À INFORMAÇÃO E À LIVRE MANIFESTAÇÃO DO PENSAMENTO. CARÁTER ABSOLUTO. INEXISTÊNCIA. DEVER DE CUIDADO. NECESSIDADE DE OBSERVÂNCIA. DIREITO AO ESQUECIMENTO. TUTELA DA DIGNIDADE DA PESSOA HUMANA. RESPONSABILIDADE DAS EMPRESAS JORNALÍSTICAS. INEXIGÊNCIA DA PROVA INEQUÍVOCA DA MA-FÉ. QUANTUM INDENIZATÓRIO. REDUÇÃO. POSSIBILIDADE. OBEDIÊNCIA AOS PRINCÍPIOS DA PROPORCIONALIDADE E RAZOABILIDADE. 1.Ação de indenização por danos morais decorrente de veiculação de matéria jornalística que supostamente imputou prática de ilícito a

No dia 10 de novembro de 2016, foi julgado agravo interno interposto no Recurso Especial n. 1.593.873-SP, interposto pelo *site* de buscas Google Brasil em virtude de uma ação de obrigação de fazer em que era pleiteado o bloqueio definitivo do seu sistema de buscas de pesquisa de páginas que tivessem imagens de nudez da recorrida. Embora o acórdão reconhecesse em tese a importância do direito ao esquecimento, o negou no caso concreto, restabelecendo a sentença de primeira instância, que julgou extinto o processo sem resolução do mérito, por ausência de legitimidade passiva.[33] Por unanimidade, o colegiado deu provimento ao recurso interposto, sendo o voto da Ministra Nancy Andrighi fundamentado no enunciado 531 do Conselho da Justiça Federal, concluindo, em face do caso *Google Spain,* que

> A solução oferecida pelo Tribunal de Justiça Europeu não seria adequada ao contexto brasileiro, dadas as grandes diferenças nas premissas legislativas de que partem ambas as situações. A principal, diga-se, é a ausência de uma lei específica voltada para a proteção de dados pessoais dos cidadãos brasileiros. A legislação mencionada acima não permite imputar a um terceiro – que não detém de forma propriamente dita a informação que se quer ver esquecida – cumprir a função de retirar o acesso do público em geral de determinado conjunto de dados. Concordar com tal situação, no contexto normativo brasileiro, equivale a atribuir a um determinado provedor de aplicação Internet – no caso, o buscador Google – a função de um verdadeiro censor digital, que vigiará o que pode ou não ser facilmente acessado pelo público em geral, na ausência de qualquer fundamento legal(...) quando aborda a questão do direito ao esquecimento no ambiente digital, rejeita imputar ao provedor de buscas a obrigação de fiscalizar o conteúdo acessível ao público.

---

terceiro. 2. A revaloração da prova constitui em atribuir o devido valor jurídico a fato incontroverso, sobejamente reconhecido nas instâncias ordinárias, prática admitida em sede de Recurso Especial, razão pela qual não incide o óbice previsto no Enunciado n. 7/STJ. 3. Não há qualquer fundamento constitucional autônomo que merecesse a interposição de recurso extraordinário, por isso inaplicável, no caso, o Enunciado n. 126/STJ. 4.Os direitos à informação e à livre manifestação do pensamento não possuem caráter absoluto, encontrando limites em outros direitos e garantias constitucionais que visam à concretização da dignidade da pessoa humana. 5. No desempenho da função jornalística, as empresas de comunicação não podem descurar de seu compromisso com a veracidade dos fatos ou assumir uma postura displicente ao divulgar fatos que possam macular a integridade moral de terceiros. 6. O Enunciado n. 531, da VI Jornada de Direito Civil do Superior Tribunal de Justiça, assevera: 'a tutela da dignidade da pessoa humana na sociedade da informação inclui o direito ao esquecimento'. 7. A jurisprudência do Superior Tribunal de Justiça tem-se manifestado pela responsabilidade das empresas jornalísticas pelas matérias ofensivas por elas divulgadas, sem exigir a prova inequívoca da má-fé na divulgação. 8. O valor arbitrado a título de reparação por danos morais, merece ser reduzido, em atenção aos princípios da proporcionalidade e da razoabilidade e da jurisprudência do STJ. 9. Recurso especial parcialmente provido". REsp 1.369.571-PE.

33. Cabe citar mais um trecho da fundamentação: "considerando os efeitos jurídicos da passagem do tempo, nos mencionados julgados, ponderou-se que o direito estabiliza o passado e confere previsibilidade ao futuro por meio de diversos institutos (prescrição, decadência, perdão, anistia, irretroatividade da lei, respeito ao direito adquirido, ato jurídico perfeito e coisa julgada. De fato, por sua importância para a proteção da privacidade, há de se reconhecer o direito ao esquecimento, quando as circunstâncias assim determinarem".

CAPÍTULO 4 • O DIREITO AO ESQUECIMENTO E SUA APLICAÇÃO NA JURISPRUDÊNCIA

Em 08 de maio de 2018, o Superior Tribunal de Justiça concluiu, por maioria, que o direito ao esquecimento, embora não previsto no ordenamento jurídico brasileiro, deve ser o fundamento para a remoção de conteúdo considerado ofensivo.

No caso, ao ser realizada uma busca pelo nome da autora na Internet, as primeiras referências dos resultados sempre aludiam a antigo concurso público para a magistratura sobre o qual foram levantadas suspeitas, não confirmadas em investigações subsequentes.[34]

Embora as informações não fossem necessariamente inverídicas, prevaleceu o argumento de que deveriam ser removidas dos mecanismos de busca. O fato de a autora ser, atualmente, promotora de Justiça não aponta necessariamente um interesse público no sentido da divulgação de tal informação, considerando que os fatos, ocorridos dez anos antes, disseram respeito a concurso público para ingresso na carreira da magistratura.[35]

No acórdão, prevaleceu a posição do Ministro Marco Aurélio Bellizze, no sentido da possibilidade de desindexação de resultados em *sites* de busca. Segundo um trecho do voto, o que se evitará, tão somente, é que uma busca direcionada a informações sobre a sua pessoa, por meio da inclusão de seu nome como critério

---

34. No caso, o magistrado que julgou a ação na primeira instância afastou a responsabilidade da empresa Google na condição de provedora de pesquisa, resultado esse revertido em sede de apelação, tendo o Tribunal de Justiça do Estado do Rio de Janeiro considerado a necessidade da prevalência dos direitos da personalidade da autora, então apelante, para evitar a circulação, por tempo desarrazoado, de fatos noticiados, que possam ter repercussão negativa na sua vida presente. O Tribunal de Justiça do Rio de Janeiro determinou que os referidos *sites* de busca instalassem filtros de conteúdo que desvinculassem o nome da autora (Promotora de Justiça) das notícias sobre a suposta fraude, sob pena de multa diária de R$ 3 mil. SARLET, Ingo Wolfgang. Notas acerca do direito ao esquecimento, op. cit., p. 81.

35. STJ, Recurso Especial 1.660.168/RJ, relatora Min. Nancy Andrighi, relator para o acórdão Min. Marco Aurélio Bellizze, 3ª T., j. 08.05.2018. Segue um trecho da ementa: "3- A jurisprudência desta Corte Superior tem entendimento reiterado no sentido de afastar a responsabilidade de buscadores de Internet pelos resultados de busca apresentados, reconhecendo a impossibilidade de lhes atribuir a função de censor e impondo ao prejudicado o direcionamento de sua pretensão conta os provedores de conteúdo, responsáveis pela disponibilização do conteúdo ofensivo na Internet. Precedentes. 4- Há, todavia, circunstâncias excepcionalíssimas, em que é necessária a intervenção pontual do Poder Judiciário para fazer cessar o vínculo criado, nos bancos de dados dos provedores de busca, entre dados pessoais e resultados de busca, que não guardam relevância para interesse público à informação, seja pelo conteúdo eminentemente privado, seja pelo decurso do tempo. 5- *Nessas circunstâncias excepcionais, o direito à intimidade e ao esquecimento, bem como à proteção de dados pessoais deverá preponderar, a fim de permitir que as pessoas envolvidas sigam suas vidas com razoável anonimato, não sendo o fato desabonador corriqueiramente rememorado e perenizado por sistemas automáticos de busca.* 6- O rompimento do referido vínculo sem a exclusão da notícia compatibiliza também os interesses individual do autor dos dados pessoais e coletivo de acesso à informação, na medida em que viabiliza a localização das notícias àqueles que direcionam sua pesquisa fornecendo argumentos de pesquisa direcionados ao fato noticiado, mas não àqueles que buscam exclusivamente pelos dados pessoais do indivíduo protegido" (g.n.).

exclusivo de busca, tenha por resultado a indicação do fato desabonador noticiado há uma década, impedindo a superação daquele momento.

Os principais argumentos adotados no voto do Ministro Marco Aurélio Bellizze foram os seguintes: a) a ausência de diferença entre as normas aplicáveis na Europa e no Brasil, pois em ambos os casos trata-se da responsabilidade dos provedores de pesquisa (mecanismos de buscas), que selecionam e hierarquizam informações a partir de algoritmos independentemente do conteúdo dos dados aos quais dão acesso; b) que o Marco Civil da Internet dá sustentação à medida imposta pelo TJRJ, ainda que não esteja expressamente prevista, o que pode ser o caso em situações excepcionais quando o impacto do acesso às informações gerar um embaraço desproporcional, em se tratando de interesses privados, e mesmo quando presente interesse coletivo, à vista do transcurso de longo tempo desde a ocorrência dos fatos cuja divulgação na Internet é tida como prejudicial; c) na hipótese específica, mesmo decorridos mais de dois anos dos fatos, o provedor seguia apontando como notícia mais relevante associada ao nome da autora da ação aquela relativa à suposta fraude no concurso público para a Magistratura, seguindo os fatos disponibilizados, mesmo mais de uma década depois, como se inexistissem informações posteriores; d) o pedido da autora é específico, ou seja, o apontamento do seu nome deve deixar de ser usado como critério exclusivo, desvinculado de qualquer outro termo, bem como ao fato que ofende seus direitos da personalidade; e) se o *site* mantém o resultado, ocorre uma atividade de retroalimentação, sempre que houver uma busca pelo nome da autora, o que reforça para o sistema automatizado a informação de que a página é relevante; f) o acesso às informações não resta impedido, pois as fontes que as noticiam, inclusive referindo o nome da autora, seguem disponíveis na Internet; g) mediante a instalação de filtros, busca-se evitar que o com o uso do nome da autora como critério exclusivo de busca seja acessada em primeiro lugar a informação sobre as fraudes noticiadas há mais de dez anos.[36]

Mais recentemente, no dia 21 de junho de 2022, a Terceira Turma do Superior Tribunal de Justiça negou juízo de retratação sobre o mencionado caso (REsp. 1.660.168-RJ, rel. Min. Marco Aurélio Bellizze), por considerar que "destaca-se (...) no voto do Ministro Relator proferido no RE n. 1.010.606-RJ, que deu origem à tese fixada no Tema 786/STF, constou expressamente que o Supremo Tribunal Federal, naquele julgamento, não estava analisando eventual *alcance da responsabilidade dos provedores de Internet em matéria de indexação/desindexação de conteúdos obtidos por motores de busca', pois não se poderia confundir 'desindexação com direito ao esquecimento', 'porque o tema desindexação é significativamente mais*

---

36. SARLET, Ingo Wolfgang. Notas acerca do direito ao esquecimento, op. cit., p. 82.

amplo do que o direito ao esquecimento', o que corrobora a ausência de qualquer divergência do entendimento manifestado por esta Corte Superior com a tese vinculante firmada pelo STF" (g.n.).

No dia 28 de abril de 2020, no julgamento do Recurso Especial 1.736.803, relatado pelo Ministro Ricardo Villas Bôas Cueva, a Terceira Turma do Superior Tribunal de Justiça negou o direito ao esquecimento à mulher condenada pelo assassinato de Daniella Perez, filha da escritora de novelas Glória Perez, ocorrido em 1992. A recorrente, Paula Thomaz, foi condenada, juntamente com o ator Guilherme de Pádua, com quem era casada à época, pelo assassinato da atriz Daniella Perez, que tinha 22 anos de idade, tendo sido morta com 18 punhaladas.

Paula Thomaz, o atual marido e seus filhos ingressaram com ação tendo em vista a publicação, na Revista Isto É, em outubro de 2012, de uma reportagem com informações sobre o rumoroso crime. A autora alegou que a mencionada reportagem apresentou sua imagem atual, sem o devido consentimento, bem como expôs, de maneira sensacionalista, sua vida contemporânea e a de seus familiares[37], ocasionando danos à esfera íntima dos autores. O pedido foi julgado procedente em parte em primeiro grau, condenando-se a ré a retirar a notícia do seu *site* da Internet e a arcar com indenização por danos morais, fixada em R$ 30 mil, em favor da primeira autora, e R$ 20 mil, em favor dos demais autores. Em sede de apelação, tal decisão foi mantida pelo Tribunal de Justiça do Estado do Rio de Janeiro.

Segundo o voto do relator, que foi acompanhado por unanimidade pela Terceira Turma, o caso se diferencia dos casos paradigmáticos julgados pela Quarta Turma do Superior Tribunal de Justiça acerca do direito ao esquecimento, pois aqui a parte interessada foi efetivamente condenada pelo crime em questão,

---

37. Em relação ao marido e aos filhos da recorrente, o Superior Tribunal de Justiça afastou o direito ao esquecimento, por considerar que não se consideraram figuras públicas notórias à época do fato criminoso. Pelo contrário, não possuem nenhum envolvimento ou exposição pública referente ao fato, tendo sido posteriormente atingidos devido à situação familiar. Porém, "a exposição jornalística da vida cotidiana dos infantes, relacionando-os, assim, ao ato criminoso, representa ofensa ao pleno desenvolvimento de forma sadia e integral, nos termos do art. 3º do Estatuto da Criança e do Adolescente. No mesmo sentido, verifica-se violação do artigo 16 da Convenção sobre os Direitos da Criança, promulgada pelo Decreto 99.710/1990: '1. *Nenhuma criança será objeto de interferências arbitrárias ou ilegais em sua vida particular, sua família, seu domicílio ou sua correspondência, nem de atentados ilegais à sua honra e à sua reputação. 2. A criança tem direito à proteção da lei contra essas interferências ou atentados'*. Por esses motivos, correta a conclusão da decisão recorrida ao reconhecer a ofensa aos artigos 12, 17, 20 e 21 do Código Civil, do Estatuto da Criança e do Adolescente e do artigo 5º., XLV da Constituição, quanto ao esposo e aos filhos da primeira autora. No entanto, como dito, a discussão sobre direito ao esquecimento não se aplica à dimensão das violações por eles vivenciadas" (grifos no original). Restou confirmada, ante o não provimento do Recurso Especial, a compensação por danos morais fixada em favor dos autores.

enquanto, nos outros casos, o acusado foi posteriormente absolvido ou se tratou de pedido formulado pela família da vítima.

No entanto, concluiu o Min. Ricardo Villas Bôas Cueva que, sob o ponto de vista da estigmatização e da pena perpétua, a reportagem da Isto É não apresenta conteúdo informativo ou de interesse histórico acerca do crime, situação que, caso observada, seria acobertada pela razoabilidade e pelos limites do direito à informação. Pelo contrário, a notícia destina-se exclusivamente a superar a vida contemporânea dos autores, dificultando assim a superação do episódio traumático, ponderou o relator.

O fundamento principal do acórdão, no sentido do não acolhimento da tese do direito ao esquecimento, foi o de que

> "muito embora cabível reconhecer e reparar as violações constatadas no presente caso, é inadmissível a fixação, ao veículo de comunicação, de um dever geral de abstenção de publicar futuras reportagens relacionadas com o ato criminoso".

O relator, além de ressaltar a importância do direito à informação, conforme diversos julgados do Supremo Tribunal Federal e do Superior Tribunal de Justiça, ressalvou ser indiscutível a relevância nacional atribuída ao assassinato de Daniella Perez, inclusive gerando mobilização popular iniciada à época do crime por Glória Perez, que gerou mudança legislativa na Lei dos Crimes Hediondos, fazendo com que o homicídio qualificado passasse a ser reconhecido como crime hediondo, conforme previsto no artigo 1º, I, da Lei 8.072/90:

> "Deste modo, sob pena de apagamento de trecho significativo não só da história de crimes famosos que compõem a memória coletiva, mas também de ocultação de fato marcante para a evolução legislativa mencionada, não há razões para acolher o pedido concernente à obrigação de não fazer."

A historicidade de crimes famosos, para o relator, somente pode ser medida pela aferição do interesse público presente em cada caso. Tal dimensão apenas pode ser constatada nas situações em que os fatos recordados marcaram a memória coletiva e, por isso, sobrevivem à passagem do tempo, transcendendo interesses individuais e momentâneos.

> "Assim, sob pena de imposição de indevida censura e por existir evidente interesse social no cultivo à memória do mencionado fato notório, não é possível restringir de antemão a veiculação de quaisquer notícias e matérias investigativas sobre o tema, notadamente aquelas voltadas à preservação da dimensão histórica e social referente ao caso em debate."

O caso Aida Curi chegou ao Supremo Tribunal Federal, tendo prevalecido, por maioria, o voto do Ministro Dias Toffoli, no julgamento do Recurso Extraordinário 1.010.606/RJ, nos dias 04, 05 e 11 de fevereiro de 2021. O voto do relator, após estabelecer um preciso e técnico histórico da matéria, juntamente com as controvérsias que a cercam, considerou, ao apreciar o caso Aida Curi, a seguinte proposta de tema de repercussão geral, aprovada por maioria de nove votos a um: "Tema 786 – É incompatível com a Constituição a ideia de um direito ao esquecimento, assim entendido como o poder de obstar, em razão da passagem do tempo, a divulgação de fatos ou dados verídicos e licitamente obtidos e publicados em meios de comunicação social analógicos ou digitais. Eventuais excessos ou abusos no exercício da liberdade de expressão e de informação devem ser analisados caso a caso, a partir dos parâmetros constitucionais – especialmente os relativos à proteção da honra, da imagem, da privacidade e da personalidade em geral – e as expressas e específicas previsões legais nos âmbitos penal e cível".[38]

Conforme se depreende de diversas manifestações ao longo do julgamento, o Supremo Tribunal Federal pareceu tratar o direito ao esquecimento como se a sua aplicação importasse, necessariamente, na exclusão da informação. Não pode ser olvidado, porém, que a remoção de conteúdo, assim como a desindexação, é um mecanismo de tutela, não se confundindo com o direito em si. A exclusão, como bem observa a doutrina, é o meio mais extremo para a aplicação do direito ao esquecimento, só cabendo em casos cujos elementos concretos justifiquem essa restrição mais intensa à liberdade de expressão.[39]

Para se compreender o direito à desindexação, deve-se recordar que as ferramentas de busca coletam informações a partir dos parâmetros indicados pelos usuários, classificando-os a partir dos algoritmos de relevância da informação, restando claro que essas ferramentas realizam tratamento de dados pessoais. As bases legais para o tratamento de dados pessoais são aquelas dos artigos 7° e 11 da LGPD (esta, em relação aos dados pessoais sensíveis).[40]

Nesse sentido, é possível afirmar que o direito à desindexação é um direito que decorre do sistema de proteção de dados pessoais, segundo o qual o titular dos dados pode se opor ao tratamento de dados realizado sem uma base legal que o sustente ou quando o titular se oponha, revogando o consentimento manifestado de forma expressa ou inequívoca.[41]

---

38. MARTINS, Guilherme Magalhães. Direito ao esquecimento no STF, op. cit.
39. COELHO, Júlia Costa de Oliveira. Direito ao esquecimento e o STF: vale a pena ver de novo? In; SCHREIBER, Anderson; MARTINS, Guilherme Magalhães; CARPENA, Heloisa. *Direitos fundamentais e sociedade tecnológica*. Indaiatuba: Foco, 2022. p. 136.
40. LIMA, Cintia Rosa Pereira de. O fundamento do direito à desindexação na Lei Geral de Proteção de Dados. *Migalhas de Proteção de Dados*. Sexta-feira, 02 de setembro de 2022. Acesso em: 04.09.22. Disponível em: https://www.migalhas.com.br/coluna/migalhas-de-protecao-de-dados/372802/o--fundamento-do-direito-a-desindexacao-na-lgpd.
41. LIMA, Cintia Rosa Pereira de. O fundamento do direito à desindexação na Lei Geral de Proteção de Dados. *Migalhas de Proteção de Dados*. Sexta-feira, 02 de setembro de 2022. Acesso em: 04.09.22.

E outro problema igualmente destacado é que os parâmetros constitucionais mencionados pelo STF seriam meras alusões genéricas a direitos fundamentais ("proteção da honra, da imagem, da privacidade e personalidade em geral"). Da forma como colocada, a tese aprovada por maioria no Supremo Tribunal Federal, além de discutível do ponto de vista da proibição ao retrocesso, não contribui para a resolução de casos concretos, pois não oferece critérios para o julgador ou para o intérprete. Ficam em aberto, em indefinição, os conflitos entre a liberdade de expressão e outros direitos fundamentais, como a honra ou a privacidade. Essa indefinição e insegurança contribuem, portanto, para que diversas decisões daquela Corte terminem sendo rotuladas como contraditórias ou casuísticas, considerando ainda os extremismos do Brasil atual.[42]

Nesse ponto, devemos nos valer do magistério de Eros Roberto Grau:

"Desejo ainda, neste ponto, observar que a afirmação de que os conceitos jurídicos são signos de significações determinadas não contradiz aquela outra na qual sustento inexistirem, no âmbito do direito, soluções exatas – uma para cada caso -, porém, sempre, para cada caso, um elenco de situações corretas. Não conflita, a primeira, com a evidência de que a aplicação (que é, concomitantemente, interpretação) do direito não é ciência, mas prudência. *As soluções atribuíveis aos problemas jurídicos não são definíveis exclusivamente a partir da atribuição de uma outra significação (conceito) a determinada coisa, estado ou situação, linear e unidimensionalmente, porém desde a ponderação de variáveis múltiplas*, o que, efetivamente, confere à interpretação/aplicação do direito aquele caráter de prudência. Insisto no seguinte ponto: embora o conceito seja sempre significação determinada, em diversas instâncias de enunciação – ou seja, nos diversos enunciados virtuais de uma mesma sentença – ganha multiplicidade de referências, que explicam e justificam mais de uma solução normativa. Nesse sentido, enquanto referência, o conceito, de conotativo, transmuta-se em denotativo"[43]

A decisão do Recurso Extraordinário 1.010.606 (Supremo Tribunal Federal, j. 11.02.2021, rel. Min. Dias Toffoli, dando origem ainda ao Tema de Repercussão Geral 786), enumerou os elementos essenciais do direito ao esquecimento, nos termos do voto do relator, adotado por maioria, a saber:

a) A licitude da informação – Para abordar o direito ao esquecimento, "é necessário apartar de sua abrangência as informações ilícitas, ou seja: é preciso desconsiderar as inúmeras formações inverídicas ou utilizadas contrariamente à lei. Para a proteção contra informações inverídicas ou ilicitamente obtidas utilizadas, o ordenamento jurídico é farto, seja em âmbito penal, seja em âmbito cível."

Disponível em: https://www.migalhas.com.br/coluna/migalhas-de-protecao-de-dados/372802/o--fundamento-do-direito-a-desindexacao-na-lgpd.

42. SCHREIBER, Anderson. Limites à liberdade de expressão: qual a posição do Supremo Tribunal Federal? In: SCHREIBER, Anderson; MARTINS, Guilherme Magalhães; CARPENA, Heloisa. *Direitos fundamentais e sociedade tecnológica*. Indaiatuba: Foco, 2022. p. 35.

43. GRAU, Eros Roberto. *O direito posto e o direito pressuposto*. 2. ed. São Paulo: Malheiros, 1998. p. 151 (os grifos são nossos).

Nesse ponto, o voto faz referência a previsões legais específicas, como os crimes contra a honra (arts 138 a 140, CP), a divulgação de fatos inverídicos em âmbito eleitoral (art. 323 do Código Eleitoral), a proteção das comunicações eletrônicas privadas por meio da tipificação das invasões a dispositivo informático (Lei 12.737/12), assim como a tutela da vítima de estupro relativamente à divulgação da cena do crime (Lei 13.718/18), bem como, no âmbito cível, sem prejuízo da indenização nos crimes contra honra (art. 953, Código Civil), inúmeras normas que asseguram para fazer cessar o comportamento ilícito dirigido ao nome ou à imagem, sendo o exemplo mais genérico o artigo 12 do Código Civil: "Pode-se exigir que cesse a ameaça, ou a lesão, a direito da personalidade, e reclamar perdas e danos, sem prejuízo de outras sanções previstas em lei". O voto do relator remete ainda ao Marco Civil da Internet, embora reconhecendo que a matéria relativa à inconstitucionalidade do artigo 19 da Lei 12.965/2014, relativo à exigência de ordem judicial para a retirada ou indisponibilização de conteúdo ilícito e responsabilização do provedor (Tema 987, RE 1037396-RG, *DJE* 4.4.18), também com repercussão geral, deva ser discutida em sede própria.

Conclui o relator que "parcela da doutrina trata do direito ao esquecimento abarcando fatos lícitos e ilícitos. Porém, como salientei, o ordenamento brasileiro é farto em dispositivos voltados à proteção da pessoa, da personalidade e da privacidade humana diante de divulgação ilícita (fato inverídico ou dado coletado utilizado em desconformidade com a lei)". Da mesma forma, deve estar presente o requisito da licitude da informação para invocar o direito ao esquecimento. Em se tratando de informação falsa, outros devem ser os mecanismos a serem preferencialmente utilizados, como o direito de resposta ou o dever de o meio de comunicação atualizar a informação com os dados mais novos ou mais precisos. A informação falsa, na visão do Supremo Tribunal Federal, deve ser simplesmente combatida, por violar outros direitos.

b) O decurso do tempo: o aspecto temporoespacial. Após transcrever trechos de várias falas da audiência pública a favor do direito ao esquecimento correlacionando a ocorrência de fatos no passado com o fim de uma relevância pública, considera o relator que a pretensão em questão seria propulsora de degradação da informação do passado, a qual – mesmo verídica – se faria desatualizada e descontextualizada, porque divulgada em momento significativamente díspar da ocorrência dos fatos, induzindo a uma percepção fragmentada sobre a pessoa do envolvido.

Dessa forma,

a pretensão ao direito ao esquecimento vincula-se, então, a um elemento temporoespacial: a passagem do tempo seria capaz de tornar opacas as informações no contexto espacial, a tal ponto que sua publicação não retrataria a completude dos fatos nem a atual identidade dos envolvidos (...)

o que se observa é que, conquanto os efeitos da passagem do tempo sejam apresentados de distintas formas pelos doutrinadores (descontextualização, fragmentação, prejuízo à psique do envolvido, apelo ao perdão ou perda do interesse público), é ponto comum que o elemento temporal definidor do pretenso "direito ao esquecimento" não seria computado pelo transcurso de um exato número de dias, meses ou anos, mas sim por decurso temporal suficiente para descontextualizar a informação relativamente ao período da sua coleta.

É sob essa concepção de que a passagem do tempo pode descontextualizar as informações ou os dados pessoais comparativamente ao momento em que produzidos ou coletados que se aproximam a concepção original do direito ao esquecimento (advinda do droit à l´oubli e mais associada à defesa dos direitos da personalidade) e sua perspectiva mais recente (a partir do julgado do TJUE no caso Google Espanha e ligada à proteção dos dados pessoais, com maior influência na doutrina do direito de ser deixado em paz – the right to be alone).[44]

Em relação ao requisito do decurso temporal, conclui o Supremo Tribunal, no mencionado voto, que

Não nego o impacto do tempo na percepção humana dos acontecimentos que envolvem informações ou dados dos indivíduos, pois é certo que a mesma informação ao tempo dos acontecimentos e anos após servirá, a cada divulgação, a propósitos diversos. Porém, a meu ver, a passagem do tempo, por si só não tem o condão de transmutar uma informação ou um dado nela contido de lícito para ilícito.

Ademais, como advertia Heráclito de Éfeso em cerca de 500 a.C., ninguém pisa duas vezes nas águas do mesmo rio, visto que as águas e o próprio rio estão em constante devir. E, se, com o tempo, mudam as águas e mudam os seres, também muda o contexto em que uma informação ou uma notícia é veiculada a apreendida no decorrer do tempo.

O voto do Supremo Tribunal Federal se reporta, em seguida, à já mencionada decisão de 1983 do Tribunal Constitucional Alemão de 1983, que fez uso, pela primeira vez, do termo "autodeterminação informativa", com exclusão de certas informações de uma esfera pública para uma ideia de controle de dados pessoais, com destaque para o afastamento da necessidade da presença de um dano para a caracterização da irregularidade no tratamento de dados pessoais.[45]

Após mencionar a aprovação, em 2016, do Regulamento Geral sobre Proteção de Dados da União Europeia, o voto, adotando um viés positivista e desconsiderando o sistema de proteção dos direitos da personalidade no ordenamento brasileiro, observa que a Lei Geral de Proteção de Dados Brasileira, Lei 13.709/2018, que dispõe "sobre o tratamento de dados pessoais, inclusive nos meios digitais, por pessoa natural ou por pessoa jurídica de direito público ou privado, com o objetivo de proteger os direitos fundamentais de liberdade e de privacidade e o livre desenvolvimento da personalidade da pessoa natural"

---

44. STF, Pleno, Recurso Extraordinário 1010606, rel. Min. Dias Toffoli, j. 11.02.2021..
45. STF, Pleno, Recurso Extraordinário 1010606, rel. Min. Dias Toffoli, j. 11.02.2021.

(artigo 1º, Lei 13.709/2018), não contém dispositivo voltado a assegurar, em âmbito digital, que os sujeitos protegidos pela norma não possam ser confrontados quanto aos dados que, no passado, tenham sido licitamente objeto de divulgação. O legislador teria sido explícito em outras hipóteses, como no término do tratamento de dados pessoais (artigo 16, Lei 13.709/2018[46]), mas foi propositadamente silente em não reconhecer expressamente o direito ao esquecimento na Lei Geral de Proteção de Dados.[47]

O voto do relator contempla ainda o artigo 4º, II, *a*, da Lei 13.709/2018, em cujos termos não se aplica o tratamento de dados pessoais àquilo realizado para fins exclusivamente jornalísticos e artísticos.

Por fim, considerou o relator que assumem grande relevância a liberdade de expressão e o direito à informação:

> Com efeito, o art. 5º., inciso IV, afirma ser livre a manifestação de pensamento, vedando, no entanto, o anonimato. O inciso IX, por seu turno, dispõe ser livre a expressão da atividade intelectual, artística, científica e de comunicação, vedando, no entanto, o anonimato. O inciso IX, por seu turno, dispõe ser livre a expressão da atividade intelectual, artística, científica e de comunicação, independentemente de censura ou licença. O inciso XIV, por sua vez, assegura a todos o acesso à informação, resguardando o sigilo da fonte quando necessário ao exercício profissional.
>
> A Carta atribuiu tratamento especial à liberdade de expressão no contexto dos meios de comunicação social, dispondo no art. 220 que "a manifestação do pensamento, a criação, a expressão e a informação, **sob qualquer forma, processo ou veículo, não sofrerão qualquer restrição** (grifos nossos).
>
> O parágrafo primeiro do art. 220, reforçando essa impossibilidade de restrição, coloca a liberdade de informação jornalística a salvo de qualquer embaraço por meio de lei, explicitando que as balizas no exercício dessa liberdade restringem-se àquelas prescritas no próprio texto constitucional, no artigo 5º, incisos IV, V, X, XIII e XIV (vedação ao anonimato, direito de resposta, possibilidade de indenização por dano à imagem, respeito à intimidade, à vida privada, à honra e à imagem das pessoas, livre exercício do trabalho, ofício ou profissão, direito de acesso à informação e garantia de sigilo da fonte, quando necessário ao exercício profissional).
>
> Nesse quadro, note-se que um dos aspectos centrais do direito fundamental à liberdade de expressão – aspecto esse que deve ser reforçado quanto mais democrática for dada sociedade – é que, como regra geral, não são admitidas restrições prévias ao exercício dessa liberdade.
>
> O Supremo Tribunal Federal tem construído uma jurisprudência consistente em defesa da liberdade de expressão: declarou a inconstitucionalidade da antiga lei de imprensa, por ela

---

46. Art. 16. Os dados pessoais serão eliminados após o término de seu tratamento, no âmbito e nos limites técnicos das atividades, autorizada a conservação para as seguintes finalidades: I - cumprimento de obrigação legal ou regulatória pelo controlador; II - estudo por órgão de pesquisa, garantida, sempre que possível, a anonimização dos dados pessoais; III - transferência a terceiro, desde que respeitados os requisitos de tratamento de dados dispostos nesta Lei; ou IV - uso exclusivo do controlador, vedado seu acesso por terceiro, e desde que anonimizados os dados.

47. STF, Pleno, Recurso Extraordinário 1010606, rel. Min. Dias Toffoli, j. 11.02.2021.

possuir preceitos tendentes a restringir a liberdade de expressão de diversas formas (ADPF 130, de 6.11.2009); afirmou a constitucionalidade de manifestações em prol da legalização da maconha, tendo em vista o direito de reunião e o direito à livre expressão do pensamento (ADPF 187, DJE 29.5.14); dispensou diploma para o exercício da profissão de jornalista, por força da estreita vinculação entre essa atividade e o pleno exercício das atividades de expressão e de informação (RE 511.961. DJE 13.11.09; determinou, em ação de minha relatoria, que a classificação indicativa das diversões públicas e dos programas de rádio e TV, de competência da União, tenha natureza meramente indicativa, não podendo ser confundida com licença prévia(ADI 2.404, DJE 01.08.17); declarou inexigível autorização de pessoa biografada relativamente a obras biográficas literárias ou audiovisuais, sendo também desnecessária autorização de pessoas retratadas como coadjuvantes – ou de seus familiares, em caso de pessoas falecidas ou ausentes – (ADI 4.815, de 01.02.16) – para citar apenas alguns casos (...)

Questiona-se, então, se a manifestação do pensamento (inclusive em âmbito digital) pode ser restringida se dela decorrer a divulgação de fatos da vida de um indivíduo que lhe causem profundo desgosto ou de dados que ele não deseje ver acessados (...)

A liberdade de expressão protege não apenas aquele que comunica, mas também a todos os que podem dele receber informações e conhecer os pensamentos.

A ponderação, assim, na pretensão ao direito ao esquecimento não se faz apenas entre o interesse do comunicante, de um lado, e o do indivíduo que pretende ver "tornados privados" os fatos de sua vida, de outro. Envolve toda a coletividade, que será cerceada de conhecer os fatos em toda a sua amplitude.

A liberdade de informação, correlata da liberdade de expressão, é amplamente protegida em nossa ordem constitucional. Com efeito, a Carta assegura a todos o acesso à informação, de natureza pública ou de interesse particular (art. 5º, incisos XIV e XXXIII e art. 93, inciso IX). No contexto da comunicação social, a Constituição confere "acentuada marca de de liberdade na organização, produção e difusão de conteúdo normativo (ADI 4.451, DJE 6.3.19), proibindo qualquer restrição à manifestação de pensamento, à criação, à expressão e à informação (art. 220 da Constituição).

Embora a pretensão inserta no "direito ao esquecimento" não corresponda ao intuito de propalar uma notícia falsa, ao pretender o ocultamento de elementos pessoais constantes de informações verdadeiras em publicações ilícitas, ela finda por conduzir notícias fidedignas à incompletude, privando os seus destinatários de conhecer, na integralidade, os elementos do contexto informado.

Tal decisão vai de encontro a uma outra decisão histórica do próprio Supremo Tribunal Federal, que considerou o direito à proteção de dados pessoais como um direito fundamental autônomo, envolvendo a Medida Provisória 954/2020, que previa o compartilhamento obrigatório de dados de empresas de telefonia com o IBGE (ações diretas de inconstitucionalidade 6.387, 6.388, 6389, 6.393 e 6.390), mesmo anteriormente à entrada em vigor da Lei Geral de Proteção de Dados Pessoais.

Baseou-se o voto do relator na prevalência apriorística das liberdades de expressão e de informação sobre a dignidade da pessoa humana, bem como na analogia com o precedente das biografias não autorizadas (ADIN 4.815), havendo ainda referência ao argumento econômico, no sentido da preservação das empresas que operam no setor, à liberdade de circulação de informações, bem como à ausência de norma específica no direito brasileiro, ao contrário do que teria ocorrido no artigo 17 do RGPD europeu.

Como já defendido em sede doutrinária, o direito ao esquecimento mostra-se como uma figura caleidoscópica, o que compromete a funcionalidade da aplicação de uma tese para outros casos "análogos". Isso porque, em relação ao caso Aida Curi, dificilmente existirão casos análogos, o que se pode constatar da experiência dos tribunais, tanto estrangeiros como brasileiros, que já enfrentaram a tese, como visto, em casos propostos pelos condenados, pelas vítimas, pelos familiares das vítimas e, por vezes, como sendo sinônimo de desindexação.[48]

Alguns efeitos merecem ser extraídos da decisão acima. Em primeiro lugar, o voto do relator, seguido por maioria pelo Supremo Tribunal Federal, vencidos, na apreciação do Recurso Extraordinário 1.010.606/RJ, os Ministros Luiz Edson Fachin, Luiz Fux e Gilmar Mendes, afirmou a tese vencedora, no sentido da "inexistência no ordenamento jurídico brasileiro de um direito genérico com essa conformação, seja expressa ou implicitamente", de modo que "o que existe são expressas e pontuais previsões em que se admite, sob condições específicas, o decurso do tempo como razão para a supressão de dados ou informações", como seria o caso das normas do artigo 43, § 1º, segunda parte, do Código de Defesa do Consumidor, dos artigos 93 a 95 do Código Penal e do artigo 7º, X, do Marco Civil da Internet (Lei 12.965/14).[49]

Na visão do professor Otavio Luiz Rodrigues Jr., o voto do relator foi inicialmente mal divulgado como se ele houvesse afirmado que o direito ao esquecimento não existisse. Na verdade, nos debates para a redação final da tese, firmou-se corretamente o que o relator pretendia fixar no voto: a incompatibilidade do direito com a ordem constitucional vigente[50], alcançando o plano da validade.

---

48. LIMA, Cintia Rosa Pereira de; MARTINS, Guilherme Magalhães. A figura caleidoscópica do direito ao esquecimento e a (in)utilidade de um tema em repercussão geral. Migalhas de Proteção de Dados, op. cit., p. 1.

49. Tais previsões, segundo o voto do relator (STF, Pleno, Recurso Extraordinário 1010606, rel. Min. Dias Toffoli, j. 11.02.2021), "não configuram a pretensão do direito ao esquecimento. Relacionam-se com o efeito temporal, mas não consagram um direito a que os sujeitos não sejam confrontados quanto às informações do passado. Desse modo, eventuais notícias que tenham sido formuladas – ao tempo em que os dados informações estiveram acessíveis – não são alcançados pelo efeito de ocultamento. Elas permanecem passíveis de circulação se os dados nelas contidos tenham sido, a seu tempo, licitamente obtidos e tratados".

50. RODRIGUES JÚNIOR, Otávio Luiz. Esquecimento de um direito ou o preço da coerência retrospectiva? (Parte 1) Consultor Jurídico. 25 de fevereiro de 2021. Disponível em: https://www.conjur.com.br/2021-fev-25/direito-comparado-esquecimento-direito-ou-preco-coerencia-retrospectiva-parte?imprimir=1. Acesso em: 06.03.2021. p. 01.

No entanto, na parte inicial do voto, o relator deixa claro que tal decisão, embora abranja tanto a mídia tradicional quanto a Internet, ambas em conjunto, sem prejuízo das especificidades de cada linha do tema, certamente para evitar um tratamento fragmentado, não envolve os pedidos de desindexação, que, consoante a fundamentação, não se confunde com o direito ao esquecimento. Portanto, hipóteses como a do famoso caso *Google Spain,* julgado pelo Tribunal de Justiça da União Europeia em 2014, não serão abrangidas, no Brasil, pela Tese 786.

Desindexar é marcar o URL (*Uniform Resource Locator*, o endereço de uma página na *web*), para que ele não conste dos resultados de busca de buscadores normais. Isso significa que quando o usuário digita o conteúdo buscado em um campo de busca, ainda que o conteúdo esteja público, não será mostrado na lista dos resultados. Desindexar o conteúdo de um mecanismo de busca normal, considerando que o acesso a novo conteúdo pela Internet costuma ser intermediado pelos mecanismos de busca, diminui significativamente o potencial de disseminação desse conteúdo, diminuindo o eventual dano que a sua disseminação possa causar ao envolvido.[51]

A Tese 786, portanto, não abrange as hipóteses de desindexação, que poderão ser objeto de ponderação sem prevalência apriorística das liberdades comunicativas no caso concreto.

Prevaleceram, de maneira preferencial, na visão majoritária do Supremo Tribunal Federal, os direitos à memória e à liberdade de informação e de expressão, tendo sido invocado ainda no voto do relator o artigo 4º, II, *a*, da Lei Geral de Proteção de Dados Pessoais, em cujos termos não se aplica o tratamento de dados àquilo realizado para fins exclusivamente jornalísticos e artísticos. A liberdade é a regra, e as exceções devem ser expressas.

A tese espelha em grande parte a visão do professor Daniel Sarmento, para quem a imposição do esquecimento tem sido um instrumento de manipulação da memória coletiva de que se valem os regimes totalitários em favor de seus projetos de poder, em face da cultura censória que, nas palavras do autor, viceja no Poder Judiciário, sendo "evidentes os riscos de autoritarismo envolvidos na atribuição a agentes estatais – ainda que juízes – do poder de definirem o que pode e o que não pode ser lembrado pela sociedade".[52]

A posição preferencial das liberdades, originária da jurisprudência constitucional norte-americana, prevaleceu na orientação da Tese 786, sendo que,

---

51. VIOLA, Mario; DONEDA, Danilo; CÓRDOVA, Yasodara; ITAGIBA, Gabriel. Entre privacidade e liberdade de informação e expressão: existe um direito ao esquecimento no Brasil?, op. cit., p. 366.
52. SARMENTO, Daniel. Liberdades comunicativas e "Direito ao esquecimento" na ordem constitucional brasileira, op. cit., p. 192-193.

conforme a visão vencedora, a tutela dos direitos da personalidade deverá ocorrer *a posteriori*, por meio do direito de resposta e da responsabilidade civil dos que exerceram abusivamente sua expressão livre.

Na visão crítica da professora Maria Cristina De Cicco, os Ministros não conseguiram fazer a diferença, que não é nova e é reconhecida pelos historiadores, entre memória coletiva e memória individual, entre fatos históricos e fatos que dizem respeito somente à história individual de cada um. A falha maior do Supremo Tribunal Federal, prossegue a autora, foi decidir sobre a necessidade de declarar repercussão geral em relação a um tema que absolutamente não merece ser generalizado. Segundo a autora, por suas características, o direito ao esquecimento não pode ser definitivamente cristalizado, devendo ser visto e analisado sempre em concreto e nunca em abstrato.[53]

A Tese 786 vincula todo o Judiciário brasileiro[54], embora, como visto, o artigo 926, § 2º, do Código de Processo Civil, do ponto de vista da adequação aos casos concretos que venham a surgir, poderá vir a modular sua efetividade, de modo que o precedente não nasce precedente, mas se tornará precedente ao longo do tempo, e sua vinculação se dará pela *ratio decidendi*.[55]

A decisão do Supremo Tribunal Federal, é verdade, espraia-se para além do caso concreto, constituindo a sua *ratio decidendi* motivo de vinculação tanto para o próprio Supremo Tribunal Federal (vinculação horizontal) como, potencialmente, para os demais órgãos jurisdicionais (vinculação vertical).[56] Que o futuro venha acompanhado de um verdadeiro progresso, do ponto de vista da efetividade dos direitos fundamentais.

---

53. DE CICCO, Maria Cristina. O direito ao esquecimento existe. *Civilística.com*. a. 10, n. 1, 2011. Disponível em: https://civilistica.emnuvens.com.br/redc/article/view/733. Acesso em: 01.08.2022. p. 02.

54. Bruno Dantas define a repercussão geral como "o pressuposto especial de cabimento do recurso extraordinário, estabelecido por comando constitucional, que impõe que o juízo de admissibilidade do recurso leve em consideração o impacto indireto que eventual solução das questões constitucionais em discussão terá na coletividade, de modo que não se lho terá presente apenas no caso de a decisão de mérito emergente ostentar a qualidade de fazer com que parcela representativa de um determinado grupo de pessoas experimente, indiretamente, sua influência, considerados os legítimos interesses sociais extraídos do sistema normativo e da conjuntura política, econômica e social reinante num dado momento histórico". DANTAS, Bruno. *Repercussão geral*; perspectivas histórica, dogmática e de direito comparado. Questões processuais. São Paulo: Revista dos Tribunais, 2008. Acerca do tema, leia-se ARRUDA ALVIM, Repercussão geral: impressões gerais e perspectivas. In: FUX, Luiz; FREIRE, Alexandre; DANTAS, Bruno. *Repercussão geral da questão constitucional*. Rio de Janeiro: Forernse, 2014. p. 109 e seg.

55. FROTA, Pablo Malheiros da Cunha. Precedente vinculativo e persuasivo e a *ratio decidendi. Consultor Jurídico*. São Paulo, 13 fev. 2021, p. 04. Acessível em: https://www.conjur.com.br/2021-fev-13/diario--classe-precedente-vinculativo-persuasivo-ratio-decidendi. Acesso em: 17.02.2021.

56. MARINONI, Luiz Guilherme; MITIDIERO, Daniel. *Repercussão Geral no Recurso Extraordinário*. 2. ed. São Paulo: Revista dos Tribunais, 2008. p. 79.

Todavia, a jurisprudência mais recente do Superior Tribunal de Justiça tem admitido a aplicação do direito ao esquecimento em matéria penal, na hipótese de condenações antigas.[57] Isso demonstra que o tema está longe de ser esgotado, mas, pelo contrário, em plena ebulição social, não podendo ser encerrado sob as vestes apertadas do Tema de Repercussão Geral 786.

---

57. Na hipótese, observa-se que as instâncias ordinárias procederam ao incremento da pena-base utilizando-se de condenação por fato ocorrido no ano de 2006, com trânsito em julgado em 26 de junho de 2009, ou seja, há mais de 10 anos. Não consta, todavia, qualquer informação nos autos acerca da data da extinção da pena, evento que vem sendo utilizado por este Superior Tribunal para fins de reconhecimento do direito ao esquecimento(STJ, REsp 2037378, rel.Min.Daniela Teixeira, j.05.12.2024). No mesmo sentido, STJ, Ag no Habeas Corpus 777808, rel.Min. Daniela Teixeira, j.05.12.2024 : " A tese do direito ao esquecimento só pode ser excepcionalmente aplicada quando transcorridos mais de 10 anos entre a extinção da pena anterior e a prática do novo delito, o que não se observa no caso dos autos, dado que não há comprovação da data de cumprimento da pena anterior".

CAPÍTULO 5
CONCLUSÃO

O grande dilema, portanto, consiste no fato de que os registros do passado – capazes de serem armazenados eternamente na nuvem, graças à crescente capacidade de armazenamento das máquinas – poderem gerar efeitos posteriormente à data em que o evento foi esquecido pela mente humana.

O direito ao esquecimento se apresenta como uma garantia fundamental que visa remediar os inconvenientes e os prejuízos gerados pela enorme multiplicação de dados pessoais que passam a alimentar bancos de armazenamento fora do controle dos cidadãos, inserindo-se no controle temporal de dados, demandando, após certo período temporal, uma proteção das escolhas pessoais, em que o indivíduo não pretende ser lembrado, rememorado por fatos passados.

É fato que o direito ao esquecimento se insere em um delicado conflito de interesses, o que justifica a sua excepcionalidade. De um lado, o interesse público, de toda a coletividade, no sentido de que fatos passados sejam relembrados, considerando ainda a liberdade de imprensa e de informação, e o direito de ser informado; do outro, há o direito de não ser perseguido por toda a vida por acontecimento pretérito.

Não se trata de queimar livros, ou de reescrever a história, mas a importação acrítica de institutos oriundos do direito constitucional norte-americano, no tocante a uma visão exacerbadamente preferencial da liberdade de expressão, embora seja coerente com a jurisprudência anterior do Supremo Tribunal Federal, deve ser vista com cautela, na sociedade da informação, tendo em vista os demais direitos fundamentais em jogo, derivados da dignidade da pessoa humana, da privacidade e da identidade pessoal.

A simples circunstância de a Lei Geral de Proteção de Dados, ao contrário do Regulamento Europeu (GDPR, artigo 17), não ter consagrado em dispositivo específico e expresso o direito ao esquecimento, por si só, não afasta a possibilidade de sua invocação como direito fundamental implícito no ordenamento, embora a decisão do Supremo Tribunal Federal, no Tema de Repercussão Geral 786, vincule todo o Judiciário brasileiro. Diante de uma realidade social em que se identifica um fluxo incontrolável de informações sobre a vida privada do particular, as quais, em tese, poderão ser acessadas por qualquer um, de qualquer lugar do mundo e a qualquer tempo, surgem novas formas potenciais de violação a direitos fundamentais ligados à personalidade e identidade do particular.[1]

O Caso Aida Curi, que deu origem ao Tema de Repercussão Geral 786, dificilmente encontrará hipóteses análogas, além de deixar em aberto a possibilidade de tutela inibitória nas hipóteses de desindexação, que foram expressamente excluídas da sua abrangência.

Mas poderão surgir novas demandas, com base na cláusula geral de tutela da pessoa humana, a demandar um balanceamento entre os direitos da personalidade e as liberdades de expressão e de informação, não ensejando necessariamente uma visão apriorística destas.

---

1. SARLET, Ingo Wolfgang; FERREIRA NETO, Arthur M. *O direito ao "esquecimento" na sociedade da informação*, op. cit, p. 209.

Capítulo 6
BIBLIOGRAFIA

ACIOLI, Bruno de Lima; PEIXOTO, Erick Lucena Campos. A privacidade nas redes sociais virtuais e a cultura do cancelamento. In: EHRHARDT JÚNIOR, Marcos; CATALAN, Marcos; MALHEIROS, Pablo(coord.) *Direito Civil e Tecnologia.* Belo Horizonte: Fórum, 2020.

ALPA, Guido & BESSONE, Mario, CARBONE, Vincenzo. *Atipicità dell'illecito* v. IV. Milano: Giuffrè, 1995.

ALPA, Guido & BESSONE, Mario. *La responsabilità civile.* Milano: Giuffrè, 2001.

ALVIM, Agostinho. *Da inexecução das obrigações e suas conseqüências.* São Paulo: Saraiva, 1992.

ALVIM, Marcia Cristina de Souza. Ética na informação e o direito ao esquecimento. In: SARLET, Ingo Wolfgang; MARTOS, José Antonio Montilla; RUARO, Regina Linden (coord.) *Acesso à informação como dever fundamental e dever estatal.* Porto Alegre: Livraria do Advogado, 2016.

AMARAL, Bruno do. Coronavírus: TIM e Prefeitura do Rio assinam acordo para coletar dados de deslocamento. *Teletime*, 23 mar. 2020. Disponível em: https://teletime.com.br/23/03/2020/coronavirus-tim-e-prefeitura-do-rio-assinam-acordo-para-coletar-dados-de-deslocamento/. Acesso em: 17 abr. 2020.

AMARAL, Francisco. *Direito Civil;* Introdução. 9.ed. São Paulo: Saraiva, 2017.

AMBROSE, Meg Leta; AUSLOOS, Jef. The right to be forgotten across the pond. *Journal of Information Policy.* v.3, p.1-23, 2013. Disponível em: http://papers.ssrn.com/sol3/papers.cfm?abstract_id=2032325##. Acesso em: 21.05.2020.

ANDRADE, André. *Liberdade de expressão em tempos de cólera.* Rio de Janeiro: GZ, 2020.

ANDRADE, Fábio Siebeneichler de. Considerações sobre a tutela dos direitos da personalidade no Código Civil de 2002. In: SARLET, Ingo Wolfgang. *O novo Código Civil e a Constituição.* 2.ed. Porto Alegre: Livraria do Advogado, 2006.

ARENDT, Hannah. *Entre o passado e o futuro.* Tradução de Mauro W. Barbosa. São Paulo: Perspectiva, 2016.

ARRUDA ALVIM, Repercussão geral: impressões gerais e perspectivas. In: FUX, Luiz; FREIRE, Alexandre; DANTAS, Bruno. *Repercussão geral da questão constitucional.* Rio de Janeiro: Forense, 2014.

ASCENSÃO, José de Oliveira. *Direito da Internet e da sociedade da informação.* Rio de Janeiro: Forense, 2002.

BARBOSA, Fernanda Nunes. Internet e consumo: o paradigma da solidariedade e seus reflexos na responsabilidade do provedor de pesquisa. *Revista dos Tribunais.* V. 924, p. 535-561, out. 2012.

BARBOSA, Fernanda Nunes. *Biografias e liberdade de expressão;* critérios para a publicação de histórias de vida. Porto Alegre: Arquipélago, 2016.

BARCELÒ, Rosa Julià. *Comercio electrónico entre empresarios; la formación y prueba del contrato electrónico.* Valencia: Tirant lo Blanch, 2000.

BARCELLOS, Ana Paula de. *A eficácia jurídica dos princípios constitucionais;* o princípio da dignidade da pessoa humana. 3.ed. Rio de Janeiro: Renovar, 2011.

BARROSO, Luis Roberto. Liberdade de expressão *versus* direitos da personalidade. Colisão de direitos fundamentais e critérios de ponderação. In: SARLET, Ingo Wolfgang. *Direitos fundamentais, informática e comunicação.* Porto Alegre: Livraria do Advogado, 2007.

BARROSO, Luna Von Brussel. *Liberdade de expressão e democracia na era digital.* Belo Horizonte: Fórum, 2022.

BASAN, Arthur Pinheiro. *Publicidade digital e proteção de dados pessoais.* Indaiatuba: Foco, 2021.

BASSOLI, Elena. Danni da Internet. In: CASSANO, Giuseppe(a cura di)*Il danno ala persona.* Milano: Giuffré, 2016.

BAUMAN, Zygmunt. *Vida para o consumo;* A transformação das pessoas em mercadoria. Tradução de Carlos Alberto Medeiros. Rio de Janeiro: Zahar, 2008.

BÉNABENT, Alain. *La chance et le droit.* Paris: LGDJ, 1973.

BENCHLER, Yochai. *The wealth of networks;* how social production transforms markets and freedom. New Haven/London: Yale University Press, 2006.

BENJAMIN, Antônio Herman de Vasconcellos. Responsabilidade civil e acidentes de consumo no Código de Defesa do Consumidor. *Revista do Advogado.* São Paulo, v.33, dezembro 1990, p.16-34.

BENSOUSAN, Alain. *Internet; aspects juridiques.* Paris: Hermès, 1997.

BENTIVEGNA, Carlos Frederico Barbosa. *Liberdade de expressão, honra, imagem e privacidade;* os limites entre o lícito e o ilícito. Barueri: Manole, 2020.

BETTI, Emilio. *Teoria generale delle obligazioni.* V. III. Milano: Giuffré, 1954.

BEVILÁQUA, Clovis. *Theoria Geral do Direito Civil.* 2.ed. Rio de Janeiro: Francisco Alves, 1929.

BEZERRA JÚNIOR, Luiz Martius. *Direito ao esquecimento.* São Paulo: Saraiva, 2008.

BINENBOJM, Gustavo. *Liberdade igual;* o que é e por que importa. Rio de Janeiro: História Real, 2020.

BIONI, Bruno Ricardo. *Proteção de dados pessoais.* Os limites do consentimento. Rio de Janeiro: Forense, 2019.

BOBBIO, Norberto. *A era dos direitos.* Tradução de Carlos Nelson Coutinho. São Paulo: Campus, 1992.

BOLOGNINO, Luca; PELINO, Enrico; BISTOLFI, Camilla. *Il Regolamento Privacy Europeo;* commentario alla nuova disciplina sulla protezione dei dati personali. Milano: Giuffrè, 2016.

BORGES, Jorge Luis. *Ficções.* Tradução de Davi Arriguicci Jr. São Paulo: Companhia das Letras, 2013.

BOSCARINO, Antonio. *How the European Court of Justice Case "right to be forgotten" can be relevant for cybersecurity.* Tallinn: Grin Verlag, 2018.

BOTELHO, Catarina Santos. *Novo ou velho direito?* O Direito ao esquecimento e o princípio da proporcionalidade no constitucionalismo global. *Ab Instantia.* V. 7, 2017, p. 49-71.

BRANCO, Sérgio. *Memória e esquecimento na Internet.* Porto Alegre: Arquipélago, 2017.

BRANCO, Sérgio. Direito ao esquecimento e herança digital. In: TEIXEIRA, Ana Carolina Brochado; LEAL, Lívia Teixeira. *Herança digital;* controvérsias e alternativas.Indaiatuba: Foco, 2021.

BROCK, George. *The right to be forgotten;* privacy and the media in the digital age. London: J. B. Tauris, 2016. *E-book.*

BUBLITZ, Jan-Christoph. My Mind Is Mine!? Cognitive Liberty as a Legal Concept. In Hildt, Elisabeth; Franke, Andreas G. (Eds.). *Cognitive Enhancement*: as interdisciplinar perspective. Springer: Dodrecht, 2013

BUCAR, Daniel. Controle temporal de dados: o direito ao esquecimento. *Civilística.* Revista Eletrônica de Direito Civil. Ano 2, n. 3, 2003. Disponível em: <www.civilistica.com>. Acesso em: 21.05.2020.

BYRUM, Christie. *The european right to be forgotten;* the First Amendment Enemy. Lanham: Lexinton Books, 2018.

CADEN, Mark L. & LUCAS, Stephanie. *Accidents on the information superhighaway: on-line liability and regulation.* In: http://www.urich.edu/~jolt/v2il/caden_lucas.html.

CALAIS-AULOY, Jean. *Code de la consommation; annotations de jurisprudence et bibliographie.* Paris: Dalloz, 2001.

CALIXTO, Marcelo Junqueira. *Risco do desenvolvimento: responsabilidade ou exclusão?* Dissertação apresentada ao programa de Pós-Graduação em Direito da UERJ-Universidade do Estado do Rio de Janeiro como requisito para a obtenção do título de Mestre em Direito.

CALIXTO, Marcelo Junqueira. Desindexação total e parcial nos motores de busca. In: SCHREIBER, Anderson; MARTINS, Guilherme Magalhães; CARPENA, Heloísa. *Direitos fundamentais e sociedade tecnológica.* Indaiatuba: Foco, 2022.

CAMARGO, Gustavo Xavier de. *Dados pessoais, vigilância e controle;* como proteger direitos fundamentais em um mundo dominado por plataformas digitais? Rio de Janeiro: Lumen Juris, 2021.

CANARIS, Claus-Wilhelm. *Direitos fundamentais e direito privado.* Tradução de Ingo Wolfgang Sarlet e Paulo Mota Pinto. São Paulo: Almedina, 2016.

CANOTILHO, José Joaquim Gomes; MACHADO, Jónatas E.M.; GAIO JÚNIOR, Antônio Pereira. *Biografia não autorizada versus liberdade de expressão*. 3.ed. Curitiba: Juruá, 2017.

CARBONNIER, Jean. *Droit Civil*. Tome 4; Les Obligations. Paris: PUF, 2000.

CARBONNIER, Jean. *Droit Civil*. Tome 1; Introduction; Les personnes. Paris: PUF, 1974.

CARBONNIER, Jean. *Sociologie juridique*. Paris: PUF, 1994.

CARELLO, Clarissa Pereira. *Direito ao esquecimento;* parâmetros jurisprudenciais. Curitiba: Appris, 2019.

CARO, María Álvarez. *Derecho al olvido en Internet:* el nuevo paradigma de la privacidad en la era digital. Madrid: CEU, 2015.

CARVALHO, Luis Gustavo Grandinetti Castanho de. *Direito de informação e liberdade de expressão*. Rio de Janeiro: Renovar, 1999.

CASIMIRO, Sofia de Vasconcelos. *A responsabilidade civil pelo conteúdo da informação transmitida pela Internet*. Coimbra: Almedina, 2000.

CASSANO, Giuseppe (org.) *Commercio elettronico e tutela del consumatore*. Milano: Giuffrè, 2003.

CASTELLANO, Pere Simón. *El régimen constitucional del derecho al olvido digital*. Valencia: Tirant lo Blanch, 2012 (*e-book*).

CASTELLS, Manuel. *A sociedade em rede*. Tradução de Roneide Venancio Meyer. São Paulo: Paz e Terra, 2010.

CASTELLS, Manuel. *Communication Power*. New York: Oxford University Press, 2009.

CASTRO, Guilherme Couto de. *A Responsabilidade Civil Objetiva no Direito Brasileiro*. Rio de Janeiro: Forense, 1997.

CASTRO, Júlia Ribeiro de. *O direito ao esquecimento na sociedade da informação*. Dissertação de Mestrado apresentada ao Programa de Pós-Graduação em Direito da Universidade do Estado do Rio de Janeiro, 2015(*mimeo*).

CAVALIERI FILHO, Sergio. *Programa de Responsabilidade Civil*. São Paulo: Malheiros, 1998.

CAVALIERI FILHO, Sergio. Responsabilidade civil constitucional. *Revista de Direito do Tribunal de Justiça do Estado do Rio de Janeiro*. Rio de Janeiro, v.40, julho/setembro 1999, p. 52-58.

CAVOUKIAN, Ann; CASTRO, Daniel. Big Data and innovation, setting the record straight: de-identification does work. *The Information Technology & Innovation Foundation,* Ontario, p. 1-18, jun. 2014, p. 1. Disponível em: http:www2.itif.org 2014-big-data-deidendification. pdf. Acesso em: 11.04.2021.

CHALA, Bárbara Guerra. *Direito ao esquecimento na sociedade da informação:* critérios para justificação à luz do teste da proporcionaildade. Belo Horizonte: Dialética, 2021.

CHALMERS, A.F. *O que é ciência, afinal?* Tradução de Raul Fiker. São Paulo: Brasiliense, 1993.

CHINELLATO, Silmara Juny de Abreu. Liberdade de expressão: direitos da personalidade e as biografias não autorizadas. *Revista Brasileira de Direito Comparado*. Rio de Janeiro, n 44/45, p.201-237, jan./jun. 2013.

CHINELLATO, Silmara Juny de Abreu. Dos direitos da personalidade. In: MACHADO, Antônio Claudio da Costa; CHINELLATO, Silmara Juny de Abreu. *Código Civil Interpretado;* artigo por artigo, parágrafo por parágrafo. 13. ed. São Paulo: Manole, 2020.

CHINELLATO, Silmara Juny de Abreu; MORATO, Antonio Carlos. Direitos básicos de proteção de dados pessoais, o princípio da transparência e a proteção dos direitos intelectuais. In: MENDES, Laura Schertel; DONEDA, Danilo; SARLET, Ingo Wolfgang; RODRIGUES JR., Otávio. *Tratado de proteção de dados pessoais.* Rio de Janeiro: Forense, 2021.

CHINELLATO, Silmara Juny de Abreu. Da responsabilidade civil no Código Civil de 2002. Aspectos fundamentais. Tendências do direito contemporâneo. In: TEPEDINO, Gustavo; FACHIN, Luiz Edson (coord.). *Estudos em homenagem ao professor Ricardo Pereira Lira.* Rio de Janeiro: Renovar, 2008.

CHOERI, Raul Cleber da Silva. *O direito à identidade na perspectiva civil-constitucional.* Rio de Janeiro: Renovar, 2010.

CHUQUER, Cláudio. *A Liberdade de Expressão como Direito Fundamental Preferencial Prima Facie.* 2.ed. Rio de Janeiro: Lumen Juris, 2017.

CITRON, Danielle Keats. *The fight for privacy.* New York: W.W. Norton, 2022

CLARKE, Roger A. *Information technology and dataveillance. Communications of the ACM,* Nova Iorque, v. 31, n. 5, maio 1988.

CLARKE, Roger. Profiling: a hidden challenge to the regulation of data surveillance. *Journal of Law, Information and Science.* Hobart, v. 4, n. 2, dez. 1993.

COELHO, Júlia Costa de Oliveira. *Direito ao esquecimento e seus mecanismos de tutela na Internet.* Foco: Indaiatuba, 2020.

COELHO, Júlia Costa de Oliveira. Direito ao esquecimento e o STF: vale a pena ver de novo? In; SCHREIBER, Anderson; MARTINS, Guilherme Magalhães; CARPENA, Heloisa. *Direitos fundamentais e sociedade tecnológica.* Indaiatuba: Foco, 2022.

COLOMBO, Cristiano; FACCHINI NETO, Eugênio. "Corpo elettronico" como vítima de ofensas em matéria de tratamento de dados pessoais: reflexões acerca da responsabilidade civil por danos à luz da Lei Geral de Proteção de Dados Pessoais brasileira e a viabilidade da aplicação da noção de dano estético ao mundo digital. In: ROSENVALD, Nelson; DRESCH, Rafael de Freitas Valle; WESENDONCK, Tula. *Responsabilidade civil;* novos riscos. Indaiatuba: Foco, 2019.

COMPARATO, Fábio Konder. *A afirmação histórica dos direitos humanos.* 12.ed. São Paulo: Saraiva, 2019.

CONCERINO, Arthur José. Internet e segurança são compatíveis? In: LUCCA, Newton de & SIMÃO FILHO, Adalberto (coord.). *Direito & Internet; aspectos jurídicos relevantes.* São Paulo: EDIPRO, 2001, p.131-154.

CONSALTER, Zilda Mara. *Direito ao esquecimento;* proteção da intimidade e ambiente virtual. Curitiba: Juruá, 2017.

CORDEIRO, António Menezes. *Tratado de Direito Civil.* v. IV, 5. ed. Coimbra: Almedina, 2019.

CORDEIRO, A. Barreto Menezes. *Direito de Prote*ção de Dados. Coimbra: Almedina, 2020.

COSTA, André Brandão Nery. Direito ao esquecimento na Internet: a *scarlet letter* digital. In: SCHREIBER, Anderson (coord.). *Direito e mídia*. São Paulo: Atlas, 2013.

CUEVA, Ricardo Villas Boas. Evolução do direito ao esquecimento no Judiciário. In: SALOMÃO, Luis Felipe; TARTUCE, Flavio. *Direito Civil;* Diálogos entre a doutrina e a jurisprudência. São Paulo: Atlas, 2018.

DANTAS, Bruno. *Repercussão geral;* perspectivas histórica, dogmática e de direito comparado. Questões processuais. São Paulo: Revista dos Tribunais, 2008.

DANTAS, Francisco Clementino San Tiago. *Programa de Direito Civil*. Parte Geral. Rio de Janeiro: Editora Rio, 1979.

DAVID, René. *Os grandes sistemas do direito contemporâneo*. Tradução de Hermínio A. Carvalho. São Paulo: Martins Fontes, 2002.

DEBORD, Guy. *A sociedade do espetáculo*. Tradução de Estela dos Santos Abreu. Rio de Janeiro: Contraponto, 1997.

DE CICCO, Maria Cristina. O direito ao esquecimento existe. *Civilística.com*. a.10, n.1, 2011. Disponível em: https://civilistica.emnuvens.com.br/redc/article/view/733. Acesso em: 01.08.2022.

DE CUPIS, Adriano. *Il danno; teoria generale della responsabilità civile*. Milano: Giuffrè, 1966.

DE CUPIS, Adriano. *Os direitos da personalidade*. Tradução de Afonso Celso Furtado Rezende. Campinas: Romana: 2004.

DE LUCCA, Newton. Títulos e contratos eletrônicos: o advento da informática e seu impacto no mundo jurídico. In: LUCCA, Newton de & SIMÃO FILHO, Adalberto. *Direito & Internet;* aspectos jurídicos relevantes. São Paulo: EDIPRO, 2001, p.21-98.

DE LUCCA, Newton. Alguns aspectos da responsabilidade civil no âmbito da Internet. In: DINIZ, Maria Helena & LISBOA, Roberto Senise. *O Direito Civil no século XXI*. São Paulo: Saraiva, 2003, p. 423-469.

DE LUCCA, Newton. O Código de Defesa do Consumidor: discussões sobre o seu âmbito de aplicação. *Revista de Direito do Consumidor*. São Paulo, v.6, abril/junho 1993, p. 61-68.

DE LUCCA, Newton. Marco Civil da Internet; uma visão panorâmica dos principais aspectos relativos às suas disposições preliminares. In: LUCCA, Newton de; SIMÃO FILHO, Adalberto; LIMA, Cintia Rosa Pereira de. *Direito & Internet;* Marco Civil da Internet. v.III. Tomo I. São Paulo: Quartier Latin, 2015.

DE LUCCA, Newton. *Direito do consumidor;* teoria geral da relação de consumo. São Paulo: Quartier Latin, 2003.

DE LUCCA, Newton. *Da ética geral à ética empresarial*. São Paulo: Quartier Latin, 2009.

DE LUCCA, Newton. Marco Civil da Internet – Uma visão panorâmica dos principais aspectos relativos às suas disposições preliminares. In: DE LUCCA, Newton; SIMÃO FILHO, Adalberto; LIMA, Cíntia Rosa Pereira de. *Direito & Internet*. v. III. Tomo I. São Paulo: Quartier Latin, 2015.

DE LUCCA, Newton; MACIEL, Renata Mota. A Lei n. 13.709, de 14 de agosto de 2018: a disciplina normativa que faltava. In: DE LUCCA, Newton; SIMÃO FILHO, Adalberto; LIMA, Cintia Rosa Pereira de; MACIEL, Renata Mota. *Direito & Internet IV;* Sistema de Proteção de Dados Pessoais. São Paulo: Quartier Latin, 2019.

DE MINICO, Giovanna. *Antiche libertà e nuova frontiera digitale.* Torino: G. Giappichelli, 2016.

DENARI, Zelmo. *Código Brasileiro de Defesa do Consumidor comentado pelos autores do anteprojeto.* Rio de Janeiro: Forense Universitária, 1997.

DIAS, José de Aguiar. *Da responsabilidade civil.* Rio de Janeiro: Forense, 1995.

DÍAZ, Efrén Díaz. *Estudio y conclusiones sobre el "derecho al olvido"* (Caso Google). Madrid: Académica Española, 2018.

DÍEZ-PICAZO, Luis & GULLÓN, Antonio. *Sistema de Derecho Civil.* v.2. Madrid: Tecnos, 2000.

DIMOULIS, Dimitri; MARTINS, Leonardo. *Teoria Geral dos Direitos Fundamentais.* 7. ed. São Paulo: Revista dos Tribunais, 2020.

DINIZ, Maria Helena. *Curso de Direito Civil Brasileiro.* 27. ed. v. 1. Teoria Geral do Direito Civil. São Paulo: Saraiva, 2010.

DIREITO ao esquecimento deve ser aplicado em toda a União Europeia. In: https://www.conjur.com.br/2019-set-24/direito-esquecimento-aplicado-toda-uniao-europeia. Acesso em: 25.10.2019.

DIREITO, Carlos Alberto Menezes & CAVALIERI FILHO, Sérgio. *Comentários ao novo Código Civil.* Volume XIII. Rio de Janeiro: Forense, 2004.

DLUSZTUS, Peter Kornelius. A responsabilidade na Internet conforme as leis alemãs. In: SCHOUERI, Luís Eduardo. *Internet; o direito na era virtual.* Rio de Janeiro: Forense, 2001.

DONEDA, Danilo. *Correio eletrônico (e-mail) e o direito à privacidade na Internet.* Dissertação apresentada ao Programa de Pós-Graduação em Direito da Universidade do Estado do Rio de Janeiro como requisito para obtenção do título de mestre (*mimeo*), 1999.

DONEDA, Danilo. Considerações iniciais sobre os bancos de dados informatizados e o direito à privacidade. In: Tepedino, Gustavo (coord.). *Problemas de direito civil-constitucional.* Rio de Janeiro: Renovar, 2000.

DONEDA, Danilo. *Da privacidade à proteção dos dados pessoais.* Rio de Janeiro: Renovar, 2006.

DONEDA, Danilo. *Da privacidade à proteção de dados pessoais;* Fundamentos da Lei Geral de Proteção de Dados Pessoais. 2.ed. São Paulo: Revista dos Tribunais, 2019.

DONEDA, Danilo. Registro da sustentação oral no julgamento da ADI 6389, sobre a inconstitucionalidade do art. 2º, *caput* e parágrafos 1º e 3º da MP 954/2020. *Civilística.com.* ano 9, n. 1, 2020.

DOTTI, René Ariel. O direito ao esquecimento e a proteção do *habeas data.* In: WAMBIER, Teresa Arruda Alvim. *Habeas data.* São Paulo: Revista dos Tribunais, 1998.

DUKAKIS, Ali. China rolls out software surveillance for the COVID-19 pandemic, alarming human rights advocates. *ABC News,* 14 abr. 2020. Disponível em: https://abcnews.go.

com/International/china-rolls-software-surveillance-covid-19-pandemic-alarming/story?id=70131355. Acesso em: 17 abr. 2020.

DUQUE, Marcelo Schenk. *Eficácia horizontal dos direitos fundamentais e jurisdição constitucional.* 2. ed. São Paulo: Editora dos Editores, 2019.

DÜRIG, Günther; NIPPERDEY, Hans Carl; Schwabe; Jürgen. *Direitos fundamentais e direito privado.* Organização de Luis Afonso Heck. Porto Alegre: Sergio Antonio Fabris, 2011.

ECO, Umberto.*Como se faz uma tese.* Tradução Gilson Cesar Cardoso de Souza. São Paulo: Perspectiva, 1983.

ERHARDT JÚNIOR, Marcos; ACIOLI, Bruno de Lima. Privacidade e os desafios de sua compreensão contemporânea: do direito de ser deixado em paz ao direito ao esquecimento. In: TEPEDINO, Gustavo; MENEZES, Joyceanne Bezerra de . *Autonomia privada, liberdade existencial e direitos fundamentais.* Belo Horizonte: Fórum, 2019.

EDWARDS, Lilian. Defamation and the Internet. In: EDWARDS, Lilian & WAELDE, Charlotte. *Law & the Internet; regulating cyberspace.* Oxford: Hart, 1997, p.183-198.

FACHIN, Luiz Edson. Prefácio; o interrogante autogoverno da própria memória. In: SARLET, Ingo Wolfgang; FERREIRA NETO, Arthur. *O direito ao "esquecimento" na sociedade da informação.* Porto Alegre: Livraria do Advogado, 2019.

FALEIROS JÚNIOR, José Luiz. *Administração pública digital;* proposições para o aperfeiçoamento do regime jurídico administrativo na sociedade da informação. Foco: Indaiatuba: 2020.

FARAH, André. Direito ao esquecimento: algumas ideias à luz da liberdade de informação. *Revista Jurídica Unigran.* Dourados, v.20, n. 40, jul./dez. 2018.

FARIA, José Eduardo. Informação e democracia na economia globalizada. In: SILVA JÚNIOR, Ronaldo Lemos & WAISBERG, Ivo. *Comércio eletrônico.* São Paulo: Revista dos Tribunais, 2001, p. 15-25.

FÉRAL-SCHUHL, Christiane. *Cyberdroit; le droit à l'épreuve de l 'Internet.* Paris: Dalloz, 2000.

FERNANDES, Antonio Joaquim. Responsabilidade do provedor internet. *Revista de Direito do Consumidor.* São Paulo, v.26, abril/junho 1998, p. 45-52.

FERREIRA FILHO, Manoel Gonçalves Ferreira. Os direitos fundamentais implícios e seu reflexo no sistema constitucional brasileiro. *Revista Jurídica da Presidência.* Brasília , v.8, n o. 82 p.01-08, dez./jan. 2007

FERRIANI, Luciana de Paula Assis. *Direito ao esquecimento.* São Paulo: Instituto dos Advogados de São Paulo, 2017.

FILOMENO, José Geraldo Brito. *Código Brasileiro de Defesa do Consumidor comentado pelos autores do anteprojeto.* Rio de Janeiro: Forense Universitária, 1997.

FISHER, Max. *A máquina do caos;* como as redes sociais reprogramam nossa mente e nosso mundo. Tradução de Érico Assis. São Paulo: Todavia, 2023(*e-book*)

FISS, Owen M. *A ironia da liberdade de expressão;* Estado, Regulação e Diversidade na Esfera Pública. Tradução de Gustavo Binenbojm e Caio Mário da Silva Pereira Neto. Rio de Janeiro: Renovar, 2005.

CAPÍTULO 6 • BIBLIOGRAFIA

FLEISCHER, Peter. *Foggy Thinking about The Right to Oblivion*. In: http://peterfleischer.blogspot.com.br/2011/03/foggy-thinking-about-right-to-oblivion.html. Acesso em: 16.09.2013.

FLORIDI, Luciano. *The 4th Revolution;* how the infosphere is reshaping human reality. Oxford: Oxford University Press, 2014.

FLORIDI, Luciano. *Information;* A Very Short Introduction. Oxford: Oxford University Press, 2010.

FONSECA, Arnoldo Medeiros da. *Caso fortuito e teoria da imprevisão*. São Paulo: Forense, 1958.

FRADERA, Vera Maria Jacob. O dever de informar do fabricante. *Revista dos Tribunais*. São Paulo, v. 656, p.53-71.

FRAJHOF, Isabella. *O Direito ao Esquecimento na Internet*. Conceito, aplicação e controvérsias. São Paulo: Almedina, 2019.

FRANÇA, Rubens Limongi. *Direitos da personalidade* – I, In FRANÇA, Rubens Limongi(coord.) Enciclopédia Saraiva do Direito. v.28. São Paulo: Saraiva, 1977.

FRITZ, Karina. *Jurisprudência comentada dos tribunais alemães*. Indaiatuba: Foco, 2021.

FROOMKIN, Michael. *The essential role of trusted third parties in electronic commerce*. Disponível em: http://www.law.miami.edu/~froomkin/articles/trusted1.htm. Acesso em: 22.02.2021.

FROTA, Pablo Malheiros da Cunha. Precedente vinculativo e persuasivo e a *ratio decidendi*. *Consultor Jurídico*. São Paulo, 13 fev. 2021, p.04. Acessível em: https://www.conjur.com.br/2021-fev-13/diario-classe-precedente-vinculativo-persuasivo-ratio-decidendi. Acesso em: 17.02.2021.

GANDELMAN, Henrique. *De Gutenberg à Internet; direitos autorais na era digital*. Rio de Janeiro: Record, 1997.

GAYDA, Amy. Privacy rights, mug shots, and a right to be forgotten. *Free Speech*. L. 121(2023).

GHESTIN, Jacques (coord.). *Sécurité des consommateurs et responsabilité du fait des produits défectueux*. Paris: LGDJ, 1987.

GIDDENS, Anthony. *As consequências da modernidade*. Tradução de Raul Fiker. São Paulo: Editora UNESP, 2001.

GIORDANO, Massimo; LANZO, Riccardo. *Diritto all'oblio e motori di ricerca;* il diritto di essere dimenticati. I casi decisi dal garante. Milano: Key, 2021.

GODOY, Claudio Luiz Bueno de. *A liberdade de imprensa e os direitos da personalidade*. 3.ed. São Paulo: Atlas, 2015.

GODOY, Claudio Luiz Bueno de. Desafios atuais dos direitos da personalidade. In: CORREIA, Atalá; CAPUCHO, Fábio Jun (coord.) *Direito da personalidade;* a contribuição de Silmara J.A. Chinellato. Barueri: Manole, 2019.

GODWIN, Mike. *Internet libel: is the provider responsible?* In: http://www.eff.org/Legal/net_libel_godwin.article.

GOLDHAR, Tatiane Gonçalves Miranda. Direito ao esquecimento e o *venire contra factum proprium*: os efeitos da autoexibição na era digital. *Revista Fórum de Direito Civil.* Belo Horizonte, número 24, p. 45-68, maio/ago. 2020.

GOMES, Orlando.*Introdução ao Direito Civil.* Atualização de Edvaldo Brito e Reginalda Paranhos de Brito. 21.ed. Rio de Janeiro: Forense, 2016.

GOMES, Rodrigo de Pinho. *Big Data;* desafios à tutela da pessoa humana na sociedade da informação. 2.ed. Rio de Janeiro: Lumen Juris, 2019.

GONÇALVES, Carlos Roberto. *Responsabilidade civil.* São Paulo: Saraiva, 2002.

GRAU, Eros Roberto. *O direito posto e o direito pressuposto.* 2.ed. São Paulo: Malheiros, 1998.

GRÉNIER, Jean-Guy. *Dictionnaire d'informatique et d'internet.* Paris: Maison du Dictionnaire, 2000.

GRINBERG, Rosana. Fato do produto ou do serviço: acidentes do consumo. *Revista de Direito do Consumidor.* São Paulo, v.35, julho/setembro 2000, p. 144-170.

GUINCHARD, Serge, HARICHAUX, Michele & TOURDONET, Renaud de. *Internet pour le droit.* Paris: Montchrestien, 1999.

HAN, Byung-Chul. *Sociedade do cansaço.* 2.ed. Tradução de Enio Paulo Giachini. Petrópolis: Vozes, 2017.

HANCE, Olivier. *Business & Law on the Internet.* New York: Mc Graw-Hill, 1996.

HARARI, Yuval Noah. *Homo Deus.* Tradução de Paulo Geiger. São Paulo: Companhia das Letras, 2016.

HARTZOG, Woodrow. *Privacy´s blueprint;* the battle to control the design of new technologies. Cambridge: Harvard University Press, 2018

HEIDEGGER, Martin. *Ser e tempo.* 10.ed.Tradução de Márcia Sá Cavalcante. Petrópolis: Vozes, 2006.

HEINS, Marjorie. *Ironies and complications of free speech;* news and comementary from the Free Expression Policy Project, 2001-2017. New York: Middletown, 2018.

HEUSI, Tálita Rodrigues. Perfil criminal como prova pericial no Brasil. *Brazilian Journal of Forensic Sciences, Medical Law and Bioethics,* Itajaí, v. 5, n. 3, p. 232-250, 2016, p. 237.

HEYLLIARD, Charlotte. *Le droit à l´oubli sur l´Internet.* Disponível em: http://www.lepetitjuriste.fr/wp-content/uploads/2013/01/MEMOIRE-Charlotte-Heylliard2.pdf. Acesso em: 21.05.2020.

HONORATI, Costanza. *Diritto al nome e all´identità personale nell´ordinamento europeo.* Milano: Giuffrè, 2010.

IENCA, Marcelo. On neurorights. *Frontiers in Human Neuroscience,* v. 15, p. 1-11, set. 2021

IENCA, Marcello; ADORNO, Roberto. Towards new human rights in the age of neuroscience and neurotechnology. *Life Sciences, Society and Policy,* v. 13, n. 1, 2017,

ITAENU, Olivier. *Internet et le droit; aspects juridiques du commerce électronique.* Paris: Eyrolles, 1996.

ITURRASPE, Jorge Mosset. *Derecho civil constitucional.* Santa Fé: Rubinzal-Culzoni, 2011.

IZQUIERDO, Ivan. *Memória.* 3.ed. Porto Alegre: Artmed, 2018.

JABUR, Gilberto Haddad. *Liberdade de pensamento e direito à vida privada.* São Paulo: Revista dos Tribunais, 2000

JAYME, Erik. O direito internacional privado do novo milênio: a proteção da pessoa humana face à globalização. *Cadernos do Programa de Pós-Graduação em Direito da UFRGS.* Tradução de Cláudia Lima Marques. Porto Alegre, v. 1., n. i, p. 135, mar. 2003.

JONAS, Hans. *O princípio responsabilidade;* ensaio de uma ética para a civilização tecnológica. Tradução de Marijane Lisboa e Luiz Barros Montez. Rio de Janeiro: Contraponto/ PUC-RIO, 2006.

JUSTEN FILHO, Marçal. *Desconsideração da personalidade societária no direito brasileiro.* São Paulo: Revista dos Tribunais, 1987.

KEEN, Andrew #*Vertigem digital;* por que as redes sociais estão nos dividindo, diminuindo e desorientando. Tradução de Alexandre Martins. Rio de Janeiro: Zahar, 2012.

KELLY, Patrick & ATTREE, Rebecca (org.). *European Product Liability.* London: Butterworths, 1991.

KOOPS, Bert-Jaap. Forgetting footprints, shunning shadows. A critical analysis of the "Right to be Forgotten" in Big Data practice. *8:3 SCRIPTed* 229(2011) http://scripted.org/?p=43. In: https://papers.ssrn.com/sol3/papers.cfm?abstract_id=1986719. Acesso em: 08 jun. 2020.

KORENHOF, Paulan; AUSLOOS, Jef; SZEKELY, Ivan; AMBROSE, Meg; SARTOR, Giovanni; LEENES, Ronald. Timing the right to be forgotten: a study into 'time' as a factor in deciding about retention or erasure of data. In: GUTWIRTH, Serge; LEENES, Ronald; DE HERT, Paul(ed.) *Reforming European Data Protection Law.* Heidelberg; Springer, 2015.

KUNDERA, Milan. *O livro do riso e do esquecimento.* Tradução de Teresa Bulhões Carvalho da Fonseca. São Paulo: Companhia das Letras, 2008.

LA AEPD abre un procedimiento sancionador a Google por su política de privacidad. In: https://www.europapress.es/portaltic/sector/noticia-aepd-abre-procedimiento-sancionador-google-politica-privacidad-20130620172005.html <Acesso em:30.05.2021>

LACE, Susanne. *The glass consumer;* life in a surveillance society. Bristol: National Consumer Council, 2005.

LAGONE, Laura. The right to be forgotten: a comparative analysis. In: http://ssrn.com/abstract=2229361. Acesso em: 21.04.2020.

LAKATOS, Eva Maria & MARCONI, Marina de Andrade. *Fundamentos de metodologia científica.* São Paulo: Atlas, 2001.

LAMBERT, Paul. *The Right to Be Forgotten;* Interpretation and Practice. London: Bloomsbury Professional, 2019.

LANZAROT, Ana Isabel Berrocal. *Derecho de supresión de datos o derecho al olvido.* Madrid: Reus, 2017.

LARROUMET, Christian. A noção de risco do desenvolvimento:risco do século XXI.In: DI-NIZ, Maria Helena & LISBOA, Roberto Senise. *O Direito Civil no século XXI.* Tradução M. Beatriz Paes Reyes de la Villardière. São Paulo: Saraiva, 2003, p.115-127.

LEITE, Eduardo de Oliveira. *A Monografia Jurídica.* São Paulo: Revista dos Tribunais, 2001.

LEITE, Fábio Carvalho; FRAJHOF, Isabella Zacberg. Direito ao esquecimento: reflexões entre o nome e a coisa. In: ABREU, Célia Barbosa; LEITE, Fábio Carvalho.

LEONARDI, Marcel. Responsabilidade civil pela violação do sigilo e privacidade na Internet. In: SILVA, Regina Beatriz Tavares da; SANTOS, Manoel J. Pereira dos(coord.). *Responsabilidade civil na Internet e nos demais meios de comunicação.* São Paulo: Saraiva, 2007.

LÉVY, Pierre. *Cibercultura.* Trad. Carlos Irineu da Costa. 3. ed. São Paulo: Editora 34, 2010.

LÉVY, Pierre. *A inteligência coletiva.* Tradução de Luiz Paulo Rouanet. São Paulo: Loyola, 2007.

LIGHTART, Sjors et al. Minding Rights: Mapping Ethical and Legal Foundations of 'Neurorights'. *Cambridge Quarterly of Healthcare Ethics,* vol. 32, n. 4, p. 461-481, 2023.

LUNDGREN, Björn. An unrealistic and undesirable alternative to the right to be

forgotten. *Telllecommunications Policcy.* , v. 47(2023). Disponível em: <https://www.science-direct.com/science/article/pii/S0308596122001483 > Acesso em : 02 fev. 2025

LYOTARD, Jean-François. *A condição pós-moderna.*20.ed. Tradução de Ricardo Corrêa Barbosa. Rio de Janeiro: José Olympio, 2021

LIMA, Átila Pereira. O direito ao esquecimento na era da sociedade da informação. In: LON-GHI, João Victor Rozatti; FALEIROS JÚNIOR, José Luiz de Moura. *Estudos essenciais de direito digital.* Uberlândia: LAECC, 2019.

LIMA, Cíntia Rosa Pereira de. Direito ao esquecimento e Internet: o fundamento legal no direito comunitário europeu, no direito italiano e no direito brasileiro. *Doutrinas Essenciais de Direito Constitucional.* v. 8, 2015.

LIMA, Cintia Rosa Pereira de. Direito ao esquecimento *versus* direito à desindexação. In: LISBOA, Roberto Senise. *O Direito na Sociedade da Informação.* vol. V. São Paulo: Almedina, 2020.

LIMA, Cintia Rosa Pereira de. La dinamicità del diritto all´oblio e Il pericolo della sua non flessibilità secondo l´orientamento del Supremo Tribunale Federale brasiliano. *Annali della Facoltà Giuridica del´Unversità di Camerino,* v. 6, p. 243-257, 2017.

LIMA, Cintia Rosa Pereira de; MARTINS, Guilherme Magalhães. . A figura caleidoscópica do direito ao esquecimento e a (in)utilidade de um tema em repercussão geral. Migalhas de Proteção de Dados, p. 1-3, 29 set. 2020. Disponível em: https://migalhas.uol.com.br/coluna/migalhas-de-protecao-de-dados/334044/a-figura-caleidoscopica-do-direito-ao-esquecimento-e-a--in-utilidade-de-um-tema-em-repercussao-geral. Acesso em: Acesso em: 30.08.2022.

LIMA, Cintia Rosa Pereira de. O fundamento do direito à desindexação na Lei Geral de Proteção de Dados. *Migalhas de Proteção de Dados.* Sexta-feira, 02 de setembro de 2022. Acesso em: 04.09.22. Disponível em: https://www.migalhas.com.br/coluna/migalhas-de-prote-cao-de-dados/372802/o-fundamento-do-direito-a-desindexacao-na-lgpd

LIMA, Henrique Cunha Souza. *Direito ao esquecimento na Internet*. Fórum: Belo Horizonte, 2020.

LIMBERGER, Têmis. *Cibertransparência;* informação pública em rede. Porto Alegre: Livraria do Advogado, 2016.

LINDON, Raymond. *Les droits de la personnalité*. Paris: Dalloz, 1974.

LIPOVETSKY, Gilles; SERROY, Jean. *O ecrã global*. Tradução de Luis Felipe Sarmento. Lisboa: Edições 70, 2010.

LLOSA, Mario Vargas. *A civilização do espetáculo*. Tradução de Ivone Benedetti. Rio de Janeiro: Objetiva, 2013(*e-book*).

LLOYD, Ian J. *Information technology law*. 6.ed. Nova Iorque/Oxford: Oxford University Press, 2011(*e-book*).

LONGHI, João Victor Rozatti. *Responsabilidade civil e redes sociais;* retirada de conteúdo, perfis falsos, discurso de ódio e *fake news*. Indaiatuba: Foco, 2020.

LÓPEZ, Marina Sancho. *Derecho al olvido y Big Data* dos realidades convergentes. Valencia: Tirant lo Blanch, 2020(*e-book*).

LORENZETTI, Ricardo Luis. Informática, cyberlaw y e-commerce. *Revista de Direito do Consumidor*. São Paulo, v.36, outubro/novembro 2000, p. 09-37.

LORENZETTI, Ricardo Luis. Redes contractuales: conceptualización jurídica, relaciones internas de colaboración, efectos frente a terceros. *Revista de Direito do Consumidor*. São Paulo, v. 28, outubro/dezembro 1998, p. 22-57.

LORENZETTI, Ricardo Luis. *Fundamentos do direito privado*. Tradução de Vera Maria Jacob de Fradera. São Paulo: Revista dos Tribunais, 2018.

LOSANO, Mario G. *Curso de informatica juridica*. Madrid: Tecnos, 1987.

LOTUFO, Renan. Responsabilidade civil na Internet. In: GRECO, Marco Aurélio & MARTINS, Ives Gandra da Silva. *Direito e Internet*. Relações jurídicas na sociedade informatizada. São Paulo: Revista dos Tribunais, 2001.

LUCENA, Marina Giovanetti Lili. *Direito ao esquecimento no Brasil;* conceito e critérios na doutrina e jurisprudência brasileiras. Rio de Janeiro: Lumen Juris, 2019.

LYNCH, Daniel C.& LUNDQUIST, Leslie. *Dinheiro digital: o comércio na Internet*. Tradução Follow Up. Rio de Janeiro: Campus, 1996.

LYOTARD, Jean-François. *A condição pós-moderna*.20.ed. Tradução de Ricardo Corrêa Barbosa. Rio de Janeiro: José Olympio, 2021.

MACEDO JÚNIOR, Ronaldo Porto. Direito à informação nos contratos relacionais de consumo. *Revista de Direito do Consumidor*. São Paulo, v.35, julho/setembro 2000, p.113-122.

MACHADO, Jónatas E.M. *Liberdade de expressão, dimensões constitucionais da esfera pública no sistema social*. Coimbra: Coimbra Editora, 2002.

MACHADO, José Eduardo Marcondes. O direito ao esquecimento e os direitos da personalidade. In: GUERRA, Alexandre Dartanhan de Mello (coord.). *Estudos em homenagem a Clóvis Beviláqua por ocasião do Código Civil Códificado do Brasil.* v.1. São Paulo: Escola Paulista da Magistratura, 2018.

MAGENTA, Matheus. Coronavírus: governo brasileiro vai monitorar celulares para conter pandemia. *BBC News Brasil*, 3 abr. 2020. Disponível em: https://www.bbc.com/portuguese/brasil-52154128. Acesso em: 17 abr. 2020.

MALDONADO, Viviane Nóbrega. *Direito ao esquecimento.* Barueri: Novo Século, 2017.

MALDONADO, Viviane Nóbrega. A evolução do direito ao esquecimento. In: PALHARES, Felipe (coordenação) *Temas atuais de proteção de dados.* São Paulo: Revista dos Tribunais, 2020.

MANTELLERO, Alessandro. The EU Proposal for a General Data Protection Regulation and the roots of the ´right to be forgotten´. *Computer Law & Security Review.* v.29, june 2013, p.229-235

MARCACINI, Augusto Tavares Rosa. *O documento eletrônico como meio de prova.* In: *http://members.xoom.com/marcacini/textos/Docelet~txt.html*

MARICHAL, Jose. *Facebook democracy:* the architecture of disclosure and the threat to public life. Londres: Routledge, 2012.

MARINO, Francesco Paulo de Crescenzo. *Interpretação do negócio jurídico.* São Paulo: Saraiva, 2011.

MARINONI, Luiz Guilherme. *Tutela inibitória e remoção do ilícito.* 7.ed. São Paulo: Revista dos Tribunais, 2019.

MARINONI, Luiz Guilherme; MITIDIERO, Daniel. *Repercussão Geral no Recurso Extraordinário.* 2.ed. São Paulo: Revista dos Tribunais, 2008.

MARINS, James. *Responsabilidade da empresa pelo fato do produto.* São Paulo: Revista dos Tribunais, 1993.

MARIOTTI, Paolo; Toscano, Giovanni. *Danno psichico e danno existenziale.* Milano: Giuffrè, 2003.

MARQUES, Cláudia Lima. *Contratos no Código de Defesa do Consumidor.* São Paulo: Revista dos Tribunais, 1998.

MARQUES, Cláudia Lima. Proposta de uma teoria geral dos serviços com base no Código de Defesa do Consumidor. *Revista de Direito do Consumidor.* São Paulo, v. 33, janeiro/março 2000, p. 79-122.

MARSHALL, Carla Isolda Fiúza Costa. Responsabilidade civil do fabricante por produto defeituoso na União Européia e no Brasil. *Revista de Direito do Consumidor.* São Paulo, v. 25, janeiro/março 1998, p. 116-121.

MARTINELLI, Silvia. *Diritto all´oblio e motori di ricerca;* memoria e privacy nell´era digitale. Milano: Giuffrè, 2017.

MARTÍNEZ NADAL, Apol.lònia. *Comercio electrónico, firma digital y autoridades de certificación.* Madrid: Civitas, 2000.

MARTÍN REYES, Maria de Los Angeles. Las entidades de certificación. *Revista Electrónica de Derecho Informatico.* Madri: v.35, junho 2001. In: http://publicaciones.derecho.org.redi/ nº 35_-_junio_del_2001/11.

MARTINS, Ives Gandra da Silva. *Direito e Internet; relações jurídicas na sociedade informatizada.* São Paulo: Revista dos Tribunais, 2001, p. 211-240.

MARTINS, Guilherme Madeira. Esquecendo o esquecimento: tentativas de driblar o efeito Streisand. IN: MORAES, Maria Celina Bodin; MULHOLLAND, Caitlin. *Privacidade hoje;* Anais do I Seminário de Direito Civil da PUC-RJ. Rio de Janeiro: PUC-RIO, 2017.

MARTINS, Guilherme Magalhães. *Responsabilidade civil por acidente de consumo na Internet.* 3.ed. São Paulo: Revista dos Tribunais, 2020.

MARTINS, Guilherme Magalhães. O direito ao esquecimento na era da memória e da tecnologia. *Revista dos Tribunais.* São Paulo, v.1019, set. 2020.

MARTINS, Guilherme Magalhães. Risco, solidariedade e responsabilidade civil. In: MARTINS, Guilherme Magalhães. (coord.) *Temas de responsabilidade civil.* Rio de Janeiro: Lumen Juris, 2012.

MARTINS, Guilherme Magalhães. Responsabilidade civil do provedor Internet pelos danos à pessoa humana nos sites de redes sociais. *Gen Jurídico.* Disponível em: http://genjuridico. com.br/2016/09/08/responsabilidade-civil-do-provedor-internet-pelos-danos-a-pesso-a-humana-nos-sites-de-redes-sociais. Acesso em: 30.08.2022.

MARTINS, Guilherme Magalhães. O direito ao esquecimento na Internet e a proteção dos consumidores. *Revista Luso-Brasileira de Direito do Consumo.* Curitiba, março 2017. Disponível em: https://vlex.com.br/vid/direito-ao-esquecimento-na-684893977. Acesso em: 30.08.2022.

MARTINS, Guilherme Magalhães. Direito ao esquecimento no STF: a Tese de Repercussão Geral 786 e seus efeitos. *Migalhas.* Disponível em: https://www.migalhas.com.br/coluna/ migalhas-de-responsabilidade-civil/340463/direito-ao-esquecimento-no-stf-repercus-sao-geral-786-e-seus-efeitos. Acesso em: 30.08.2022.

MARTINS, Guilherme Magalhães; LONGHI, João Victor Rozatti. A tutela do consumidor nas redes sociais virtuais; responsabilidade civil por acidentes de consumo na sociedade da informação. *Revista de Direito do Consumidor.* São Paulo, v. 78, abr./jun.2011.

MARTINS, Guilherme Magalhães. A defesa do consumidor como direito fundamental na ordem constitucional. In: MARTINS, Guilherme Magalhães. *Temas de Direito do Consumidor.* Rio de Janeiro: Lumen Juris, 2010.

MARTINS, Guilherme Magalhães. *Formação dos contratos eletrônicos de consumo via Internet.* Projeto para dissertação de Mestrado apresentado ao Programa de Pós-Graduação da Universidade do Estado do Rio de Janeiro. Rio de Janeiro, 2000 (*mimeo*).

MARTINS, Guilherme Magalhães. *Formação dos contratos eletrônicos de consumo via Internet.* Rio de Janeiro: Forense, 2003.

MARTINS, Guilherme Magalhães. *Contratos eletrônicos de consumo.* 3.ed. São Paulo: Atlas, 2016.

MARTINS, Guilherme Magalhães. *Contratos eletrônicos de consumo*. 4.ed. São Paulo: Atlas, 2023.

MARTINS, Guilherme Magalhães; FALEIROS JÚNIOR, José Luiz de Moura. A anonimização de dados pessoais: consequências jurídicas do processo de reversão, a importância da entropia e sua tutela à luz da Lei Geral de Proteção de Dados. In: DE LUCCA, Newton; SIMAO FILHO, Adalberto; LIMA, Cintia Rosa Pereira de; MACIEL, Renata Mota. *Direito & Internet*. volume IV. São Paulo: Quartier Latin, 2019.

MARTINS, Guilherme Magalhães; LONGHI, João Victor Rozatti; FALEIROS JÚNIOR, José Luiz. A pandemia da Covid-19, o "profiling" e a Lei Geral de Proteção de Dados. Disponível em: https://www.migalhas.com.br/depeso/325618/a-pandemia-da-covid-19-o-profiling-g-e-a-lei-geral-de-protecao-de-dados. Acesso em: 02.05.2020.

MARTINS, Guilherme Magalhães. O direito ao esquecimento na Internet. In: MARTINS, Guilherme Magalhães; LONGHI, João Victor Rozatti. *Direito Digital;* Direito Privado e Internet. Indaiatuba: Foco, 2021.

MARTINS, Guilherme Magalhães; FALEIROS JÚNIOR, José Luiz; BASAN, Arthur Pinheiro. A responsabilidade civil pela perturbação do sossego na Internet. *Revista de Direito do Consumidor*. São Paulo, v. 128, p. 239-265, mar./abr. 2020.

MARTINS, Guilherme Magalhães; FALEIROS JÚNIOR, José Luiz de Moura. Segurança, boas práticas, governança e *compliance*. In: LIMA, Cíntia Rosa Pereira de(coord.) *Comentários à Lei Geral de Proteção de Dados*. São Paulo: Almedina, 2020.

MARTINS, Guilherme Magalhães; LONGHI, João Victor Rozatti. Liberdade de expressão e redes sociais: a que ponto chegaremos? *Consultor Jurídico*. São Paulo, 13 de janeiro de 2021. Disponível em: https://www.conjur.com.br/2021-jan-13/martins-longhi-liberda-de-expressao-redes-sociais. Acesso em: 09.07.2021.

MARTINS, Guilherme Magalhães; MUCELIN, Guilherme. Novo *status subjectionis* e princípio da antidiscriminação digital: uma abordagem a partir do constitucionalismo digital e da proteção do consumidor-cidadão. In: BENJAMIN, Antonio Herman de Vasconcelos e ; MARQUES, Claudia Lima; MARTINS, Fernando Rodrigues. *Comércio eletrônico e proteção digital do consumidor*. Indaiatuba: Foco, 2024

MARTINS, Guilherme Magalhães; MUCELIN, Guilherme. Inteligência artificial e pensamento como bem juridicamente tutelável: neurodireito fundamental à liberdade cognitiva. *Revista Luso-Brasileira de Direito do Consumo*. v. 1, n o. 1, 2024

MARTINS, Guilherme Magalhães; MUCELIN, Guilherme. Perfis e direito ao esquecimento no mercado digital: instrumento de garantia de um recomeço digital dos consumidores. In: MARQUES, Claudia Lima; MARTINS, Fernando Rodrigues; MARTINS, Guilherme Magalhães; BESSA, Leonardo Roscoe. *5 anos de LGPD; estudos em homenagem a Danilo Doneda*. São Paulo: Revista dos Tribunais, 2024

MASUDA, Yoneji. *The information society as post-industrial society.* Tokyo: Institute for the Information Society, 1981.

MAURMO, Júlia Gomes Pereira. *Direito ao esquecimento:* um imperativo de saúde.Curitiba: CRV, 2019.

MAYER-SCHÖNBERGER, Viktor. *Delete;* the virtue of forgetting in the Digital age. New Jersey: Princeton University Press, 2009.

MAYER-SCHÖNBERGER, Viktor; CUKIER, Kenneth. *Big Data.* Boston/Nova Iorque: Mariner Books, 2014.

MELLO, Cláudio Ari. Contribuição para uma teoria híbrida dos direitos da personalidade. In: SARLET, Ingo Wolfgang(coord.)*O novo Código Civil e a Constituição.* 2. ed. Porto Alegre: Livraria do Advogado, 2006.

MENDES, Gilmar Ferreira; BRANCO, Paulo Gustavo Gonet. *Curso de Direito Constitucional.* 12. ed. São Paulo: Saraiva, 2017.

MENDES, Laura Schertel. Decisão histórica do STF reconhece direito fundamental à proteção de dados pessoais. *Jota.* Disponível em: https://www.jota.info/paywall?redirect_to=//www.jota.info/opiniao-e-analise/artigos/decisao-historica-do-stf-reconhece-direito-fundamental-a-protecao-de-dados-pessoais-10052020. Acesso em: 16.07.2020.

MENDES, Laura Schertel; FONSECA, Gabriel Campos Soares da. STF reconhece direito fundamental à proteção de dados. *Revista de Direito do Consumidor.* São Paulo, v. 130, jul./ago. 2020.

MENKE, Fabiano. Assinaturas digitais, certificados digitais, infra-estrutura de chaves públicas brasileira e a ICP alemã. *Revista de Direito do Consumidor.* São Paulo, v. 48, outubro/novembro 2003, p. 132-148.

MENKE, Fabiano; DRESCH, Rafael de Freitas Valle. *Lei Geral de Proteção de Dados;* aspectos relevantes. Indaiatuba: Foco, 2021.

MEZZANOTTE, Massimiliano. *Il diritto all´obblio;* contributo allo studio della *privacy* storica. Napoli: Edizioni Scientifiche Italiane, 2009.

MIGUEL ASENSIO, Pedro Alberto de. *Derecho Privado de Internet.* Madrid: Civitas, 2001.

MIRAGEM, Bruno; MARQUES, Cláudia Lima. A constitucionalidade das restrições à publicidade de tabaco por lei federal: diálogo e adequação do princípio da livre iniciativa econômica à defesa do consumidor e da saúde pública. In: PASQUALOTTO, Adalberto(organizador).*Publicidade de tabaco;* frente e verso da liberdade de expressão comercial. São Paulo: Atlas, 2015.

MIRAGEM, Bruno. *Teoria Geral do Direito Civil.* Rio de Janeiro: Forense, 2021.

MISKOLCI, Richard. *Desejos digitais;* uma análise sociológica da busca por parceiros on-line. Belo Horizonte: Autêntica, 2017.

MKADMI, Abderrazak. *Archives in the digital age;* preservation and the right to be forgotten. London: Wiley, 2021.

MONTEIRO, Geraldo Tadeu; SAVEDRA, Mônica Maria. *Metodologia da pesquisa jurídica.* Rio de Janeiro: Renovar, 2001.

MONTEIRO FILHO, Carlos Edison do Rêgo; ROSENVALD, Nelson. Danos a dados pessoais: fundamentos e perspectivas. In: FALEIROS JÚNIOR, José Luiz de Moura; LONGHI,

João Victor Rozatti; GUGLIARA, Rodrigo. *Proteção de dados pessoais na sociedade da informação;* entre dados e danos. Indaiatuba: Foco, 2021.

MONTENEGRO, Antonio Lindberg. *A Internet em suas relações contratuais e extracontratuais.* Rio de Janeiro: Lumen Juris, 2003.

MORAES, Melina Ferracini. *Direito ao esquecimento na Internet.* Curitiba: Juruá, 2018.

MORAES, Maria Celina Bodin. A caminho de um Direito Civil Constitucional. *Revista de Direito Civil.* São Paulo, v. 65, julho/setembro 1993, p. 21-32.

MORAES, Maria Celina Bodin. O princípio da dignidade humana. In: MORAES, Maria Celina Bodin. *Princípios do Direito Civil Contemporâneo.* Rio de Janeiro: Renovar, 2006.

MORAES, Maria Celina Bodin. *Danos à pessoa humana;* uma leitura civil-constitucional dos danos morais. Rio de Janeiro: Renovar, 2003.

MORAES, Maria Celina Bodin; KONDER, Carlos Nelson. *Dilemas de direito civil-constitucional.* Rio de Janeiro: Renovar, 2012.

MORAES, Maria Celina Bodin. Apresentação do autor e da obra. In: RODOTÁ, Stefano, *A vida na sociedade da vigilância.* Tradução de Danilo Doneda e Luciana Cabral Doneda. Rio de Janeiro: Renovar, 2008.

MORATO, Antonio Carlos; DE CICCO, Maria Cristina. Direito ao esquecimento: luzes e sombras. In: SILVEIRA, Renato de Mello Jorge; GOMES, Mariângela Gama de Magalhães. *Estudos em homenagem a Ivette Senise Ferreira.* São Paulo: LiberArs, 2015.

MORGAN, John P. *Electronic authentication standards & development.* In: http://www.perkiscoie.com/resource/ecomm/electronic.htm

MUCELIN, Guilherme. *Conexão online e hiperconfiança;* os players da economia de compartilhamento e o Direito do Consumidor. São Paulo: Thomson Reuters, 2020.

MULHOLLAND, Caitlin Sampaio. *Internet e contratação: panorama das relações contratuais eletrônicas de consumo.* Dissertação apresentada como requisito parcial para a obtenção do título de Mestre em Direito Civil na Universidade do Estado do Rio de Janeiro. Rio de Janeiro, 2002 (*mime).*

MURRAY, Andrew. *Information technology law;* the law and society. 2. ed. Oxford: Oxford University Press, 2013.

NAVARRETTA (org.). *I danni non patrimoniali.* Milano: Giuffrè, 2004.

NERY JÚNIOR, Nelson. Aspectos da responsabilidade civil do fornecedor no Código de Defesa do Consumidor. *Revista do Advogado.* São Paulo, v. 77, dezembro 1990, p. 76-79.

NETO LÔBO, Paulo Luiz. Responsabilidade por vícios nas relações de consumo. *Revista de Direito do Consumidor.* São Paulo, v. 14, abril/junho 1995, p. 33-41.

NIETZSCHE, Friedrich. *Genealogia da moral:* uma polêmica. São Paulo: Companhia das Letras, 1998.

NISSENBAUM, Helen. *Privacy in context;* technology, policy and the integrity in social life. Stanford: Stanford Law Books, 2010.

OHM, Paul. Broken promises of privacy: responding to the surprising failure of anonymization. 57 *UCLA Law Review* 1701, 2010.

OLIVEIRA, Caio César de. *Eliminação, desindexação e esquecimento na Internet.* São Paulo: Revista dos Tribunais, 2020.

O'NEIL, Cathy. *Weapons of math destruction.* New York: Broadway Books, 2017.

O'NEIL, Cathy. *Algoritmos de destruição em massa.* Tradução de Rafael Abraham. Santo André: Rua do Sabão, 2020.

O'RELLY. Tim. O que é Web 2.0? Padrões de design e modelos de negócios para a nova geração de software. Publicado em http://www.oreilly.com/. Tradução: Miriam Medeiros. Revisão técnica: Julio Preuss. Novembro 2006 Disponível em: http://www.cipedya.com/web/FileDownload.aspx?IDFile=102010. Acesso em: 09 dez. 09.

OST, Francis. *O direito e o tempo.* Tradução de Élcio Fernandes. Bauru: EDUSC, 2005. p. 145.

PALAZZO, Antonio & RUFFOLO, Ugo. (org.) *La tutela del navigatore in Internet.* Milano: Giuffrè, 2002.

PANICO, Ruggiero Cafari *et al. Da Internet ai Social Network;* il diritto di ricevere e comunicare informazioni e idee. Santacarcangelo di Romagna: Maggioli, 2013.

PARENTONI, Leonardo. O direito ao esquecimento(*right to oblivion*). In: DE LUCCA, Newton; SIMÃO FILHO, Adalberto; LIMA, Cíntia Rosa Pereira de. *Direito & Internet.* v.III. Tomo I. São Paulo: Quartier Latin, 2015.

PARISIER, Eli. *O filtro invisível;* o que a Internet está escondendo de você. Tradução de Diego Alfaro. Rio de Janeiro: Zahar, 2012.

PARRA LUCAN, M ª Angeles. *Daños por productos y proteccion del consumidor.* Barcelona: Bosch Editor, 1990.

PASQUALE, Frank. *The Black Box society;* the secret algorithms that control money and information. Cambridge: Harvard University Press, 2015.

PASQUALOTTO, Adalberto de Souza. A responsabilidade civil do fabricante e os riscos do desenvolvimento. *Ajuris.* Porto Alegre, v.59, novembro 1993, p. 147-168.

PASQUALOTTO, Adalberto de Souza (organizador) *Publicidade de tabaco;* frente e verso da liberdade de expressão comercial. São Paulo: Atlas, 2015.

PAWLOWSKI, Hans Martin. *Introduzione alla metodologia giuridica.* Trad. Cosimo Marco Mazzoni e Vincenzo Varano. Milano: Giuffrè, 1993.

PEIRANO, Marta. *El enemigo conosce el sistema;* manipulación de datos, personas y influencias después de la Economia de la atención. Barcelona: Penguin Random House, 2019 (*e-book*).

PEIXINHO, Manoel Messias(org.) *Temas de Direitos Humanos.* v. I. Rio de Janeiro: Lumen Juris, 2018.

PEREIRA, Alexandre Libório Dias. *O comércio electrónico da sociedade da informação: da segurança técnica à confiança jurídica.* Coimbra: Almedina, 1999.

PEREIRA, Joel Timóteo Ramos. *Direito da Internet e Comércio Electrónico*. Lisboa: Quid Juris, 2001.

PERLINGIERI, Carolina; RUGGERI, Lucia(org.) *Internet e Diritto Civile*. Napoli: Edizioni Scientifiche Italiane, 2015.

PERLINGIERI, Pietro. *Perfis do Direito Civil*. Tradução Maria Cristina de Cicco. Rio de Janeiro: Renovar, 2007.

PERLINGIERI, Pietro. *O Direito Civil na legalidade constitucional*. Edição organizada por Maria Cristina de Cicco. Rio de Janeiro: Renovar, 2008.

PICCOLI, Paolo & ZANOLINI, Giovanna. Il documento elettronico e la 'firma digitale'. In: TOSI, Emilio (coord.) *I problemi giuridici di Internet*. Milano: Giuffrè, 1999, p. 57-102.

PIETTE-COUDOL, Thierry. Échanges électroniques; *certification et sécurité*. Paris: Litec, 2000.

PINHEIRO, Juliana Santos. O conceito jurídico de consumidor. In: TEPEDINO, Gustavo (coord.). *Problemas de Direito Civil-Constitucional*. Rio de Janeiro: Renovar, 2000, p. 325-356.

PONZANELLI, Giulio. *La responsabilità civile; profili di diritto comparato*. Bologna: Mulino, 1992.

POPPER, Karl. *A lógica da pesquisa científica*. Tradução Leonidas Hegenberg e Octanny Silveira da Mota. São Paulo: Cultrix, 1993.

RALLO, Artemi. *El derecho al olvido en Internet;* Google vs. España. Madrid: Centro de Estudios Politicos e Constitucionales, 2014.

RAMOS, André de Carvalho. *Curso de Direitos Humanos*. 8.ed. São Paulo: Saraiva, 2021.

RECUERO, Raquel. *Redes sociais na Internet*. Porto Alegre: Sulina, 2010.

REDING, Vivian. Speech/12/26, The EU Data Protection Reform 2012: Making Europe the Standard Setter For Modern Data Protection Rules in the Digital Age (speech before Innovation Conference Digital, Life, Design, Munich, jan. 22 2012). In: http://europa.eu/rapid/press-release_SPEECH-12-26_en.htm.

REED, Chris. *Making laws for cyberspace*. Oxford: Oxford University Press, 2012.

REGULAMENTO UE 2016/679 do Parlamento Europeu e do Conselho relativo à proteção das pessoas singulares no que diz respeito ao tratamento de dados pessoais e à livre circulação desses dados (regulamento geral sobre a proteção de dados) In: https://eur-lex.europa.eu/legal-content/PT/TXT/?uri=celex%3A32016R0679 Acesso em: 30.05.2021.

REIS, Jordana Maria Mathias dos. *Direito fundamental à memória e ao esquecimento*. Rio de Janeiro: Lumen Juris, 2019.

RIBAS ALEJANDRO, Javier. *Aspectos jurídicos del comercio electrónico. en Internet*. Navarra: Aranzadi, 1999.

RIBEIRO, José Horácio Halfeld. A responsabilidade civil pelo *e-mail*. In: SILVA JÚNIOR, Francisco Ramos & WAISBERG, Ivo. *Comércio eletrônico*. São Paulo: Revista dos Tribunais, 2001.

RICHARDS, Neil. *Why privacy matters.* Oxford: Oxford University Press, 2022

RICOEUR, Paul. *A memória, a história, o esquecimento.* Tradução de Alain François. Campinas: Editora da UNICAMP, 2018.

RIVERA, Julio César. *Instituciones de Derecho Civil.* Parte General. Tomo II. 4.ed. Buenos Aires: Lexis Nexis, 2007.

ROCHA, Silvio Luís Ferreira da. *Responsabilidade civil do fornecedor pelo fato do produto no direito brasileiro.* São Paulo: RT, 2000.

ROCHA, Manuel Lopes *et al. As leis do comércio electrónico.* Lisboa: Centro Atlântico, 2000.

RODOTÀ, Stefano. *Tecnologie e diritti.* Bologna: Il Mulino, 1995.

RODOTÀ, Stefano. *Il mondo nella rete;* Quale i diritti, quali i vincoli. Roma: Laterza/la Repubblica, 2019.

RODOTÀ, Stefano. Daí ricordi ai dati l´oblio è un diritto? *La Repubblica.it.* In: http://ricerca.repubblica/archivio/repubblica/2012/01/30/dai-ricordi-ai-dati-oblio. Acesso em: 21.11.2012.

RODOTÀ, Stefano. *A vida na sociedade da vigilância. Organização* de Maria Celina Bodin de Moraes tradução de Danilo Doneda e Luciana Cabral Doneda. Rio de Janeiro: Renovar, 2008.

RODOTÀ, Stefano. *Intervista su privacy e liberta.* Roma-Bari: Laterza: 2005.

RODOTÀ, Stefano. *El derecho a tener derechos.* Tradução de José Manuel Revuelta. Madrid: Trotta, 2014.

RODRIGUES JÚNIOR, Otavio Luiz. Não há tendências na proteção do direito ao esquecimento. *Consultor Jurídico.* 25 de dezembro de 2013. In: https://www.conjur.com.br/2013-dez-25/direito-comparado-nao-tendencias-protecao-direito-esquecimento. Acesso em: 02.04.2020.

RODRIGUES JÚNIOR, Otávio Luiz. Direito ao esquecimento e as suas fronteiras atuais no Brasil e na experiência estrangeira. In: FORGIONI, Paula A.; DEL NERO, Patrícia Aurélio; DEZEM, Renata Mota Maciel; MARQUES, Samantha Ribeiro Meyer-Pflug. *Direito empresarial, Direito do espaço virtual e outros desafios do direito;* homenagem ao professor Newton De Lucca. Sao Paulo: Quartier Latin, 2018.

RODRIGUES JÚNIOR, Otávio Luiz. Esquecimento de um direito ou o preço da coerência retrospectiva? (Parte 1) *Consultor Jurídico.* 25 de fevereiro de 2021. Disponível em: https://www.conjur.com.br/2021-fev-25/direito-comparado-esquecimento-direito-ou-preco--coerencia-retrospectiva-parte?imprimir=1. Acesso em: 06.03.2021.

RODRIGUES JÚNIOR, Otávio Luiz. Esquecimento de um direito ou o preço da coerência retrospectiva? (Parte 2) *Consultor Jurídico.* 04 de março de 2021. Disponível em: https://www.conjur.com.br/2021-mar-04/direito-comparado-esquecimento-direito-ou-preco--coerencia-parte?imprimir=1. Acesso em: 06.03.2021.

RODRIGUES JR., Otávio. Esquecimento de um direito ou o preço da coerência retrospectiva? Parte 3. *Consultor Jurídico.* São Paulo, 10 de março de 2021. Disponível em: https://www.

conjur.com.br/2021-mar-10/direito-comparado-esquecimento-direito-ou-preco-coe-rencia-parte. Acesso em: 17.07.2021.

ROMANI, Bruno. Uso de dados de localização no combate à covid-19 pode ameaçar priva-cidade. *O Estado de S. Paulo*, 12 abr. 2020. Disponível em: https://link.estadao.com.br/noticias/cultura-digital,uso-de-dados-de-localizacao-no-combate-a-covid-19-pode-a-meacar-privacidade,70003268063. Acesso em: 17 abr. 2020.

ROSE, Lance. *Netlaw; your rigths in the online world.* Berkeley: Osborne Mc Graw-Hill, 1995.

ROSEN, Jeffrey. Symposium issue; the right to be forgotten. *Stanford Law Review Online.* V.64:88, p. 88-92, fev. 2012.

ROSENVALD, Nelson. Direito ao esquecimento: incidirá o STF no *venire*? In: ROSENVALD, Nelson. *O Direito Civil em movimento;* desafios contemporâneos. Salvador: Juspodium, 2017.

ROSSELLO, Carlo. Riflessioni. De jure condendo in materia di responsabilità del provider. *Il Diritto dell'Informazione e Dell'Informatica*, Roma, v. 26, n. 6, p. 617-629, nov.-dez. 2010, p. 618.

ROTHENBURG, Walther Claudius. Direitos de expressão e de informação: posição preferen-cial, biografias desautorizadas e esquecimento. In: SARLET, Ingo Wolfgang; MARTOS, José Antonio Montilla; RUARO, Regina Linden(coord.) *Acesso à informação como direito fundamental e dever estatal.* Porto Alegre: Livraria do Advogado, 2014.

ROUTIER, Richard. Traçabilité ou anonymat des conexions? In: PEDROT, Philippe(org.) *Traçabilité et responsabilité.* Paris: Economica, 2003.

RUBINSTEIN, Ira. Certification, authentication and electronic signatures. In: Responding to the legal obstacles to electronic commerce in Latin America. *Arizona Journal of Interna-tional and Comparative Law.* Tucson, v.17, 2000, p. 149-156.

SACCO, Rodolfo. *La comparaison juridique au service de la connaissance du droit.* Paris: Economica, 1991.

SAFARI, Beata A. Intangible Privacy Rights: How Europe's GDPR Will Set a New Global Stan-dard for Personal Data Protection. Seton Hall Law Review, Volume 47, 2017.

SALOMON, Décio. *Como fazer uma monografia.* São Paulo: Martins Fontes, 2001. p. 28.

SÁNCHEZ ALMEIDA, Carlos & MAESTRE RODRIGUEZ, Javier. *La ley de Internet; régimen jurídico de los servicios de la sociedad de la información y comercio electrónico.* Barcelona: Servidoc, 2002.

SANSEVERINO, Paulo de Tarso Vieira. *Responsabilidade civil no Código do Consumidor e a defesa do fornecedor.* São Paulo: Saraiva, 2002.

SANTOS, Manoel J. Pereira dos & ROSSI, Mariza Delapieve. Aspectos legais do comércio ele-trônico - contratos de adesão. *Revista de Direito do Consumidor.* São Paulo, v. 36, outubro/novembro 2000, p. 105-129.

SARLET, Ingo Wolfgang; FERREIRA NETO, Arthur. *O direito ao "esquecimento "na sociedade da informação.* Porto Alegre: Livraria do Advogado, 2019. p.133.

SARLET, Ingo Wolfgang; KEINERT, Tania Margarete Mezzomo. O direito fundamental à privacidade e as informações em saúde: alguns desafios. *In*: KEINERT, Tânia Margarete Mezzomo et. al (org.). *Proteção à privacidade e acesso às informações em saúde: tecnologias, direitos e ética*. São Paulo: Instituto da Saúde. 2015.

SARLET, Ingo Wolfgang. Notas acerca do direito ao esquecimento na jurisprudência do Superior Tribunal de Justiça. In: LISBOA, Roberto Senise. *O Direito na Sociedade da Informação*. Vol. V. São Paulo: Almedina, 2020.

SARLET, Ingo Wolfgang. Notas acerca do assim chamado direito ao esquecimento na jurisprudência do Superior Tribunal de Justiça brasileiro. In: DONEDA, Danilo; MENDES, Laura Schertel; CUEVA, Ricardo Villas Bôas. *Lei Geral de Proteção de Dados*. São Paulo: Revista dos Tribunais, 2020.

SARLET, Ingo Wolfgang. As dimensões da dignidade da pessoa humana: construindo uma compreensão jurídico-constitucional necessária e possível. In: SARLET, Ingo Wolfgang(organizador) *Dimensões da dignidade;* ensaios de Filosofia do Direito e Direito Constitucional. 2.ed. Porto Alegre: Livraria do Advogado, 2013.

SARLET, Gabrielle Bezerra Sales; CALDEIRA, Cristina. O consentimento informado e a proteção de dados pessoais de saúde na internet: uma análise das experiências legislativas de Portugal e do Brasil para a proteção integral da pessoa humana. *Civilistica.com*. Rio de Janeiro, a. 8, n. 1, 2019. Disponível em: <http:civilistica.com/-o-consentimento-informado-e-a-protecao/>. Data de acesso: 19.07.2019.

SARMENTO, Daniel. Liberdades comunicativas e "Direito ao esquecimento" na ordem constitucional brasileira. *Revista Brasileira de Direito Civil*. Rio de Janeiro, v. 7, jan./mar.2016.

SARMENTO, Daniel. *Dignidade da pessoa humana;* conteúdo, trajetórias e metodologia. Belo Horizonte: Fórum, 2016.

SAVAUX, Eric. La fin de la responsabilité contractuelle ? *Revue Trimestrielle de Droit Civil*. Paris, v.1, jan./mar. 1999, p. 01-26 SILVA, João Calvão. *Responsabilidade civil do produtor*. Coimbra: Almedina, 1990.

SCHREIBER, Anderson. *Direitos da personalidade*. São Paulo: Atlas, 2011.

SCHREIBER, Anderson. *Direitos da personalidade*. 2.ed. São Paulo: Atlas, 2013.

SCHREIBER, Anderson. Os direitos da personalidade e o Código Civil de 2002. In SCHREIBER, Anderson. *Direito Civil e Constituição*. São Paulo: Atlas, 2013.

SCHREIBER, Anderson. Direito ao esquecimento. In: SALOMÃO, Luis Felipe; TARTUCE, Flávio. *Direito Civil;* Diálogos entre a doutrina e a jurisprudência. São Paulo: Atlas, 2018.

SCHREIBER, Anderson. Direito ao esquecimento e proteção de dados pessoais na Lei 13.709/2018: distinções e potenciais convergências. In: TEPEDINO, Gustavo; FRAZÃO, Ana; OLIVA, Milena Donato. *Lei Geral de Proteção de Dados pessoais* e suas repercussões no direito brasileiro. São Paulo: Revista dos Tribunais, 2019.

SCHREIBER, Anderson. Direito ao esquecimento. In: SALOMÃO, Luis Felipe; TARTUCE, Flavio. *Direito Civil; Diálogos entre a doutrina e a jurisprudência*. São Paulo: Atlas, 2018.

SCHREIBER, Anderson. As três correntes do direito ao esquecimento. Disponível em: < https://www.jota.info/paywall?redirect_to=//www.jota.info/opiniao-e-analise/artigos/as-tres-correntes-do-direito-ao-esquecimento-18062017>. Acesso em: 15.11.2019.

SCHREIBER, Anderson. Direito ao esquecimento. In: SCHREIBER, Anderson; MORAES, Bruno Terra; TEFFÉ, Chiara Spadaccini. *Direito e Mídia;* Tecnologia e liberdade de expressão. São Paulo: Foco: 2020.

SCHREIBER, Anderson. Limites à liberdade de expressão: qual a posição do Supremo Tribunal Federal? In: SCHREIBER, Anderson; MARTINS, Guilherme Magalhães; CARPENA, Heloisa. *Direitos fundamentais e sociedade tecnológica.* Indaiatuba: Foco, 2022.

SCHREIBER, Anderson. Prefácio. In: COELHO, Júlia Costa de Oliveira. *Direito ao esquecimento e seus mecanismos de tutela na Internet.* Foco: Indaiatuba, 2020.

SCHWAB, Klaus. *A quarta revolução industrial.* Tradução de Daniel Moreira Miranda. São Paulo: Edipro, 2016.

SCIULI, Gabriele. Il diritto all'oblio e identità digitale. Narcissus, 2014(*e-book).*

SÉDAILLAN, Valérie. *Droit de l'Internet; réglementation, responsabilités, contrats.* Cachan: Net Press, 1996.

SENTENTIA, Wrye. Neuroethical considerations: cognitive liberty and converging technologies for improving human cognition. *Annals New York Academy of Sciences,* 2024.

SERRALBO, Javier Aranda. *Right to oblivion;* a way to get to know ourselves and share the knowledge. London, 2012(*e-book).*

SESSAREGO, Carlos Fernández. *Derecho a la identidad personal.* Buenos Aires: Astrea, 1992.

SEVERINO, Antonio Joaquim. *Metodologia do trabalho científico.* São Paulo: Cortez, 1996.

SHARMA, Bhushita. Right to be forgotten: a shield against unbridled social scrutiny. *Indian Journal of Integrated Research in Law.* Vol.III, l.1, 2023

SILVA, Roberto Baptista Dias da; PASSOS, Ana Beatriz Guimarães. Entre lembrança e olvido: uma análise das decisões do STJ sobre direito ao esquecimento. *Revista Jurídica da Presidência.* Brasília, v. 16, n. 109, jun./set. 2014.

SILVA, Virgílio Afonso da. *A constitucionalização do direito;* os direitos fundamentais nas relações entre particulares. São Paulo: Malheiros, 2011.

SILVEIRA, Sergio Amadeu da. *Tudo sobre tod@s:* redes digitais, privacidade e venda de dados pessoais. São Paulo: Edições Sesc, 2017(*e-book).*

SILVESTRE, Gilberto Fachetti; BORGES, Carolina Biazatti; BENEVIDES, Nauani Schades. The Procedural Protection of Data De-Indexing in Internet Search Engines: The Effectiveness in Brazil of the So-Called "Right To Be Forgotten" Against Media Companies. Revista Jurídica, [S.l.], v. 1, n. 54, 25 - 50, mar. 2019.

SIMÃO FILHO, Adalberto. Dano ao consumidor por invasão do site ou da rede. In: LUCCA, Newton de & SIMÃO FILHO, Adalberto (coord.). *Direito e Internet; aspectos jurídicos relevantes.* São Paulo: EDIPRO, 2001, p.101-114.

SMITH, Graham J. *Internet Law and Regulation.* London: Law and Tax, 1997.

SOBRINHO, José Wilson Ferreira. *Pesquisa em Direito e Redação da Monografia Jurídica*. Porto Alegre: Sergio Antonio Fabris Editor, 1997.

SOBRINO, Waldo Augusto Roberto. Algunas de las nuevas responsabilidades legales derivadas de internet. *Revista de Direito do Consumidor*. v. 38. São Paulo, abril/junho 2001, p. 09-24.

SOFFIENTINI, Mario (org.) *Privacy;* protezione e tratamento dei dati. Milanofiori Assago: Wolters Kluwer Italia, 2016.

SOLOVE, Daniel. *Understanding privacy.* Cambridge: Harvard University Press, 2008. *E-book.*

SOUSA, Rabindranath Capelo de. *O direito geral de personalidade*. Coimbra: Coimbra Editora, 1995.

SOUZA, Carlos Affonso Pereira de. As cinco faces da proteção à liberdade de expressão no Marco Civil da Internet. In: DE LUCCA, Newton; SIMÃO FILHO, Adalberto; LIMA, Cintia Rosa Pereira de. *Direito & Internet.* v III. Tomo II. São Paulo: Quartier Latin, 2015.

SOUZA, Carlos Affonso Pereira de; LEMOS, Ronaldo; BOTTINO, Celina. *Marco civil da |Internet;* jurisprudência comentada. São Paulo: Revista dos Tribunais, 2017.

STEPHENS, Mark. Only the powerful will benefit from the ´right to be forgotten´. In: https://www.theguardian.com/commentisfree/2014/may/18/powerful-benefit-right-to-be-forgotten. Acesso em: 02.05.2020.

STIGLITZ, Ruben. Aspectos modernos do contrato e da responsabilidade civil. Tradução Cláudia Lima Marques. *Revista de Direito do Consumidor*. São Paulo, v. 13, janeiro/março 1995, p. 05-11.

STOCO, Rui. *Responsabilidade civil e sua interpretação jurisprudencial.* São Paulo: Revista dos Tribunais, 1995.

SUMPTER, David. *Dominados pelos números*: do facebook e google às fake news. Tradução de Anna Maria Sotero. Rio de Janeiro: Bertrand Brasil, 2019.

SUNSTEIN, Cass. *Too much information*: understanding what you don´t want to know. Cambridge: The MIT Press, 2020.

SUNSTEIN, Cass. *#republic*; divided democracy in the age of social media. Princeton: Princeton University Press, 2018.

SUPREMO julga compartilhamento de dados pessoais pela Administração Pública. *Consultor Jurídico*. São Paulo, 01 de setembro de 2022. Acesso em: 04.09.2022. Disponível em: https://www.conjur.com.br/2022-set-01/supremo-julga-compartilhamento-dados-pessoais-estado2.

SUMPTER, David. *Dominados pelos números;* do Facebook e Google às *fake news*. 3. ed. Rio de Janeiro: Bertrand Brasil, 2019.

SZANIAWSKI, Elimar. *Direitos da personalidade e sua tutela.* 2. ed. São Paulo: Revista dos Tribunais, 2005.

TEFFÈ, Chiara Spadaccini de; BARLETTA, Fabiana Rodrigues. O direito ao esquecimento: uma expressão possível do direito à privacidade. In: TEPEDINO, Gustavo; TEIXEIRA,

Ana Carolina Brochado; ALMEIDA, Vitor. *O Direito Civil entre o sujeito e a pessoa;* estudos em homenagem ao professor Stefano Rodotà. Belo Horizonte: Fórum, 2016.

TEIXEIRA, Tarcísio. *Marco civil da Internet comentado.* São Paulo: Almedina, 2016.

TEPEDINO, Gustavo. A Responsabilidade Civil por Acidentes de Consumo na Ótica Civil--Constitucional. In: *Temas de Direito Civil.* Rio de Janeiro: Renovar, 1999.

TEPEDINO, Gustavo. A responsabilidade médica na experiência brasileira contemporânea. *Revista Trimestral de Direito Civil.* Rio de Janeiro, v. 2, abril/junho 2000, p. 41-75.

TEPEDINO, Gustavo. Informação e privacidade. In: TEPEDINO, Gustavo. *Temas de Direito Civil.* Rio de Janeiro: Renovar, 1999.

TEPEDINO, Gustavo. A tutela da personalidade no ordenamento civil-constitucional brasileiro. In: TEPEDINO, Gustavo. *Temas de Direito Civil.* Rio de Janeiro: Renovar, 1999.

TEPEDINO, Gustavo; MORAES, Maria Celina Bodin; BARBOZA, Heloísa Helena. *Código Civil interpretado segundo a Constituição da República.* v. I. 2. ed. Rio de Janeiro: Renovar, 2007.

TERWAGNE, Cécile de. The right to be Forgotten and Informational Autonomy in the Digital Environment. In: GHEZZI, Alessia; PEREIRA, Angela Guimarães; VESNIC´- ALUJEVIC, Lucia. *The Ethics of Memory in a Digital Age;* Interrogating the Right to Be Forgotten. London: Palgrave Macmillan, 2014 (*e-book*).

TILSTON, Natasha L.; EAMES, Ken T.D.; PAOLOTTI, Daniela *et al.* Internet-based surveillance of Influenza-like-illness in the UK during the 2009 H1N1 influenza pandemic. *BMC Public Health*, Londres, v. 10, p. 650-659, 2010.

TOMAR, Vidhi. Reflecting the need of ´right to be forgotten´ in India. *Indian Journal of Law and Legal Research.* Vol, 5, 2023

TOMASEVICIUS FILHO, Eduardo (coord.) *A Lei Geral de Proteção de Dados Brasileira.* São Paulo: Almedina, 2021.

TOSI, Emilio. Le responsabilità civili. In: TOSI, Emilio (coord.) *I problemi giuridici di Internet.* Milano: Giuffrè, 1999, p. 233-300.

TOURIÑO, Alejandro. *El derecho al olvido y a la intimidad en Internet.* Madrid: Catarata, 2014.

VAN DIJK, Jan. *The network society.* 3.ed. Londres: Sage, 2012.

VARNER, Eric R. *Mutilation and transformation: damnation memoriae* and Roman imperial portraiture. Brill Leiden: Boston, 2004.

VENTURI, Thaís Goveia Pascoaloto. *Responsabilidade civil preventiva.* São Paulo: Malheiros, 2014.

VIANA, Fernando França. Direito ao esquecimento. In: GUERRA, Alexandre Dartanhan de Mello (coord.). *Estudos em homenagem a Clóvis Beviláqua por ocasião do Código Civil Códificado do Brasil.* v.1. São Paulo: Escola Paulista da Magistratura, 2018.

VIOLA, Mario; DONEDA, Danilo; CÓRDOVA, Yasodara; ITAGIBA, Gabriel. Entre privacidade e liberdade de informação e expressão: existe um direito ao esquecimento no Brasil? In: TEPEDINO, Gustavo; TEIXEIRA, Ana Carolina Brochado; ALMEIDA, Vitor. *O Direito*

Civil entre o sujeito e a pessoa: estudos em homenagem ao professor Stefano Rodotà. Belo Horizonte: Fórum, 2016.

WALD, Arnoldo. Um novo direito para a nova economia: os contratos eletrônicos e o Código Civil. In: GRECO, Marco Aurélio & MARTINS, Ives Gandra da Silva. *Direito e internet; relações jurídicas na sociedade informatizada.* São Paulo: Revista dos Tribunais, 2001, p. 09-30.

WILLIAMS, James. *Liberdade e resistência na economia da atenção.* Tradução de Christian Schwartz. Porto Alegre: Arquipélago, 2018.

ZANELLATO, Marco Antonio. Condutas ilícitas na sociedade digital. In: DINIZ, Maria Helena & LISBOA, Roberto Senise. *O Direito Civil no século XXI.* São Paulo: Saraiva, 2003, p. 365-410.

ZICCARDI, Giovanni. *Libertà del codice e della cultura.* Milano: Giuffrè, 2006.

ZHANG, Dawen et al. Right to be Forgotten in the Era of Large Language Models: Implications, Challenges, andSolutions. 2023. Disponível em: <https://arxiv.org/abs/2307.03941>. Acesso em: 3 ago. 2023.

ZHANG, Dawen et al. To be forgotten or to be fair: unveiling fairness implications of machine unlearning methods. *AI and Ethics.* 2024. Disponível em: < https://link.springer.com/article/10.1007/s43681-023-00398-y > Acesso em : 02 fev. 2025. p..83

ZUBOFF, Shoshana. *The age of surveillance capitalism;* the fight for a human future at the new frontier of power. New York: Public Affairs, 2018.

ZUFOFF, Shoshana. *A era do capitalismo de vigilância;* a luta por um futuro humano na nova fronteira do poder. Tradução de George Schlesginger. Rio de Janeiro: Intrínseca, 2020.